DIE GRÜNDUNGSGENERATION DER GRÜNEN

HEINRICH BÖLL STIFTUNG

ARCHIV GRÜNES GEDÄCHTNIS

Die Gründungsgeneration der Grünen

Acht Interviews

Herausgegeben von der Heinrich-Böll-Stiftung

Bildnachweise

S. 12	© Argus Fotoagentur
S. 34	© Hermann Verbeek
S. 54	© Paul Glaser/Fotograf
S. 78	© Argus Fotoagentur
S. 94	© Argus Fotoagentur, Reinhard Janke/Fotograf
S. 114	© Eva Hehemann/Fotografin
S. 132	© Franziska Eichstädt-Bohlig, Ute Mahler/Fotografin
S. 154	© privat

Alle Bilder wurden bearbeitet.

Die Gründungsgeneration der Grünen
Acht Interviews
Herausgegeben von der Heinrich-Böll-Stiftung
Konzept und Realisation: Christoph Becker-Schaum
Cover-Collage: feinkost Designnetzwerk, Constantin Mawrodiew (Urheber der Einzelbilder, s.o.)

Gestaltung: feinkost Designnetzwerk, Constantin Mawrodiew
Druck: ARNOLD group, Großbeeren
ISBN 978-3-86928-172-8

Heinrich-Böll-Stiftung, Schumannstr. 8, 10117 Berlin
T +49 30 28534-0 **F** +49 30 28534-109 **E** buchversand@boell.de **W** www.boell.de

INHALT

VORWORT UND EINLEITUNG

Diese Publikation enthält eine Auswahl von acht Interviews, die das Archiv Grünes Gedächtnis in den vergangenen Jahren geführt hat. Üblicherweise führt man nicht einzelne Interviews mit einzelnen Zeitzeuginnen und -zeugen, sondern stets eine ganze Serie mit einer konkreten Personengruppe. Hier dagegen handelt es sich nicht um Interviews aus einer einzigen Serie, sondern um eine Auswahl aus drei verschiedenen Interviewserien des Archivs der letzten Jahre. Im Zentrum der Auswahl stehen Interviews mit jenen grünen Politikerinnen und Politikern, die als sogenannte Europa-Grüne den Europawahlkampf von 1979 maßgeblich mitgetragen haben. Roland Vogt und Milan Horáček haben damals auf den Plätzen zwei und fünf der Liste kandidiert und wären mit großer Wahrscheinlichkeit als Mitglieder des Europäischen Parlaments gewählt worden, wenn, ja, wenn die Grünen die Fünf-Prozent-Hürde genommen hätten. Auf den Plätzen sechs bis zehn haben unter anderem Eva Quistorp und Wilhelm Knabe kandidiert. Für sie hätten die Grünen, um gewählt zu werden, schon ein sehr gutes Ergebnis erzielen müssen, aber ihr Bekanntheitsgrad und ihr Engagement im damaligen Wahlkampf rechtfertigen allemal, sie unter die Gesichter der Europa-Grünen zu zählen. Lukas Beckmann gehörte als beauftragter Vertreter von Joseph Beuys' Freier Internationaler Universität dem zentralen Wahlkampfteam an, das von den einzelnen Organisationen der sogenannten Sonstigen Politischen Vereinigung für die Europawahl gebildet und beschickt worden war. Und zwar hatten alle an der Listengemeinschaft beteiligten Parteien und Organisationen je einen Vertreter bzw. eine Vertreterin in das Wahlkampfteam entsandt. Lukas Beckmann war derjenige im Team, der im Anschluss an den Europawahlkampf als erster Bundesgeschäftsführer der Grünen in Bonn blieb. Für alles Weitere zu Lukas Beckmann muss jetzt auf das Interview verwiesen werden.

Die Interviews mit Eva Quistorp und Roland Vogt sind die beiden ältesten der hier abgedruckten Interviews. Dasjenige mit Eva Quistorp besteht eigentlich aus zwei Interviews, nämlich zwei öffentlichen Zeitzeuginnengesprächen im Archiv Grünes Gedächtnis, dasjenige mit Roland Vogt erstreckte sich über zwei Tage und war begleitet von einem öffentlichen Zeitzeugengespräch in Kaiserslautern. Erst nach den Interviews mit diesen beiden fiel die Entscheidung, möglichst auch alle anderen Spitzenkandidaten der Europa-Grünen, die noch erreicht werden konnten, zu befragen. Zuerst wurde an zwei aufeinander folgenden Tagen Wilhelm Knabe interviewt, danach Milan Horáček. Auch sein Interview ging über zwei Sitzungen, von denen die eine im Prager Büro der Heinrich-Böll-Stiftung stattfand, die andere einige Wochen später in der Wohnung von Christoph Becker-Schaum. Hier fand auch das Interview mit Lukas Beckmann statt. Man sieht daraus, dass die Randbedingungen der Interviews sehr verschieden waren. Nachdem wir von öffentlichen Zeitzeuginnenveranstaltungen abgekommen waren, hätten die Interviews eigentlich in den Wohnungen der Interviewten stattfinden sollen. Das ließ sich aber mehrfach nicht realisieren, weshalb wir einmal in Räume der Heinrich-Böll-Stiftung und zweimal in die Privatwohnung von Christoph Becker-Schaum ausgewichen sind.

Diese fünf Europa-Grünen – Roland Vogt, Milan Horáček, Eva Quistorp, Wilhelm Knabe und Lukas Beckmann – hätten vielleicht als Interviews mit führenden Repräsentant/innen der Gründungsgeneration ausgereicht. Aber es gab gute Gründe, noch drei weitere Interviews aufzunehmen. Bei diesen liegt der Akzent weniger auf «Gründungsgeschichte» als auf «Generationengeschichte». Die drei Interviewten sind Sybille Plogstedt, Franziska Eichstädt-Bohlig und Mechtild M. Jansen. Ihre Interviews hineinzunehmen erlaubte, inhaltliche Politikfelder der Grünen stärker sichtbar zu machen und dadurch die Dominanz des Umweltthemas ein Stück weit zu relativieren, wobei das Interview mit Milan Horáček bereits deutlich durch sein vorrangiges Politikfeld, die Menschenrechtspolitik, bestimmt ist. Die Frage war: fehlt etwas, wenn die drei Interviews nicht reingenommen werden, oder umgekehrt: Wird dadurch das Profil der vorgestellten Gruppe verwischt? Letzteres ist nicht ganz von der Hand zu weisen, aber am Ende haben die Gründe, die für die Hereinnahme der Interviews sprachen, überwogen.

Mit den drei Fraueninterviews wird das politische Profil der Gründungsgrünen deutlicher. Ihre vorrangigen Politikfelder sind Frauen-Antidiskriminierungspolitik, Frauen-Bildungspolitik und Städtebaupolitik. Um mit dem letztgenannten Thema zu beginnen, Alexander Mitscherlich hat bereits 1965 einen Essayband über die «Unwirtlichkeit unserer Städte» veröffentlicht, einen Band, der zusammen mit dem «Stummen Frühling» von Rachel Carson (1962) und den Grenzen des Wachstums des Club of Rome (1972) zu den wichtigsten Impulsgebern der Ökologiebewegung gehörte, wobei die Kritik an der Architektur und am Städtebau keineswegs ein spezifisch deutsches Phänomen war, sondern ein transnationales Markenzeichen der neuen Umweltbewegung, in den USA wie in Europa und mit der Situationistischen Internationalen als prägnantestem Beispiel. Das hier abgedruckte Interview mit der Stadtplanerin und Baupolitikerin Franziska Eichstädt-Bohlig reicht von der Architektur- und Städtebaukritik der 1960er Jahre bis zu ihren eigenen Berliner Erfahrungen als Baustadträtin bis zu ihrer Zeit als Bundestagsabgeordnete und schließlich Fraktionsvorsitzende im Berliner Abgeordnetenhaus. Den Grünen ist sie erst vor der Bundestagswahl 1994 beigetreten. Das Interview ist im Kontext der Vorbereitungen der Fraktion auf das 30. Jubiläum als Fraktion im Berliner Abgeordnetenhaus entstanden und ist in ihrer Privatwohnung geführt worden.

Franziska Eichstädt-Bohlig ist also kein Gründungsmitglied der Grünen gewesen. Die nächste in der Gruppe, Sibylle Plogstedt, ist sogar überhaupt niemals Mitglied der Grünen geworden. Aber 1983, als die erste Fraktion in den Bundestag gebildet wurde, hat sie als ausgewiesene Expertin für die Diskriminierung von Frauen am Arbeitsplatz dazu eine Studie im Auftrag der Fraktion erarbeitet. Danach trennten sich ihre Wege wieder. Dabei ist ihre Vita gar nicht so anders als andere, die Mitglied bei den Grünen geworden sind. Es gibt Überschneidungen und Nähen, sozusagen eine Wahlverwandtschaft. Mitglied wurde sie, wie gesagt, nicht, aber für das Generationsthema Feminismus, für die feministische Haltung, steht sie wie kaum eine andere. Das Interview mit Sibylle Plogstedt fand ebenfalls in ihrer Privatwohnung statt und war mit einem Besuch im Gorleben-Archiv und bei Marianne Fritzen verbunden.

Das achte und letzte Interview hier ist das mit Mechtild M. Jansen. Was Franziska Eichstädt-Bohlig, Sibylle Plogstedt und Mechtild M. Jansen von den Europa-Grünen unterscheidet, ist vor allem, dass ihre Vita und Berufstätigkeit keine Zäsur durch die Gründungsgeschichte der Grünen erfahren haben und die beruflich-professionellen Kontinuitäten deshalb viel stärker sind. Mechtild M. Jansen ist in den 1980er Jahren Grünen-Mitglied geworden, sie war also ebenfalls kein Gründungsmitglied, wie überhaupt die Parteimitgliedschaft für sie nicht die Bedeutung hatte, die sie für die interviewten Europa-Grünen hatte. Sie war mit Feministinnen innerhalb und außerhalb der Grünen gut vernetzt und war beruflich in der Erwachsenenbildung tätig. Auch wenn Mechtild M. Jansen wahrscheinlich die prominenteste grüne Erwachsenenbildnerin in Hessen war und ehrenamtlicher Vorstand der Heinrich-Böll-Stiftung Hessen wurde, steht sie doch vor allem für eine feministische Erwachsenenbildung. Das Interview mit ihr fand in der Privatwohnung einer Mitarbeiterin des Archivs statt.

Die Gruppe der Interviewten ist altersmäßig homogen. Sie alle sind mit der Ausnahme von Wilhelm Knabe zwischen 1940 und 1950 geboren. Wilhelm Knabe ist eine ganze Generation älter. Er ist 1923 in der Nähe von Dresden geboren. Die Geburtsjahre und -Orte der anderen sind: Roland Vogt 1941 in Gelnhausen; Franziska Eichstädt-Bohlig 1941 in Dresden; Eva Quistorp 1945 in Detmold; Sibylle Plogstedt 1945 in Berlin; Milan Horáček 1946 in der damaligen Tschechoslowakei; Mechtild M. Jansen 1948 in Köln; Lukas Beckmann 1950 in Hilten. Ihnen ist gemeinsam, dass die meisten noch von der Studentenbewegung der 1960er Jahre beeinflusst worden sind, stärker jedenfalls als die Masse der jungen Grünen, die zur Zeit der Parteigründung im Januar 1980 hinzugestoßen und die in großer Zahl in den 1950er Jahren geboren sind.

Ich gestehe, dass ich mich lange geziert habe, Interviews mit grünen Zeitzeug/inn/en zu führen. Der Grund ist, dass man als Historiker eine kritische Distanz gegenüber seinem Gegenstand lernt. Das gehört zum beruflichen Selbstverständnis als Historiker/in. Wenn man Interviews führt, produziert man eine neue historische Quelle. Wenn man dies als Archivar/in tut oder als Historiker/in im Rahmen eines eigenen Forschungsprojektes, stellt sich sofort die Frage nach der Objektivität der Quelle. Als Interviewführender ist man an der Herstellung der Quelle inhaltlich beteiligt: wie und was hat man gefragt, was hat man nicht gefragt und warum? Wenn ich ein Interview führe, bin ich für überraschende Wendungen offen. Keineswegs frage ich einen festen Katalog ab, sondern es kommt darauf an, sich auf den bzw. die Interviewte/n einzulassen. Das fertige Interview ist also das Ergebnis eines mitschwingenden Aushandlungsprozesses. Es ist nicht objektiv, vielleicht aber ist es gerade dadurch interessant.

Tatsächlich habe ich bei sämtlichen Interviews Dinge gelernt, die ich anderswo nicht gelernt hätte. Das allein ist in meinen Augen die wichtigste Rechtfertigung dafür, als Archivar Interviews zu führen. In einem politischen Archiv wie dem Grünen Gedächtnis kommt hinzu, dass aus der direkten Begegnung mit Politikerinnen und Politikern der Grünen oft erst die Beziehungen entstehen und das Vertrauen, die manchmal Voraussetzung sind, dass auch persönliche Papiere archiviert werden. Man lernt, auch außerhalb von Interviews, das meiste aus der direkten Begegnung.

Die hier versammelten Interviews sind bearbeitete Tonmitschnitte, wobei sämtliche Interviews entschieden umfangreicher waren als die hier publizierten Texte. Mehrere der Interviews sind über zwei Tage gegangen. Was muss man wissen, um die Interviews kritisch lesen zu können? Ziel war bei allen acht Interviews, dass sie publiziert werden sollten. Alle Interviews sind zuerst und einigermaßen zeitnah als Beiträge im Jahrbuch des Archivs Grünes Gedächtnis und auf der Homepage des Archivs veröffentlicht worden. Daraus ergab sich als Richtschnur, dass sie nicht länger als 20 oder 25 Seiten sein konnten. Die Transkripte der Tonmitschnitte waren vielfach dreimal so lang und noch länger. Zweitens sollten die Interviews gut lesbar sein. Die Zielgruppe des Jahrbuchs sind nicht diejenigen, die sich im Archiv durch grammatisch zweifelhafte Originaltexte kämpfen, sondern Personen, die sich ganz allgemein für die Geschichte der Grünen und ihre Protagonist/innen interessieren. Die entscheidende Frage ist aber die nach der im Archiv getroffenen inhaltlichen Auswahl der Texte. In allen acht Fällen habe ich das vollständige Transkript zusammen mit meiner Kollegin Anne Vechtel gelesen, und wir haben uns zu zweit darüber verständigt, was wir für die wichtigsten und interessantesten Passagen und Aussagen gehalten haben. Auf dieser Basis haben wir einen Vorschlag entwickelt, über den wir uns im Anschluss mit den Interviewten verständigt haben. Erst danach haben wir das Typoskript des Mitschnitts zusammen mit den so bestimmten Schwerpunkten und den genannten Rahmendaten einer Journalistin zur Bearbeitung übergeben. Wer das im Einzelnen war, steht jeweils in den Anmerkungen zu den Interviews. Wir sind ihnen für diese Bearbeitung unendlich dankbar. Es handelt sich dabei nicht nur um eine Schreibübung, die sie für uns übernommen haben. Es war auch ein erstes Feedback auf das Interview, mit dem man sich auseinandersetzen musste. Der letzte Schritt war, das so entstandene Interview mit den Interviewten endgültig abzusprechen. Das konnte mehr oder weniger aufwändig sein, aber am Ende wurde tatsächlich jedes Wort abgestimmt, wie es bei einem Interview für eine Tageszeitung üblich ist. Bei Oral-History-Interviews ist genau diese Schlussabstimmung wohlbemerkt nicht üblich. Allerdings haben wir darauf geachtet, dass keine neuen Inhalte nachträglich in die Interviews eingeschleust worden sind. Alles, was in diesen Interviews steht, ist auch ins Aufnahmegerät gesagt worden.

Die Zeitzeug/inneninterviews haben die Auseinandersetzung mit grüner Geschichte im Archiv sehr belebt. Meine Erfahrung bei diesen Interviews war, dass sie sehr zur gegenseitigen Wertschätzung zwischen Archivar/innen und interviewten Politiker/innen beigetragen haben. Dieses gemeinsame Bemühen, verständlich zu machen und zu verstehen, verbindet. Fast immer haben weitere Mitarbeiter/innen des Archivs an den Interviews mitgewirkt. Ohne sie wären die Oral-History-Projekte nicht möglich gewesen. Dafür bedanke ich mich bei allen Kolleg/innen und namentlich bei Anne Vechtel, die großen Anteil am Gelingen der Projekte hatte, und bei den Journalistinnen, die die Transkripte sprachlich bearbeitet haben. Das ist wirklich keine einfache Mühe gewesen.

Mein Dank gilt natürlich vor allem den grünen Politiker/innen dafür, dass sie die Anstrengung der Erinnerung auf sich genommen haben. Mein Eindruck war, dass sie alle gern durch ihre Erinnerung daran mitgewirkt haben, grüne Geschichte verständlich zu machen. Nun wünsche ich mir, dass die Leserinnen und Leser ebenso viel Gewinn bei der Lektüre haben, wie ich aus den Interviews gezogen habe.

Berlin, im April 2018

Christoph Becker-Schaum

INTERVIEW MIT ROLAND VOGT[1]

«Ich habe darauf hingewirkt, dass Ökologiebewegung und Friedensbewegung zusammenkommen»

Roland, seit wir uns kennen, haben wir meist über Politik gesprochen. Heute ist Zeit, zunächst auch einmal etwas Privates über Dich zu erfahren, über Dein Elternhaus und wie Du aufgewachsen bist.

Roland Vogt: Ich war auf eine für mich nicht ganz erklärliche Weise immer sehr an Politik interessiert. Wenn ich als Jugendlicher nach Hause kam, schaltete ich sofort das Radio ein: Nachrichten hören. Mein Vater, der unten in der Bank arbeitete, kam herauf und hörte mit. Meine Mutter war gelernte Hauswirtschaftlerin und eine ganz fantastische Hausfrau und Köchin. Sie und meine Schwestern interessierten sich nicht sonderlich für Politik und wollten beim Essen gerne in Harmonie zusammensitzen. Das klappte selten. Statt das Mittagessen zu würdigen, das Mama gekocht hatte, diskutierten wir wegen irgendeines politischen Vorgangs. Dabei gab es meist Streit.

Du bist 1941 in Gelnhausen zwischen Vogelsberg und Spessart geboren. Wie lange hast Du da gelebt?

Roland Vogt: Leider nur bis 1945. Die US-Luftwaffe hatte einen Teil unseres Gebäudes getroffen, so dass für uns, meine Mutter mit uns drei kleinen Kindern, die Wohnung nicht mehr bewohnbar war. Ich erinnere mich an die Trümmer, die im Garten lagen. Wir sind dann vorübergehend nach Wallau im Main-Taunus-Kreis zu den Eltern meiner Mutter gezogen. Dort wurde ich eingeschult.

Wo war Dein Vater in dieser Zeit?

Roland Vogt: Mein Vater kehrte erst '47 aus englischer Gefangenschaft zurück. Er war in Alexandria interniert. Die Engländer hatten einen Teil ihrer Gefangenen in verschiedene Kolonien gesteckt. Nach seiner Rückkehr nahm er ein paar

1 Das Interview mit Roland Vogt haben Christoph Becker-Schaum und Robert Camp am 29./30. März 2012 geführt. Tina Hüttl hat es bearbeitet.

Aushilfsjobs an. Erst '49 fand er eine neue Stelle als Leiter bei der Volksbank in Bad Dürkheim, wo ich am Schlossplatz mit meinen Geschwistern aufwuchs. Ich habe zwei ältere und eine jüngere Schwester. Sie war ein Kind der Wiedervereinigung nach dem Krieg, wie wir das nannten. Heute lebt nur noch die Älteste. Und ich.

Du hast den Krieg bewusst miterlebt, auch die Gefangenschaft Deines Vaters. Trotzdem bist Du 1960 nach Deinem Abitur zum Bund gegangen. Warum?

Roland Vogt: Ja. Das war eine Entscheidung der Unreife gleich nach der Reifeprüfung. Ich traf sie aus der Überlegung heraus, dass ich nicht während meines Studiums zum Wehrdienst rausgeholt werden wollte. Die Grundausbildung absolvierte ich in Koblenz bei den Funkern. Wache schieben mit der Waffe und Schießübungen auf «Pappkameraden» machten mir zu schaffen. Entscheidend war der Film «Hiroshima mon amour». Es war die Zeit der Kuba-Krise. Ich wollte etwas machen, was in Krieg und Frieden gleichermaßen sinnvoll wäre. Deshalb meldete ich mich zu den Sanitätern. Ich war die letzte Generation, die mit einem Jahr davonkam. Die Nächsten wurden schon für anderthalb Jahre eingezogen.

Nach dem Wehrdienst hast Du zunächst ein Medizin-Studium in Heidelberg begonnen. War das ein Ergebnis davon?

Roland Vogt: Ja, ich wollte dem Sanitäter in mir treu bleiben. Nach einem Semester Medizin wechselte ich zu Jura und zeitweise zu den Politischen Wissenschaften. Das Politische in mir ist im Studium voll durchgebrochen. Ich kandidierte für den AStA und wurde Presse- und Informationsreferent. Als solcher gründete ich ein Informationsblatt für die Heidelberger Studenten, organisierte Anzeigenkunden und freiwillige Mitarbeiter. So lernte ich meine Frau Gunhild kennen.

Das heißt, Ihr seid seit über 50 Jahren ein Paar?

Roland Vogt: Ja, in ein paar Wochen fahren wir nach Heidelberg für unser 50. Jubiläum. Gunhild war gerade im Anfangssemester, sie wohnte in Heidelberg. Sie wollte Journalistin werden. Einer ihrer Brüder machte sie auf die Anzeige im studentischen Info-Blatt aufmerksam, das Mitarbeiter suchte. So kam sie in die Redaktion. Und dann hat es geblitzt. Seitdem sind wir zusammen.

Einen Teil Deines Studiums hast Du in Westberlin absolviert, kurz nach dem Mauerbau. Wolltet Ihr beide da hin oder hat es vor allem Dich gedrängt, in die geteilte Stadt zu ziehen?

Roland Vogt: Es war einer dieser rätselhaften Antriebe. Durch die Anzeigenwerbung für das Heidelberger Informationsblatt verdiente ich gut. Ich hätte locker mein Studium damit finanzieren können. Aber mich zog es nach Berlin, in diese beiden Welten: Ost und West, die beiden Kulturen, die beiden Theaterwelten.

Ich ging als Vorhut, Gunhild kam nach einem Semester nach. Wir wohnten in dem Studentenwohnheim der Evangelischen Akademie am Kleinen Wannsee. Dadurch hatten wir Zugang zu vielen relevanten politischen Themen. Es gab Veranstaltungen mit Professoren von der Karls Universität in Prag. Es waren die ersten Professoren, mit denen ich mehr als ein paar Worte gewechselt habe, ganz anders als in der Massenuniversität. Im Adam-von-Trott-Haus organisierten wir Fahrten nach Polen und in die Tschechoslowakei. Wir wollten die Menschen im «Eisernen Dreieck» DDR, Tschechoslowakei und Polen nicht abschreiben. Wir wollten Kalte-Krieg-Logik nicht mitmachen. Die Begegnungen mit Studenten und Dozenten der Karls Universität in Prag waren für mich der erste positive Kulturschock.

Ich nehme an, in Berlin gab es damals für Dich viel Wichtigeres und Interessanteres zu tun, als Jura zu studieren...

Roland Vogt: Ja, wenn ich in Berlin geblieben wäre, wäre das total schief gegangen. Es gab zu viele Ablenkungen. In einem selbstverordneten Nachsitzen ging ich zwischen '65 und '68 nach Saarbrücken, wo ich mich aufs Jura-Examen vorbereitete. Das war die Höchststrafe für mich: Ich saß da und paukte, und rund um mich war die Weltrevolution, zuerst in Frankreich, dann in Berlin, schließlich der Prager Frühling. Gunhild und ich haben im August '68 geheiratet. Eigentlich wollten wir unsere Hochzeitsreise in die Tschechoslowakei machen. Das ging dann aber nicht mehr wegen des Einmarsches. Das Juraexamen habe ich mit einem Prädikatsexamen abgeschlossen – ohne Repetitor! Aber ich war ein Wrack. Meine Hausarbeit schrieb ich nur mit abwechselnder Einnahme von Captagon und Valium.

Und dann bist Du sofort wieder zurück nach Berlin?

Roland Vogt: Ich begann die Ausbildung als Gerichtsreferendar in Berlin. Auch Gunhild fand eine Anstellung als Assessorin in Berlin, und im Dezember '69 wurde dann unsere Tochter Milena geboren. Ich nahm Milena überall mit hin – auch in die Sitzungen des Personalrats der Gerichtsreferendare, an denen gelegentlich auch der Kammergerichtspräsident Günter von Drenkmann teilnahm. In Berlin studierte ich dann auch noch Politologie. Mich quälte die Frage, welche gewaltfreien Alternativen, welche friedlichen Protestformen es noch gibt? Das Attentat auf Rudi Dutschke, die anschließenden Aktionen des SDS, die Brandsätze – all das beschäftigte mich sehr.

Du hast für das Politologie-Studium das Referendariat sausen lassen?

Roland Vogt: Nein, ich machte beides parallel, weil ich unbedingt Politik studieren wollte, entweder in Konstanz oder Berlin. Ein Buch gab den Auslöser, warum ich dann am Berliner Otto-Suhr-Institut anfing, mein Schwerpunkt war die Friedensforschung. Das Buch hieß *Gewaltfreier Aufstand. Alternative zum Bürgerkrieg.* Theodor Ebert hatte es verfasst, es war seine Doktorarbeit, und ich habe es mit

Heißhunger gelesen. Darin fand ich alles, was ich gesucht hatte: Anders als im Geschichtsunterricht beschrieb er die Menschheitsgeschichte nicht nur als Abfolge von Kriegen und Friedensverträgen, sondern er zeigte die parallele Geschichte, wo Menschen mit gewaltfreien Mitteln, Kampagnen und Strategien Erfolg gehabt hatten. 1972 schrieb ich meine Diplomarbeit über den Widerstand in der Tschechoslowakei 1968, gemessen an Konzepten Sozialer (nichtmilitärischer) Verteidigung. Als ich sie verfasste, arbeitete ich bereits als wissenschaftlicher Assistent am Fachbereich Rechtswissenschaft, dort war ich von '70 bis '75 beschäftigt.

Hast Du Dich nicht übernommen? Du hast Dich doch damals auch schon gegen das Atomkraftwerk in Wyhl engagiert?

Roland Vogt: Natürlich. Es war klar, dass irgendetwas darunter leiden musste, und so habe ich das zweite Staatsexamen in Jura nicht mehr gemacht. Zum Widerstand gegen das Atomkraftwerk Wyhl kam ich, weil ich noch an einem Forschungsprojekt beteiligt war, das von der Berghof-Stiftung für Konfliktforschung finanziert wurde. Der Titel des Forschungsprojekts lautete: Möglichkeiten gewaltfreien Systemwandels in Westeuropa unter besonderer Berücksichtigung der zunehmenden Staatsqualität der Europäischen Gemeinschaft…

…das war der akademische Titel dieses Forschungsprojekts. Was aber habt ihr ganz konkret gemacht? Ich habe mal die Protokolle der Sitzungen durchgeblättert, die im Archiv Grünes Gedächtnis stehen.

Roland Vogt: Es gab verschiedene Projekte. Ich wollte ganz konkrete Feldforschung machen, was man dann später auch Aktionsforschung nannte. Mein Vorschlag war: Wir unterstützen auf dem Larzac die südfranzösischen Bauern und Bäuerinnen in ihrem gewaltfreien Widerstand. Das ist daran gescheitert, dass meine Mitstreiter nicht genug Französisch sprachen.

Du selbst warst auf dem Larzac. Was passierte dort genau, und was hast Du da gelernt?

Roland Vogt: Als ich 1974 das erste Mal allein da hinfuhr, feierten sie gerade ein Erntefest für die Dritte Welt. Warum dieses Fest? Die über hundert Siedler und Farmer auf dem Larzac waren überwiegend arme *Pieds noirs*, die ihre Wurzeln in Algerien hatten und sich auf diesem Kalksteingelände des Larzac festgekrallt hatten. Es gab bereits einen kleinen Truppenübungsplatz, den die Regierung maßlos vergrößern wollte und die Farmer daher enteignete. Die eroberten aber mit dem Pflug das bereits enteignete Gelände zurück und säten dort Getreide. Beim Erntefest für die Dritte Welt wickelten sie um jede einzelne Ähre eine Banderole. Da stand drauf: 5 Francs. Jeder konnte so eine Ähre erwerben. Man hatte die Parole ausgegeben: Da wir 103 Farmer sind, brauchen wir 103.000 Besucher. So viele kamen ungefähr auch, Leute aus ganz Frankreich, aus Westeuropa. Von den 500.000

Francs Einnahmen wurde die Hälfte gespendet und investiert für den Brunnenbau in der Sahelzone, mit der anderen Hälfte finanzierten sie ihren Widerstand.

Larzac war eine der wichtigsten Inspirationen für die ersten Graswurzelrevolutionäre und -revolutionärinnen.

Roland Vogt: Ja, es wurde eine Bewegung, die keiner mehr ignorieren konnte. Auf der Hochebene des Larzac wurden alle Facetten und Komponenten der Gesamtalternativenbewegung schon entfaltet. Es war ein Widerstand gegen ein Militärprojekt. Es war ökologisch. Und es gab ein Bewusstsein, dass wir hier im Grunde von der Zentralmacht auch kolonisiert sind und daher solidarisch zu anderen Teilen des Kolonialreichs Frankreich stehen. Etwa zur Sahelzone, wo die Leute verdursten oder verhungern. Auch die Frauenemanzipationsbewegung war präsent. Die Frauen spielten dort eine starke Rolle. Ich denke, es war die Vorwegnahme dessen, was wir später Gesamtalternativenbewegung nannten und was sich schließlich irgendwann in der Programmatik der Grünen niederschlug.

Ein wichtiger Schritt auf Deinem Weg zur Gründung der Alternativen Liste Berlin, der Europa-Grünen und schließlich der Bundespartei war auch Dein Engagement in Wyhl. Nach der Solidarität mit den Bäuerinnen und Bauern in Südfrankreich erschien die Solidarität mit den Winzerinnen und Winzern rund um Wyhl, die sich gegen die AKW-Baupläne wehrten, wohl logisch.

Roland Vogt: Ja, wir vom Forschungsprojekt der Berghof-Stiftung dachten, wenn wir schon nicht auf dem Larzac tätig werden können, dann eben in Wyhl. Das war aber noch nicht ganz das, was zumindest mir als Forschungsprojekt vorschwebte. Ich wollte mich vor allem mit dem Widerstand gegen Militärprojekte beschäftigen. Nun ging es auf einmal um Atomenergie. Na gut. Aber die Menschen dort – Leute mit Erde an den Füßen, sage ich immer – haben mich im Sinne des klassischen Begriffs der Aufklärung aufgeklärt. Mich faszinierte ihr gewaltfreier Widerstand von der Basis. Später nannte ich das gewaltfreier Volkswiderstand. In Wyhl, wo ich monatelang zubrachte, wurde ich zum überzeugten Atomkraftgegner. Leider wurde nie ein gesamter Forschungsbericht daraus, wir lieferten auf zu unterschiedliche Weise Ergebnisse. Nach einer Verlängerung wurden wir nicht weitergefördert.

Dafür begründete Wyhl Deinen Werdegang als politischer Ökologe…

Roland Vogt: Ja, ich war schon länger ein Mensch der Friedensbewegung. Jetzt kam dieses Thema dazu. Die Klammer war die Methode der gewaltfreien Aktion. Ich sage jetzt mal unbescheiden: Ich wurde einer der Vorkämpfer des Gedankens, dass Ökologie- und Friedensbewegung zusammen gehörten und gemeinsam zu einer, Lebensbewegung wachsen müssten. Beide setzen sich in einer Zeit für das Leben ein, in der es ganz konkret bedroht ist. Sei es durch Mittelstreckenraketen, atomare Rüstung oder biologisch durch die Gefahren der Radioaktivität.

Aus dieser Lebensbewegung, wie Du sie nanntest, sollte aber auch eine neue politische Programmatik erwachsen. Du warst auch bei den Jungen Europäischen Föderalisten engagiert.

Roland Vogt: Bei den Jungen Europäischen Föderalisten, die eine europapolitische Zusammensetzung der Jugendorganisationen der Parteien waren, waren auch Leute wie Petra Kelly und Jo Leinen. In der Redaktion von Forum Europa haben wir Schwerpunkthefte herausgegeben, mit Themen, die seit dem Larzac schon einmal aufgeblättert waren: etwa über den Widerstand gegen Atomkraftwerke. Ein Anderes war: der eigentliche Dialog zwischen der Ökologiebewegung und den Gewerkschaften. Wir haben diese Hefte damals gemacht, ohne zu wissen, dass wir später eine Partei gründen würden, die das Ganze zu einem neuartigen Programm zusammenfügt. Wir machten es, weil wir es für richtig hielten.

Zunächst warst Du aber Mitglied in der SPD, wie Jo Leinen und Petra Kelly übrigens auch.

Roland Vogt: Ich wollte eigentlich in gar keine Partei. Ich hatte immer einen Argwohn gegenüber Parteien. Über mein Engagement in der Bürgerinitiative Kleinraumsiedlung Lichterfelde-Ost, in deren Nähe wir wohnten, lernte ich die kommunalpolitische Doppelstrategie der Jusos schätzen. Die Kleinraumsiedlung sollte abgerissen werden. Als Bürgerinitiative sorgten wir dafür, dass die Siedlung, die dann gebaut wurde, keine soziale Brennpunkt-Siedlung mit Hochhäusern wurde, sondern dass zwei-, dreistöckige Häuser mit bezahlbaren Wohnungen gebaut wurden. Um damals Juso zu werden, musste man SPD-Mitglied werden.

Warum bist Du dann wieder aus der SPD ausgetreten?

Roland Vogt: Die Bürgerinitiative war so ein bisschen mein Gesellenstück. Ich trug dort das Know-how bei und organisierte die politische Lobbyarbeit über die Jusos und über die Abteilung 6 der SPD in Lichterfelde-Ost und mit Kontakten zu Abgeordneten im Abgeordnetenhaus. Im Zusammenhang mit der Selbstverbrennung von Hartmut Gründler am Buß- und Bettag 1977 wollte ich austreten aus der SPD. Doch Mitstreiter der Bürgerinitiative baten mich bis zur für das Sanierungsgebiet entscheidenden Sitzung des Berliner Abgeordnetenhauses zu bleiben. Als dann dort im Frühjahr 1978 die förmliche Festlegung der Kleinraumsiedlung als Sanierungsgebiet im Sinne des Städtebauförderungsgebiets beschlossen worden und damit die Mitwirkungsrechte der Bewohner gesichert waren, konnte ich mit gutem Gewissen aus der SPD austreten.

Zur Erklärung: Am 16. November 1977 verbrannte sich der Tübinger Lehrer Hartmut Gründler während des SPD-Parteitages in Hamburg – aus Protest gegen die Atompolitik der damaligen Regierung und der Weigerung von Bundeskanzler Helmut Schmidt, darüber mit ihm in Dialog zu treten. Auch vorher

ist bei Dir der Begriff Leben, und zwar Leben und Lebensschutz, gefallen. Wie hast Du zu den Lebensschützern gestanden? Der Weltbund zum Schutz des Lebens galt ja als erzkonservativ.

Roland Vogt: Dass es Organisationen gab oder gibt, die sich Lebensschutz nennen und die sich vorgeblich oder tatsächlich mit Leuten mit zum Teil rechtsradikaler Vergangenheit oder Nazivergangenheit verbunden haben, das hindert mich nicht daran zu sagen: Mein Ziel ist der Schutz des Lebens, sowohl in dem einen Kampf der Friedensbewegung als auch in dem anderen Kampf der Ökologiebewegung. Leben ist der gemeinsame Nenner. Und wenn ein Ausländer kam und wissen wollte: «Worin unterscheidet ihr Euch von der CDU, der FDP oder der SPD?» Dann haben wir gesagt, als wir die Grünen schon gegründet hatten: «Es gibt die Sozialdemokraten, die Sozialisten und die Kommunisten. Deren Leitwert ist die Gleichheit oder die soziale Gerechtigkeit. Dann gibt es die Liberalen und die konservativen Parteien oder Christdemokraten. Deren Leitwert ist die Freiheit. Und unser Leitwert ist das Leben.» Ich muss mich doch nicht von einem für richtig erkannten Leitwert abwenden, weil es Leute gibt, die missbräuchlich den Lebensschutz für ihre Organisation reklamieren. Das hat damit gar nichts zu tun. Das darf damit nichts zu tun haben.

Mich interessiert die programmatische Entwicklung, die zu den Grünen führt, so wie wir sie vorhin schon mit verschiedenen Elementen gefüllt haben. Welche Kontakte, welche Bezüge sind da? Woher kommen bestimmte Ideen? Ich weiß natürlich, dass der BUND nicht ohne die Lebensschützer gegründet worden wäre. Ich weiß auch, bei den Gründungsmitgliedern vom BBU, dem Bundesverband Bürgerinitiativen Umweltschutz, sind sie dabei. Ich halte den BBU übrigens für sehr wichtig. Er ist meines Erachtens derjenige, der in Wirklichkeit in Troisdorf die erste Versammlung organisiert hat, dann die in Vlotho, die anschließend sehr schnell zur Organisation der Grünen führten.

Roland Vogt: Ende Juni luden die Initiatoren des Deutschen Umwelttages Petra Kelly und mich nach Troisdorf ein. Dort haben wir eine eher duldende oder hinnehmende Rolle gespielt. Wir waren nicht der Spiritus Rector.

Das Dilemma ist, dass es über den Deutschen Umwelttag in Troisdorf, der organisationspolitisch gesehen den Prozess angestoßen hat, sehr wenig Unterlagen oder Berichte gibt.

Roland Vogt: Die Initiative ging tatsächlich von Leuten wie August Haußleiter und seiner Aktionsgemeinschaft Unabhängiger Deutscher aus. Mit wem der das noch abgekaspert hatte, weiß ich nicht. Aber es war ihm wichtig, das Aushängeschild Bürgerinitiativen zu haben. Und das waren wir: Petra Kelly und ich als Vorstandsmitglieder des BBU. Ich hatte nichts dagegen und nehme an, Petra hatte auch nichts dagegen.

Wie lief das ab auf dem Umwelttag?

Roland Vogt: Wir saßen auf dem Podium, und jeder hielt seinen Redebeitrag. Diese Tragweite, wie sich das dann weiterentwickelte, konnten wir damals nicht sehen. Wir haben es dann, akzeptiert oder auch gewollt. Wir waren, wie gesagt, nicht die Organisatoren. Aber der Haußleiter, der ein PR-Mensch war und auch die Medien dazu hatte, der hat das anschließend natürlich so dargestellt: als Konsens der Bürgerinitiativen mit der Wahlbewegung. Und wir haben das akzeptiert.

Das ist interessant, weil August Haußleiter natürlich auch beim Weltbund zum Schutz des Lebens mitmischte.

Roland Vogt: Dass es da unterirdische oder sagen wir mal historische Verbindungen gab, das ist mir auch später – viel später – aufgegangen.

Warum wolltest Du und Petra Kelly dort auf dem Podium in Troisdorf sprechen?

Roland Vogt: Wir wollten eine – wie soll ich sagen? – eine von der Bürgerinitiativenbasis mitgetragene Wahlbewegung. Wir wollten sie, die Bürgerinitiativenbasis sollte aber gefragt werden. In der Vorbereitung auf unser Gespräch hier habe ich in alten *BBU Aktuell-Umweltmagazinen* nachgelesen. Darin findet sich relativ viel zu dieser Wahlbewegung, allerdings ohne Troisdorf. Diese Bewegung war ja mein Kind. Ich handelte strategisch. Aus dem BBU habe ich zum Thema *Bürgerinitiativen vor Wahlen* einen Kongress in Kassel initiiert und geleitet und ein Jahr später den Kongress *Ökologie und Friedensbewegung*.

Nach Troisdorf gab es ein Nachfolge-Treffen in Vlotho. Im Protokoll zu diesem Treffen steht, dass man gemeinsame Aktionen gegen die Repression des Staates plant, was sicherlich nicht im Sinne von August Haußleiter war. Haußleiters Ziel war ja eher, eine gemeinsame Delegiertentagung mit seiner Aktionsgemeinschaft Unabhängiger Deutscher (AUD), der Grünen Liste Umweltschutz (GLU) und Herbert Gruhls Grüner Aktion Zukunft (GAZ) zu organisieren, um im nächsten Juni für die Europawahl zu kandidieren.

Roland Vogt: Wo war dann die Delegiertentagung?

In Kassel, Anfang Dezember 78.

Roland Vogt: Das ist an uns vorbeigegangen.

Ja, weil, die wollten – so steht es in diesen Protokollen –, dass der Prozess in die richtige Richtung geht. Es ging nicht darum, irgendwas zu machen und gemeinsam zu arbeiten, sondern zielgerichtet. Dann wurden gemeinsame

Programmausschüsse und Satzungsausschüsse eingerichtet. Meine Frage ist einfach: Bist Du daran beteiligt gewesen?

Roland Vogt: Ich war natürlich an der Ausarbeitung des Programms beteiligt. Und da haben wir uns ein- oder zweimal in Hannover getroffen. Ich hatte zum Beispiel das Interesse, dass die Friedenspolitik, gewaltfreie Aktionen und Soziale Verteidigung ins Programm kamen.

Über dieses Austarieren von Interessen in den Programmausschüssen zwischen GLU, GAZ, AUD, diesen drei Listen, die dann die Grünen in Frankfurt-Sindlingen gegründet haben, darüber ist leider nur wenig geschrieben worden.

Roland Vogt: Natürlich. Da waren Altmeister am Werk, vor allem eben Herbert Gruhl und August Haußleiter. Haußleiter war eigentlich gesellschaftspolitisch viel progressiver als Gruhl. Gruhl war inhaltlich progressiv, etwa in seinem Buch: *Ein Planet wird geplündert*. Aber methodisch und organisatorisch war er total ängstlich und sehr ich-bezogen. Also zwischen den Chefs von GAZ und AUD hat man sich noch verständigt. Aber so richtig auf andere Leute zuzugehen, um sie nach ihrer Meinung zu fragen, das konnte der Gruhl nicht. Er war total sperrig. Sie haben sich auf den Dreier-Vorstand geeinigt...

Und dieser Dreier-Vorstand ist von da ab in die Grünen eingegangen...

Roland Vogt: Das ist möglich. Ich kann das nicht erklären. Es ist einfach so übernommen worden von den Grünen, möglicherweise nach dem Vorbild des BBU, der ja auch einen Dreiervorstand hatte. Es gab eine Zeit, die für mich sehr angenehm war. Da war ich gleichzeitig im Bundesvorstand der Grünen und im Bundesvorstand des BBU. Die Grünen waren basisorientiert und bereit, sich von der Bewegung inspirieren zu lassen. Wenn wir im BBU-Vorstand einen Beschluss gefasst haben, dann bin ich eine Woche oder 14 Tage später damit in den Vorstand der Grünen und habe gesagt: *Der BBU hat das so beschlossen, der will das so.* Dann haben die Grünen gesagt: *Na ja, wenn die das wollen, dann machen wir das so.* Das war schon eine wunderschöne Zeit. Sie wurde beendet durch eine Intrige DKP-naher Delegierter. Die haben auf einer Mitgliederversammlung des BBU dafür gesorgt, dass ich vor die Wahl gestellt wurde: entweder BBU-Vorstand oder Grünen-Vorstand.

Wie war Dein Verhältnis zu den DKP-Leuten?

Roland Vogt: Am Anfang haben sie mich hofiert, weil sie mich irgendwie brauchten oder vielleicht auch meinten, meine Position sei identisch mit ihrer. In ihren eigenen Gazetten war ich ein hoch gelobter Mensch, ein wackerer Kämpfer aus der Friedensbewegung. Und dann ist Folgendes passiert: Ich hatte die

Aktionskonferenz *Ökologie und Frieden* mit einem Kollegen aus der Friedensbewegung ins Leben gerufen. Und auf einer dieser Aktionskonferenzen, auf der man Aktionen für die nächste Zukunft plante, hatte ich vorgeschlagen, ein gemeinsames Hambacher Fest der Friedens- und Ökologiebewegung im Andenken an das historische Hambacher Fest von 1832 zu feiern. Wir wollten unbedingt auch jemanden von Solidarność sprechen lassen. Wir hatten dann tatsächlich einen Gast von Solidarność dabei, die Mehrheit der DKP-Leute war aber dagegen. So wurde ich über Nacht in all diesen Gazetten, die mich vorher hofiert hatten, zum Polen-Feind und Spalter der Friedensbewegung. Polen stand damals unter dem Kriegsrecht von Jaruzelski. In meiner Stasi-Akte ist zu lesen, dass ich eine der umstrittensten Figuren der Ökologie- und Friedensbewegung gewesen sei.

Du denkst, der Widerstand der DKP-Leute gegen Dich rührte im Prinzip von der Vorbereitung des Hambacher Festes?

Roland Vogt: Vielleicht gab es auch noch andere Gründe, aber zuvor hatten sie es nie gewagt, mich frontal anzugehen. Doch von diesem Moment an haben sie gegen mich gehetzt. Das ging so weit, dass sogar das *Allgemeine Sonntagsblatt*, das in Hannover erschien, die Version von denen vertrat. Für sie war ich der Beauftragte von Frau Kelly. Petra Kelly hatte zwar damit nichts zu tun. Aber in ihrer Version war sie die Führungsfigur, und ich der Adlatus, der von Petra Kelly beauftragt wurde, solche Sachen zu machen.

Beim Krefelder Appell, der von Millionen Leuten unterschrieben worden ist, in welchem Ausmaß, denkst Du, haben DKP- und DFU-nahe Autoren daran mitgeschrieben? Das ist ja nach wie vor eine offene Frage.

Roland Vogt: Beim Krefelder Appell war immer dieser Verdacht, dass das einen Drall hat, was DKP, Ost-Berlin oder Moskau angeht. Aus eigener Beobachtung habe ich mitbekommen, dass die letztgültige Fassung des Krefelder Appells die Handschrift von Gert Bastian trug und dass alle damit zufrieden waren.

So steht das auch in einem Leserbrief, den Gert Bastian an die Süddeutsche Zeitung geschickt hat. In Krefeld selber, also bei diesem ersten Termin, warst Du mit in der vordersten Reihe, wie dann 1983 bei der Demonstration auf der Hofgartenwiese auch.

Roland Vogt: Da waren unglaubliche Demagogen dabei. Zwei davon waren pro forma bei einem DDR-freundlichen Verlag angestellt, aber in Wirklichkeit für das KOFAZ (Komitee für Frieden, Abrüstung und Zusammenarbeit) freigestellt. Die hatten eigentlich gar nichts mehr zu melden. Es war ihnen aber ganz wichtig, auf die Bühne zu kommen und dort zu stehen. Warum? Wegen der Fotos. Und weil sie damit bei ihren Auftraggebern den Eindruck vermitteln konnten, ganz wichtig zu sein und dazu zu gehören. Da gab es zum Teil sogar ein körperliches Gerangel, dort oben zu stehen. Das war eine kuriose Geschichte. Aber was man vielleicht als Leistung der Grünen herausheben soll, ist, dass wir diese noch unabhängige Friedensbewegung gelebt haben sie auch mit initiiert haben, und eine eigenständige block-unabhängige Position vertreten haben.

Eine Sache, die bei der Findung der Programmatik vielleicht auch eine wichtige Rolle gespielt hat, ist das Manifest von Ecoropa...

Roland Vogt: ... da ist was dran.

Ecoropa ist ein lockerer Zusammenschluss – ein europäisches Netzwerk kann man vielleicht sagen – von Einzelpersonen, das seit 1976 Ökologie, Demokratie und Nord-Süd-Gerechtigkeit zu integrieren sucht. Welche Rolle spielte das Manifest für das erste Europa-Wahlprogramm?

Roland Vogt: Ich glaube, eine sehr entscheidende Rolle, weil es unabhängige Geister waren, die es formulierten. Es waren Leute aus Frankreich, England, Norwegen und der Bundesrepublik Deutschland. Es war eine sehr kreative Phase. Einmal haben wir uns in Genf getroffen. Was die Phase vor der Gründung der Grünen angeht, gibt es verschiedene bedeutsame Momente. Die Stunde der Grünen ist eine längere Stunde mit verschiedenen Anteilen. Aber die Stunde der Europa-Grünen, das kann man so sagen, da spielte das Manifest eine wichtige Rolle.

Man einigte sich darauf, zur Europawahl '79 als Sonstige Politische Vereinigung Die Grünen anzutreten und gemeinsame Strukturen dafür vorzubereiten. Es fehlten eigentlich, unabhängig von den Personen und der Struktur, nur noch die berühmten vier Säulen. Welche Auseinandersetzungen gab es über die genauen Formulierungen?

Roland Vogt: Über diese vier Säulen? Also: *Ökologisch* war klar, da brauchte man nicht weiter zu diskutieren. *Gewaltfrei* war zumindest damals klar. Es gab aber auch unheilige Allianzen was die Thematik der Gewaltfreiheit anging. Die Tauglichkeit der Gewaltfreiheit für die sogenannte große Politik, insbesondere die Außenpolitik, da waren sich die Konservativen à la Gruhl und die K-Gruppen-Leute einig, dass das nichts taugt, dass man damit nichts anfangen kann. *Basisdemokratisch*, auch klar. Das war ja eine Reaktion auf die machthierarchischen Organisationen der anderen Parteien. Und *Sozial* stand drin, weil Gruhl und seine Adlaten nicht sozialistisch wollten. Eigentlich war aber sozialistisch gemeint und der Begriff war damals – zumindest aus unserer Sicht – nicht so belastet wie vielleicht heute.

Nach der Europawahl 1979 bist Du nach Straßburg gegangen. Wann hat Deine Arbeit dort angefangen? Nicht gleich nach der Wahl oder?

Roland Vogt: Relativ bald. Wir hatten im Vorfeld der Wahlen sehr hohe Erwartungen gehabt, sind dann aber wegen der 5-Prozent-Klausel, die die herrschenden Parteien aus Panik eingeführt haben, nicht reingekommen. Die Entwicklung hätte eine ganz andere werden können. Die Grünen hätten schon sehr früh im Europäischen Parlament sein können – in Gestalt von Petra Kelly und Roland Vogt und nach zweieinhalb Jahren Gruhl und Helga Vowinckel. In Straßburg versuchte ich, die Grünen und verwandte Parteien zu koordinieren. Es gab sehr viele Gruppen und Grüppchen, in Belgien gab es verschiedene, in Italien gab es zwar keine Grünen, aber sie hatten die Partito Radicale und die Democrazia Proletaria. Ich war damals neben Lukas Beckmann der einzige Angestellte der Grünen. Für 1000 Mark pro Monat übrigens, weshalb die *taz* schrieb, ich sei ein Parteibonze, der unheimlich viel Geld verdient, Privilegien in Straßburg hat und sonst was.

Wie sah Deine Aufgabe genau aus?

Roland Vogt: Die Idee war, den Kontakt zu halten zwischen denen, die im Parlament waren, weil sie keine 5-Prozent-Klausel in ihrem Land hatten, und denen, die wegen der 5-Prozent-Klausel draußen bleiben mussten. Aber bereits bei der Eröffnungssitzung des Europäischen Parlaments hat das nicht richtig geklappt. Es gab regelmäßige Treffen, auf denen man gemeinsame Aktionen beschloss. Wir hatten Ethos. Wir hatten Vorstellungen, was wir einbringen. Später spielten die Vorstellungen, die wir in den Europawahlen '79 entwickelt haben, keine große Rolle mehr.

Nach der Bundestagswahl 1983 wurde die Koordinationsarbeit zwischen Radikalen und Grünen endgültig beendet. Ab '83 gab es nur noch die Grüne Koordination.

Roland Vogt: Genau. Es gab da keinen formalen Abschluss.

Ganz allgemein interessiert mich: Warst Du eher der Ideengeber oder derjenige, der die Ideen umsetzte?

Roland Vogt: Ich bin oft sehr stark in Ideen, nicht immer stark in der Ausführung. Oft haben sie andere erfreulicherweise aufgegriffen und umgesetzt. Sowohl bei der Alternativen Liste Berlin wie auch bei den Europa-Grünen war ich einer der Mitinitiatoren. Meine Beiträge inhaltlich waren: die gewaltfreie Aktion, die Soziale Verteidigung, die Thematik Ökologie und Frieden sowohl einzubringen in die Programmatik der Europa-Grünen als auch ins Friedensmanifest der späteren Partei Die Grünen. Beim Friedensmanifest habe ich heftig mitgewirkt. Da sind viele Formulierungen von mir drin, die man heute auch noch so bringen kann.

Wir kommen jetzt zu Deiner Zeit im Bundestag. Du hast einmal gesagt, ab 1980 beginnt eine neue spannende Sache für mich, die Bundestagsgeschichte der Grünen.

Roland Vogt: Das ist richtig. Nach dem Achtungserfolg bei der Europawahl, wo wir 3,2 Prozent erreichten, eine Million Wähler und fünf Millionen Mark als Gründungskasse für die Partei gewannen, zogen wir in den Bundestagswahlkampf. Ich war Kandidat auf Platz 1 in Rheinland-Pfalz, damals wirkte das Frauenstatut offensichtlich noch nicht. Jedenfalls störte sich niemand daran. Wir haben einen sehr ordentlichen Wahlkampf gemacht, aber nur 1,5 Prozent eingefahren. Es lag wohl daran, dass die Wahl stark polarisiert war. Auf der einen Seite stand Schmidt, auf der anderen Strauß. Viele von denen, die uns bei der Europawahl ihre Stimme gaben, wollten Schlimmeres, also Strauß, verhindern. Nach diesem Tiefschlag war es unheimlich schwer, die Leute wieder zu motivieren. 1983 gab es dann aber vorgezogene Bundestagswahlen. Für mich ging es um die Frage, ob sie mich erneut als Spitzenkandidat zulassen. Es gab Konkurrenz. Schließlich habe ich mich durchgesetzt, übrigens nicht durch die Wahl von Delegierten, sondern durch die Wahl der Mitglieder.

Und diesmal glückte es…

Roland Vogt: Ja, wenn auch nur knapp und aus verschiedenen Gründen. Ein wichtiger Punkt nach meiner Analyse war, dass wir uns breiter aufstellten, also nicht nur alleine ökologisch, sondern auch friedenspolitisch und mit der Bandbreite all der anderen Themen, die ich vorher unter dem Stichwort Gesamtalternativenbewegung genannt habe. Aber der Hauptgrund war, dass diese Wahl, die Kohl vorgezogen hatte, genau auf dem Höhepunkt des Widerstands gegen Mittelstreckenraketen stattfand und dass die Grünen als eine blockfreie Bewegung glaubwürdig waren. Dass sie also nicht das Geschäft – um es mal etwas verkürzt zu sagen – von Moskau besorgten.

Wie hast Du die Anfangszeit im Bundestag erlebt?

Roland Vogt: Es gab Versuche, die Grünen zu marginalisieren und zu mobben. Wir waren im Bundestag nicht erwünscht. Das ging so weit, dass noch nicht mal geeignete Arbeitsräume für uns zur Verfügung standen. Die Bundestagsverwaltung hatte, wohl im Schlepptau der etablierten Parteien, sich bewusst nicht auf uns vorbereitet und diesen Zustand lange Zeit aufrechterhalten, bis wir ein öffentliches Happening machten. Dann ging es ein bisschen schneller vorwärts, aber auch noch nicht schnell genug.

In den Protokollen der ersten Fraktionssitzungen steht, dass Du bereits zur ersten Sitzung ein Konzept über die künftige Friedenspolitik der Bundestagsfraktion mitgebracht hast.

Roland Vogt: Zuallererst ging es um die Frage: Passen wir uns jetzt den vorgefunden Strukturen an? Ich wollte, dass wir mit den Begriffen der Bewegungen arbeiten, und schlug zum Beispiel vor, den Arbeitskreis Verteidigungs- und

Sicherheitspolitik in Abrüstung, Frieden, Internationales umzubenennen. Es war eine leidenschaftliche Debatte. Doch ich konnte mit meinen Argumenten die Mehrheit überzeugen. Ich kann vielleicht anfügen, das hat jetzt nichts mit dem Bundestag zu tun: Ich finde es bemerkenswert, dass wir bis heute eine Struktur in der Partei mit Landesarbeitsgemeinschaften Frieden und Bundesarbeitsgemeinschaft Frieden haben. Ich glaube, das hat keine andere Partei. Das heißt, es ist erfreulicherweise so geblieben, dass sich zumindest der Bereich Frieden und Internationales als ein ganz eigenständiges Thema der Grünen durch die weitere Geschichte der Partei gezogen hat.

Was aber änderte die Umbenennung in einen Arbeitskreis Frieden, Abrüstung, Internationales in der praktischen Arbeit der Fraktion?

Roland Vogt: Was heißt änderte? Es gab ihn so vorher nicht. Natürlich kann man fragen: «Haben wir dadurch dem Parlament unseren Stempel aufdrücken können? Oder haben die vorgefundenen Strukturen uns ihren Stempel aufgedrückt?» Aber die Frage ist heute obsolet. In dem Moment, als die Grünen mitregierten, befürworteten sie militärische Interventionen, und das wurde von denen, die das verantwortet haben und die das auch in Zukunft so haben wollten, als innerparteilicher Lernprozess beschrieben.

Das frustriert, Du warst ja einige Zeit der abrüstungs- und friedenspolitische Sprecher.

Roland Vogt: In der ersten Bundestagsfraktion, in der ich zwei Jahre voll mitmachte, trug ich zumindest dazu bei, dass wir die Fokussierung auf Friedenspolitik, Abrüstungspolitik und internationale Politik in dieser Zeit aufrechterhielten. Man muss aber auch wissen, dass unser eigentliches Ziel, die NATO-Nachrüstung zu verhindern, keinen Erfolg hatte. In meiner Position versuchte ich von der Fraktion aus, eine innerparteiliche Initiative zu starten, wie wir mit einer neuen friedenspolitischen Strategie auch als Partei wieder in die Gänge kommen. Das ist von der Parteiführung im Keim erstickt worden. Aus einem Argwohn, der mit der Sache gar nichts zu tun hatte. Den Widersachern ging es um das Kräfteverhältnis zwischen Partei und Fraktion.

Ja, da gab es eine gewisse Eifersucht…

Roland Vogt: Aber das ist Schnee von gestern. Das eigentlich Bedrückende ist, bei dem ich auch mein persönliches Versagen sehe, dass wir unsere strategische Absicht, Politik muss auch ohne Gewalt organisierbar sein, nicht verwirklichen konnten. Diese Absicht ist verloren gegangen. Ich halte es nach wie vor für ein – zumindest was meine Restlebenszeit angeht – zentrales Thema: Politik ohne Gewalt und auch die Übertragung dieser Absicht auf die Außenpolitik und die sogenannte Sicherheitspolitik.

Siehst Du eine reelle Chance dafür innerhalb der Grünen?

Roland Vogt: Mittlerweile sind die Grünen selbstverständlich eine Partei, die, «wenn es sein muss», auch militärisch eingreift. Ich habe meine Zweifel, ob es gelingen kann, einen neuen Ansatz innerhalb der Grünen zu finden. Aus verschiedenen Gründen: Erstens sind da Generationen herangewachsen, die das für einen Lernfortschritt der Partei halten; zweitens preisen die Medien, mit ganz wenigen Ausnahmen, das als Erwachsenwerden der Partei. Der Zweig der Grünen, die eine Friedens- und Sicherheitspolitik ohne Gewalt entwickeln wollen, ist innerhalb der Grünen ausgedorrt. Für mich ist das die Militarisierung der Grünen, ein Rückfall in atavistische Formen der Politik und des Konfliktaustragens. Ich mache im Archiv immer wieder die Erfahrung, dass die älteste Geschichte der Grünen einen unglaublichen Reiz auf junge Studierende ausübt, und sie fragen: Wie konnte passieren, dass Ihr Grüne die Zustimmung zum Kosovo-Einsatz gegeben habt?

Ja, wie konnte das Deiner Meinung nach passieren?

Roland Vogt: Das ist meiner Meinung nach nicht nur eine politologisch brisante Fragestellung. Es ist eine menschheitsgeschichtlich brisante Fragestellung: Wie konnte es passieren, dass eine ökologisch, pazifistisch oder stark friedenspolitisch orientierte Partei so abdriftet? Als Politologe sage ich: Es hat etwas mit der Art und Weise zu tun, wie Macht erworben wird, und wie Macht verteidigt wird. Und wie man sich angewöhnt hat, dass Machterwerb identisch ist mit der Akzeptanz der vorfindlichen Machtquellen. Damit gemeint ist der Sicherheitsapparat im weitesten Sinne. Wenn du dich dem anpasst oder ihn akzeptierst, dann heißt das, du akzeptierst nicht nur die Bundeswehr, sondern auch die NATO-Zugehörigkeit und alles, was damit zusammenhängt. Dafür kannst du dann sogar Außenminister und Vizekanzler werden. Wenn nicht, wirst du gar nichts.

Was wäre damals für Dich eine gute Alternative gewesen?

Roland Vogt: Ich wollte damals, dass die Grünen sich nicht um das Außenministerium bewerben, sondern ein neues Ministerium schaffen: eines für Abrüstung, Konversion und zivilen Konfliktaustrag. Auf die jährlichen Haushaltsberatungen wäre ich neugierig gewesen, auf die Verteilungskämpfe: Wie viel kriegt der Minister der Verteidigung? Wie viel kriegt die Ministerin für Abrüstung, Konversion und zivilen Friedensdienst? Aber ich bin noch nicht mal im Bund für Soziale Verteidigung damit durchgekommen. Ein weiteres Versäumnis war, dass unser Außenminister den zivilen Friedensdienst nicht vorangebracht hat. Nach außen hat er einige Beamte des Auswärtigen Dienstes zusätzlich qualifizieren lassen. Es geht aber darum, dass zunehmend mehr Menschen eine Ausbildung im zivilen Friedensdienst bekommen, die sie befähigt, in konfliktreiche Länder zu gehen und mit den Honoratioren oder in anderen Regionen mit den Stammes-ältesten sehr frühzeitig ein Konzept zu entwickeln, wie man den Ausbruch eines gewaltsamen Konflikts verhindern kann. Dazu bedarf es enormer Fähigkeiten.

Diese Entwicklung der Grünen bis zum Jugoslawien-Einsatz, die Du beschreibst – ist sie ein zwangsläufiger Prozess, wenn man sich parteiorganisiert in Politik einmischt? Ist sie unumgehbar? Was passiert in den politischen Strukturen?

Roland Vogt: Max Weber sagt dazu, das sei eine Zwangsläufigkeit. Er sagt: «Der Politiker muss bereit sein, einen Pakt mit Macht und Gewaltsamkeit zu schließen.» Ich habe es jetzt nicht mehr wörtlich im Kopf. Dann sagt er auch: «Wer dies nicht will, der ist politisch ein Kind.» Deshalb dachte ich immer: «Okay, ich bin so ein Kind.» Nun gut, es ist meine Rebellion gegen die Vorstellung, dass alles zwangsläufig so seinen Weg geht und dies in einer Zeit, in der es eine unglaubliche Gewaltakkumulation gibt. Es gibt ja die Diskussion um das Gewaltmonopol des Staates, das ich überhaupt nicht in Frage stelle. Aber was ich für bekämpfenswert halte, ist diese unglaubliche Anhäufung von Waffen und Gewalt bei den Staaten, die von vielen wie eine Naturgesetzlichkeit hingenommen wird. In ihrer schlimmsten Ausprägung sind es die Atomwaffen.

Dahinter steht der Glaube, dass Atomwaffen Sicherheit verheißen.

Roland Vogt: Es ist unglaublich, unsere Sicherheitspolitik basiert auf der Grundlage von Einschüchterungspolitik, nach dem Motto: Wir sind sicherer, wenn wir die Atomwaffe haben, weil sich dann keiner traut, uns anzugreifen. Kein Wunder, dass der Iran glaubt, nur dann eine Chance als Regionalmacht zu haben, wenn er über den geschlossenen atomaren Brennstoffkreis verfügt. Wenn es aber tatsächlich zu einem nuklearen Schlagabtausch irgendwo auf dieser Welt kommt, die Verrücktheit in manchen Regionen ist ja so, dass es nicht ganz unwahrscheinlich ist, dann bricht eine neue Phase in der Entwicklung der Menschheit an. Aber nicht zum Guten, sondern im Sinne eines Desasters.

Warum ist das kein Thema mehr?

Roland Vogt: Ja, warum? Es hätte schon lange ein mit Leidenschaft verbundenes Thema der Grünen sein müssen, diese Gewaltakkumulation nach Kräften abzubauen. Es gibt bereits Ansätze des zivilen Konfliktaustrags, die achtbar sind. Aber es reicht nicht aus. Ich muss heute hinzufügen: Auch das Engagement der Grünen hat damals nicht im Geringsten dafür ausgereicht. Auch das Gefühl, dass wir nicht nur eine Verantwortung haben, sondern ursprünglich auch ein Versprechen gegeben haben, das ist nicht vorhanden. Und jetzt bereiten wir uns auf eine nächste Runde in der Bundesregierung vor.

Ich denke, die von Dir beschriebene Entwicklung der Partei hat schon früh angefangen, spätestens vor der Bundestagswahl '87, als es für die Grünen nur

mehr um die Frage «NATO-Austritt – Ja oder Nein?» ging, nicht mehr aber um Alternativentwicklungen.

Roland Vogt: Genau. Wir haben eben in unseren Reihen einen gehabt, der das sehr früh als Realo, also Super-Realo, erkannt hat: Joschka Fischer. Sein Lebensziel, in einer sichtbaren Weise an der machtpolitischen Gestaltung des Landes teilzunehmen, war nur erreichbar, wenn wir die Programmatik der Grünen in dem Sinne ändern, dass eine militärische Intervention als Lernfortschritt der Grünen akzeptiert wird. Ich nehme ihm das gar nicht übel. Viele sagen ja, Joschka Fischer hat die Grünen verraten. Ich sage immer, er konnte sie gar nicht verraten, weil er ihre Programmatik zumindest in diesem Bereich überhaupt nie akzeptierte. Er hat sich immer lustig über alles gemacht, was mit Gewaltfreiheit zusammenhing. Er ist sich da in bemerkenswerter Weise treu geblieben. Das Interessante war, dass Joschka und die Realos plötzlich eine Westbindungsdebatte innerhalb der Fraktion lostraten, zu einer Zeit, in der es keiner verstand, in der wir stolz drauf waren, dass wir eine Blockunabhängigkeitspartei geworden waren. Urplötzlich hatten wir eine Westbindungsdebatte. Meiner Meinung nach war das bereits die strategische Vorbereitung einer späteren Regierungsbeteiligung als Außenminister und Vizekanzler in einer rot-grünen Koalition. Ein Plan, der dann in Erfüllung gegangen ist. Wie gesagt: Joschka werfe ich überhaupt nichts vor. Aber den Grünen als Partei, dass sie das nicht durchschaut haben und nicht durchkreuzt haben. Ich bin der Meinung, dass die Grünen durch ihren Pakt mit Macht und Gewalt sehr viel Glaubwürdigkeit verloren haben.

Warum bist Du eigentlich nie ausgetreten? Für nicht unerhebliche Teile der einstigen Parteigründer war spätestens die deutsche Beteiligung im Jugoslawien-Krieg '98 der Scheidepunkt. Du aber hast Dich weiter engagiert, hast weitergearbeitet.

Roland Vogt: Es gab Zeiten, in denen ich mir jeden Morgen diese Frage gestellt habe. Etwas mokant sage ich dazu: Es gibt ja eine Art Garantenpflicht. Ich muss den Begriff kurz erläutern. Im Strafrecht kann man wegen Unterlassens betraft werden, wenn man eine Garantenpflicht hat. Wenn Du eine Autopanne hast, dann musst Du Deinen Standort entsprechend absichern. Wenn Du das nicht tust und dadurch einen Unfall verursachst, hast Du die Garantenpflicht verletzt. In dem Sinne sage ich: Als Mitgründer der Grünen habe ich eine Garantenpflicht für vorangegangenes gefährliches Tun, indem ich gegen einige innere Stimmen an der Gründung einer Partei beteiligt war, in der vollen Kenntnis der ganzen Literatur über zwangsläufige Prozesse der Entwicklung von Parteien. Bei der Sozialdemokratie hat der Prozess Jahrzehnte gedauert. Bei den Grünen ging das erheblich schneller. Aber das kann ja an unserer schnelllebigen Zeit liegen.

Die Begründung bei der SPD ist: Sie sei eine Partei, die im Prinzip nicht aus Intellektuellen besteht. Daher brauche sie eine Führung, die über dem

Alltagsgeschäft die großen Linien ziehen und steuern kann. Und die bemächtigt sich sozusagen der Partei.

Roland Vogt: Die Grünen sind schon eher eine Intellektuellenpartei …

Ja. Das heißt, ausgerechnet dort, wo es eigentlich den Grund nicht gibt, passiert es …

Roland Vogt: … weil die reinen Machtpolitiker, und dazu zähle ich Joschka Fischer, die gesamte Intelligenzija austricksen. Er war ein Freizeit-Intelligenzija-Mensch. Der Joschka hat ja immer nur das gemacht, was er wirklich wollte. Er machte kein Abitur, er heiratete frühzeitig, er hielt sich ohne Abschlüsse als Taxifahrer und als Buchhändler wirtschaftlich über Wasser. Und an der Uni Frankfurt besuchte er eben nur die Veranstaltungen, die für ihn wirklich Gewinn brachten, ohne Seminararbeiten und Prüfungen abliefern zu müssen. Damit hat er sich sein Rüstzeug geschaffen, um auf Augenhöhe mit dieser Intelligenzija umgehen zu können. Sein Ziel war eindeutig: Machterwerb oder Machtbeteiligung. Das hat er dann auch tatsächlich erreicht. Er kopierte Strategien, die auch bei Kohl erfolgreich waren: Wenn es soweit ist, belohne Deine loyale Gefolgschaft mit Ämtern. Das ist ein altgermanisches Führungsmodell. Anders als Kohl hat er sich aber keinen innerparteilichen Wahlen gestellt. Kohl war in dieser Beziehung traditioneller und vielleicht auch tapferer. Wegen des ähnlichen Führungsstils habe ich Joschka auch Grün-Kohl genannt. Er ist ein absolutes Phänomen. Er verdient jede Art von Bewunderung, allerdings rein politologischer Art. Wie gesagt: Ich nehme ihm das alles persönlich nicht übel. Ich nehme den Grünen, mich eingeschlossen, übel, dass wir das so lange geschehen ließen.

Jetzt haben wir uns an Joschka Fischer abgearbeitet …

Roland Vogt: Ja, interessanter ist jetzt die nächste Frage: Welche Führungsriege wird uns in der nächsten, wenn die Umstände es ermöglichen, Bundesregierung vertreten? Und welchen Kurs werden die einschlagen? Ich will das nicht weiter kommentieren. Aber das ist eine Frage, die müsste eigentlich ganz ernsthaft in der Partei bearbeitet werden. Und es müsste auch Leute mit Potenzial geben, die bereit wären, sich an dieser Urabstimmung als Kandidatinnen und Kandidaten zu beteiligen, und nicht nur die gesetzten Persönlichkeiten.

Ich will aber noch mal einen Schritt zurück in die Vergangenheit, in die Wendezeit. In dieser wichtigen Phase, die ja auch die westliche Substanz der Grünen verändert hat, warst Du sehr im Osten engagiert. Du hast immer schon Freundschaften und Beziehungen zur DDR und den Menschen dort gepflegt. Du bist Dein Leben lang für die Wiedervereinigung eingetreten. Später bist Du als Konversionsbeauftragter nach Brandenburg gegangen.

Roland Vogt: Ja, das können wir gerne machen. Meine Beziehung zur DDR hat wirklich etwas Spezifisches. Von Kind auf war ich für die Wiedervereinigung. 1956 ist eine ältere Dame mit Dutt durch die Schulklassen am Gymnasium gelaufen und hat gefragt: «Wer hat Interesse, einen Briefwechsel anzufangen mit jemanden in der DDR?» Wir hatten keine Verwandten dort, also habe ich mich sofort gemeldet. Und dann hat sich ein Briefwechsel mit meinem späteren Freund Rudolf Tschäpe entwickelt. Man sollte Hobbys angeben: Ich spiele Klavier, Violine, Viola, und ich spiele Tennis. Ob es auf der anderen Seite jemanden gibt, der solche Hobbys hat? Also schrieb ich, ich sammle Briefmarken. Auf der anderen Seite überlegte Tschäpe, der sich für Malerei, Stadtentwicklung, Denkmalschutz und Ballett interessierte, ob es im Westen jemanden mit solchen Hobbys gäbe. Also schrieb er: Ich sammle Briefmarken. So kam dann ein Briefwechsel zustande.

Du hast Rudolf Tschäpe, der als Bausoldat auch Friedensaktivist war, mehrmals besucht?

Roland Vogt: Ja, als ich zum ersten Mal nach Magdeburg kommen durfte, war gerade eine dieser rätselhaften Tauwetterperioden in der DDR. Ich war ungefähr eine Woche da. Nach zwei, drei Tagen fragte ich ihn: «Rudolf, Du hast mir noch gar nicht Deine Briefmarkensammlung gezeigt. Kann es sein, dass Du auch nicht sammelst?» Wir verstanden uns auf Anhieb. Wir verabredeten uns jedes Mal, dass er uns, sobald die Wiedervereinigung käme, in Bad Dürkheim besuchen würde.

Die ließ aber lange auf sich warten.

Roland Vogt: Wir besuchten zwischenzeitlich immer die Familie in Potsdam. Aber, wie verabredet, kurz nach der Wende und noch vor der Wiedervereinigung kam er mit seiner Familie hierher, es war zur Jahreswende '89/'90.

Rudolf Tschäpe war ja eine der treibenden Kräfte des Neuen Forums wie Gauck und Bohley.

Roland Vogt: Ja, wir haben eine Riesenveranstaltung hier in der Burgkirche gemacht. Die Leute waren dermaßen fasziniert von den Vorgängen in der DDR, da brauchte man nicht viel Vorbereitungen. Die kamen alle.

Nachdem Du nicht mehr im Bundestag warst, hast Du aber noch Dein Projekt der regionalen Konversion in der Westpfalz fortgeführt, also der zivilen Umwandlung militärisch geprägter Regionen nach dem Abzug des Militärs.

Roland Vogt: Als ich noch Mitglied des Deutschen Bundestags war, hatte ich mit den Regionalmitteln, die ich als Bundestagsabgeordneter hatte, das Projekt

Regionale Konversion Westpfalz gegründet. Ich stellte eine Teilzeitkraft ein, um das Thema gemeinsam zu beackern. Die Fragen waren: Was sind die wirtschaftlichen Gegebenheiten dort? Wer sind die Hauptarbeitgeber? Was ist die Wertschöpfung? Was könnte man Neues für die Zukunft vorschlagen, falls der Faktor Militär als Arbeitgeber verschwindet? Eine Region wie Kaiserslautern, die wirtschaftlich so stark vom Faktor Militär abhängt, musste darauf vorbereitet werden. Damit hatte ich einen Stein ins Wasser geworfen, der viele, viele Kreise zog, obwohl die anderen Parteien zunächst nur Spott und Hohn für dieses Thema übrig hatten. Die lachten sich tot: *Was ist denn das? Konversion? Konversation? Konfusion?* Nachdem ich nicht mehr Bundestagsabgeordneter war und ich es selbst nicht mehr aus meinen Mitteln finanzieren konnte, hatte das Projekt zu wenig Geld zum Leben und zu viel zum Sterben. Aber ich erzählte Rudolf Tschäpe bei seinem Besuch davon. Ich erklärte ihm, was und warum wir das machen. Dann sagte er: «Ihr in der Westpfalz mögt ja viele Konversionsprobleme haben. Wir aber in Brandenburg hinter den sieben Bergen, wir haben noch viel größere Konversionsprobleme als ihr. Mach mir doch mal ein Konzept.»

Und so kamst Du nach Brandenburg...

Roland Vogt: Nun bin ich vielleicht entgegen dem, was Leute wahrnehmen, ziemlich denk- und schreibfaul und dachte: Was soll ich da für ein Konzept machen? Dann hat er mich aber immer wieder bedrängt. In einem anderen Zusammenhang fuhr ich dann noch als Vorsitzender des Bundes für Soziale Verteidigung zur Unterstützung von Markus Meckel bei seinem Wahlkampf nach Prenzlau und nahm auch Kontakt zu Kasernen auf. Die Offiziere erklärten mir ganz stolz, dass es schon vor Jahren einen Beschluss des Warschauer Vertrages zur Konversion gab und dass sie längst damit angefangen haben. Ich habe dann noch weitere Recherchen angestellt und ein Konzept gemacht. Durch mein pionierhaftes Engagement für die Regionale Konversion Westpfalz hatte ich Ideen vorzuweisen, die zum Tag X der Wiedervereinigung so gut wie keiner hatte. Über verschiedene Wege und Rudolfs Verbindungen gelangte mein Konzept an Manfred Stolpe. Der las das und sagte: «Ja, ist gut so. Machen wir das und holen Sie mal den Mann hierher.» So bin ich in Potsdam gelandet und 15 Jahre lang dort geblieben. Ich habe das Thema Konversion, das es ja so vorher nicht gab in Landesregierungen, dort etabliert oder etablieren geholfen. Ich habe viel Grundlagenarbeit gemacht und die ersten Fördermittel aus Brüssel dafür besorgt.

Du hast einmal gesagt, das seien Deine nachhaltigsten Erfolge?

Roland Vogt: In der Zeit, in der ich dafür zuständig war und auch Mitverantwortung getragen habe, nämlich 15 Jahre lang, wurden dort insgesamt 3,2 Milliarden Euro an öffentlichen und privaten Mitteln für Konversion eingesetzt. Das Gebiet mit allen militärischen Liegenschaften, die von den sowjetischen

Streitkräften, von der NVA, von den sogenannten sonstigen bewaffneten Organen, wie Innenministerium und MfS in Brandenburg hinterlassen wurden, hatte ungefähr die Größe des Saarlandes. Wir haben es zu 80 Prozent wieder umgewandelt in einer Fülle von Anwendungen. Ja, das war vielleicht meine nachhaltigste Leistung.

Es gab vieles, das wir im Gespräch nur anschneiden konnten. Abschließend vielleicht noch die Frage: Was hast Du aus Deinen Erfahrungen gelernt? Wie hast Du Dich mit den Grünen verändert?

Roland Vogt: Als ich wieder hierher kam aus Brandenburg nach Bad Dürkheim, hat ein Realo, der allerdings im Augenblick nicht mehr Mitglied der Partei ist, überall platziert: Der Roland will die Partei wieder auf den Urzustand zurückführen. Er ging davon aus, ich hätte unter all den Umständen nicht dazu gelernt. Was natürlich eine Fehleinschätzung von ihm war. Ich bin vielseitiger geworden. Ich bin nicht nur mit dem Fokus Friedenspolitik zu beschreiben oder Ökologie und Friedenspolitik. Ich habe ein breiteres Themenspektrum und bin auch, was die Verfolgung meiner Ziele angeht, in einem gewissen Sinne bescheidener und klüger geworden. Ich spreche nicht mehr dauernd nur von gewaltfrei, sondern zum Beispiel von Verpolizeilichung des Militärischen als Zwischenstadium, um gewissermaßen zu meinem Idealziel zu kommen. Damit wäre schon eine Menge gewonnen. Weniger Leichen würden herumliegen, als wenn man immer nur den militärischen Weg geht. Ich bin kompromissbereiter geworden.

Nenn mir ein Beispiel!

Roland Vogt: Ich habe zum Beispiel später einmal zur grünen Beteiligung am Jugoslawien-Krieg Stellung genommen und eingestanden, dass die Grünen, wenn sie kurze Zeit, nachdem sie an der Regierung waren, nicht im Jugoslawien-Krieg mitgemacht hätten, schnell wieder rausgeflogen wären und wegen der kürzesten Beteiligung an einer Bundesregierung ins Guinness-Buch der Rekorde gekommen wären. Ich habe auch noch zugestanden, dass dann Projekte wie das Erneuerbare-Energien-Gesetz, die ja einen Riesen-Impact haben, nicht zustande gekommen wären. Auf der Veranstaltung *Sind die Grünen noch eine Friedenspartei?* in Trier habe ich Jürgen Trittin gefragt, ob das ein politischer Kuhhandel war. Er hat abgewehrt und gesagt: «Nein. Das eine hatte mit dem anderen doch gar nichts zu tun.» Mit anderen Worten: Er hatte nicht die Idee, wir müssen jetzt diese Kröte mit der Militärbeteiligung schlucken, damit wir unsere Projekte durchsetzen können. Er hat sich hundertprozentig dazu bekannt, dass aus Sicherheitsbündnis- und sonstigen Gründen dies die einzig richtige Entscheidung war. Er hat sie nicht im Geringsten revidiert oder hinterfragt. Ich habe die Hoffnung, dass künftige Generationen aus dem, was bei den Grünen schiefgegangen ist, etwas lernen können und es besser machen. Denn leben heißt hoffen.

INTERVIEW MIT MILAN HORÁČEK[1]

«Meine politische Hauptarbeit war immer: Freiheit und Menschenrechte in Osteuropa»

Milan, Du bist in Nord-Mähren geboren, ein unmittelbares Nachkriegskind mit einer deutschen Mutter und einem mährischen Vater. Fühlst Du Dich daher – auch politisch – in mehreren Identitäten und Ländern beheimatet?

Milan Horáček: Ja, in meiner Familiengeschichte liegen sicherlich die Wurzeln für das, was ich mache. Ich bin am 30. Oktober 1946, in Velké Losiny (Groß Ullersdorf) geboren, in der Nähe der Kreisstadt Šumperk (Mährisch-Schönberg), ehemals Sudetenland. In diesem Gebiet lebten durch die Jahrhunderte bis in die jüngste Vergangenheit verschiedene Nationalitäten, also Slowaken, Polen, Ungarn, Griechen, aber natürlich auch Deutsche. Auch nach dem Krieg waren in der Stadt noch immer genug Deutsche. Leider habe ich aber kein Deutsch gelernt, weil es verpönt war, teilweise sogar verboten.

Wurdest Du oder Deine Familie angefeindet wegen Deiner deutschen Mutter?

Milan Horáček: Die Deutschen, die nicht vertrieben worden sind, wurden einiger Rechte, zum Beispiel eines Teils ihrer Rentenansprüche, beraubt. Aber das ist eine sehr komplizierte Geschichte, die uns zu weit weg führen würde. Ich denke, ich – und auch meine jüngeren Schwestern – hatten eine relativ gute Kindheit. Es gibt ja immer zwei Seiten. Ich habe von den verschiedenen Identitäten in unserer Familie auch profitiert: Meine Mutter hörte oft österreichische Sender im Radio. Dadurch wusste ich, dass irgendwo da draußen auch eine andere, eine freiere Welt existiert.

Was bekamst Du zum Beispiel mit?

---

1 Das Interview bestand aus zwei Teilen. Teil eins haben Christoph Becker-Schaum, Robert Camp und Eva Sander am 29.4.2014 geführt, Teil zwei Christoph Becker-Schaum am 2.6.2014. Der Text wurde von Tina Hüttl redaktionell bearbeitet.

Milan Horáček: Verschiedene Dinge, nicht nur durch die Familie, auch durch die Nachbarschaft. Schon als Junge war ich skeptisch gegenüber der sozialistisch-kommunistischen Doktrin, die uns in der Schule vorgesetzt wurde. Ich wusste von den Schauprozessen in den 50er Jahren, vom Slánský-Prozess, wo unter den 13 zum Tode Verurteilten etwa zwölf Juden waren. Und ich habe 1956 übers Radio gehört, was in Ungarn passiert ist. Ich will das jetzt nicht überinterpretieren, aber in unserer Familie gab es einen Drang zur Freiheit. Außerdem haben wir zu Hause viel gelesen. Mein Vater hatte immer von der Bücherei oder von Freunden ausgeliehene Bücher, viele Geschichtsbücher, Berichte von Entdeckungsreisen. Wir hatten keinen Fernseher und abends, vor allem an den langen Winterabenden, wurde gelesen.

Dein Vater war selbstständig und hatte eine eigene Gärtnerei?

Milan Horáček: Er war gelernter Gärtner und kurze Zeit auch Gärtnereimeister, das heißt, er führte seinen eigenen Betrieb. Soweit ich weiß, ist dieser jedoch schon 1948 requiriert worden. Danach arbeitete er in einer Fabrik wie meine Mutter auch. Doch der Gärtner kam bei ihm immer durch. Zu Hause hatte er eine Sammlung von verschiedenen Kakteen und hinterm Haus, mitten in der Stadt, einen Garten mit zwanzig verschiedenen Obstbäumen, wo er auch Frühbeete bestellte. Wir hatten vom Frühjahr bis zum Herbst alles, von Radieschen bis zu den Gurken.

Waren Deine Eltern in der Partei?

Milan Horáček: Nein, sowohl mein Vater wie meine Mutter waren nie in der Partei. Das liegt sicherlich auch daran, dass ein etwas weiter entfernter Verwandter der Großfamilie in den 50er Jahren direkt ermordet wurde. Es hieß, er habe Selbstmord begangen, aber die Tante ließ den Sarg gewaltsam öffnen, und man sah, dass ihm die Fingernägel ausgerissen worden waren, klare Folterspuren. Ich war niemals in der Partei, auch nicht in der Parteijugend oder bei den Pionieren. Das bekam ich aber auch in der Schule zu spüren…

Inwiefern?

Milan Horáček: Ich hatte über die ganze Schulzeit eigentlich sehr gute Zeugnisse, immer eine Auszeichnung, nie eine schlechtere Note als Zwei. Bis zur neunten Klasse. Da gab es einen Konflikt mit einer Mathematiklehrerin, und auf dem Halbjahreszeugnis stand plötzlich eine Vier. Meine Mutter ging zum Direktor der Schule und erreichte, dass ich eine unabhängige Prüfung ablegen konnte. Am Ende bekam ich eine Zwei in Mathematik. Der Direktor riet meiner Mutter, sie solle mich aufs Gymnasium, damals hieß das Oberschule, schicken. Trotzdem wurde ich mit nicht mal 15 in die Lehre in der Fabrik, in der mein Vater arbeitete, geschickt.

Was war das für ein Betrieb?

Milan Horáček: Ein metallurgischer Betrieb, der Teile für Transistorradios und später für die ersten Fernseher produzierte. Es gab Hochöfen mit bis zu 1.800 Grad Hitze, wir arbeiteten auch Siemens-Monteuren zu. Wir waren drei Lehrlinge in dieser Lehrwerkstatt, die Elektromonteur lernten, und hatten eine ziemlich harte Sechs-Tage-Woche: drei Tage in der Woche Schule, drei Tage auf dem Betrieb. Zur Berufsschule mussten wir mehr als eine halbe Stunde fahren und dann noch ein gutes Stück gehen. Wir drei absolvierten die Lehre aber sehr gut. Mit dem einen, František, bin ich bis heute befreundet. Nach '68 sind wir alle drei in Deutschland gelandet.

Wann habt Ihr die Lehre abgeschlossen? Warst Du zu dieser Zeit politisch interessiert oder gar aktiv?

Milan Horáček: Es müsste 1964 gewesen sein, ich war 18. Mein Freund und ich haben danach in Ostrava in einem Hüttenwerk gearbeitet. Er wurde dann zu den Grenzsoldaten eingezogen, ich dagegen als «politisch Unzuverlässiger» zu den Bausoldaten.

Warum?

Milan Horáček: Da kommen verschiedene Sachen zusammen. Mein familiärer Hintergrund, meine Begeisterung für die westliche Musik. Ich war damals langhaariger Schlagzeuger in einer Beatgruppe. Es gab aber auch Auseinandersetzungen auf der Arbeitsstelle. Wie ich später herausfand, führte der tschechische Geheimdienst, ähnlich wie die Stasi, eine Akte über mich. Zudem war mein Vater Baptist...

... die Baptisten wurden als protestantische Sekte beargwöhnt...

Milan Horáček: Ich soll katholisch getauft sein, was die Pfarrbücher aber nicht hergeben. Aber mein Vater ging, als ich ein kleiner Junge war, zur baptistischen Gemeinde. Deshalb gab es auch für mich die Qualifizierung: Herkunft, Familie – alles schlecht.

Welche Konsequenzen hatte das für Dich?

Milan Horáček: Statt zum normalen Militärdienst kam ich zu einer Art Strafbataillon. Wir machten zwar auch ein paar Mal Schießübungen, aber ansonsten war unsere Aufgabe, an verschiedenen Baustellen zu arbeiten.

Was hast Du dort erlebt? Was waren dort für Leute?

Milan Horáček: Ich war einer der Jüngsten in dieser Kompanie. Es gab mehrere «politisch Unzuverlässige» wie mich, die meist wegen ihrer Familiengeschichte so eingestuft waren und schon ein Studium hinter sich hatten. Einige hatten zum Teil schon hohe Gefängnisstrafen hinter sich als Jugendliche, denn es gab auch Schwerverbrecher und Vergewaltiger in unserer Truppe, die hier formal ihre Militärzeit abdienten, in Wahrheit aber umsonst für den Staat arbeiten mussten. Es gab aber auch Zahlungen, wenn wir die Norm erfüllten.

Wie bist Du ihnen begegnet?

Milan Horáček: Obwohl ich wusste, das ist ein Mörder oder ein Schwerverbrecher, habe ich mich ihnen gegenüber normal verhalten. Wir waren 19 Mann auf einem Zimmer, eine Holzbaracke mit Zwei- oder sogar Dreistock-Betten übereinander und kaum Raum dazwischen. Duschen konnte man jeden Tag, aber mit kaltem Wasser. Einheizen und warmes Wasser gab es nur am Wochenende. Der Rhythmus war sechs Tage Arbeit, nur am Sonntag hatten wir frei. Keine Lagerzustände, aber es war schon sehr hart.

Wie habt Ihr das akzeptiert?

Milan Horáček: Im Nachhinein wundere ich mich selbst. Es war ja wie Zwangsarbeit, aber man kann das nicht aus heutiger Sicht sehen, sondern im Kontext dieser Diktatur, die zwar nicht ganz so offen und direkt gewalttätig und brutal war wie die der Nationalsozialisten, aber mit Abstufung durchaus als eine Art Mittelding zwischen einem totalitären Regime und einer Diktatur zu beurteilen ist.

Gab es keinen Widerstand?

Milan Horáček: Man hat funktioniert. Wir haben uns nur einmal aufgelehnt, weil wir die ganze Woche nur verschiedene Hülsenfrüchte zu essen bekamen. Eines Tages sind die schweren Jungs einfach nicht vom Mittagessen in die Arbeit gegangen, die Baustelle lag am Rande eines Kampftruppengebiets mit Kasernen. Binnen einer Stunde kamen dann mehrere Autos mit einem Major an dieser Baracke an, in der wir sitzen geblieben waren. Sie fragten, was denn los sei, und wir beschwerten uns wegen des Essens. Danach bekamen wir besseres Essen, wohl von den Kampftruppen nebenan aus der Kantine geliefert. Am nächsten Tag traten wir wieder zur Arbeit an.

Trotzdem saßest Du doch noch im Militärgefängnis – wie ist das passiert?

Milan Horáček: Ein wenig später besuchten mich einige unserer Offiziere auf der Baustelle und bestellten mich noch mit einem anderen in ihr Büro ein. Als wir dort ankamen, stand schon ein Wagen bereit, der uns in ein Militärgefängnis brachte.

Was wurde Euch konkret vorgeworfen?

Milan Horáček: Ich weiß es selbst nicht. Im Militärgefängnis habe ich ein paar Wochen auf eine Anklage gewartet, dann wurde ich einfach entlassen und meine Militärzeit endete ohne irgendeine Untersuchung. Später las ich in den Papieren, dass der Major, der den Streik bei uns beendet hatte, mir ein positives Gutachten ausgestellt und erklärt hatte, dass ich mich korrekt verhalten habe. Man muss dazu sagen, das alles geschah im Jahr 1967. Die harte stalinistische Zeit war bereits vorbei, gesellschaftspolitisch tat sich einiges, ökonomisch gab es in der ČSSR ein Team, das über eine Art Dritten Weg zwischen Sozialismus und Marktwirtschaftskapitalismus nachdachte.

Wie ging es für Dich nach dem Militär weiter?

Milan Horáček: Ich ging zunächst zurück in meinen metallurgischen Ausbildungsbetrieb nach Šumperk, weil ich aber merkte, dass ich im Straßenbau mehr verdienen kann, heuerte ich in einer staatlichen Straßenbaufirma an, die im Altvatergebirge Straßen erneuerte und baute. Im Frühjahr 1968 kam ich mehrmals nach Prag. In meiner Erinnerung ist das ein sehr schöner Frühling, man diskutierte sehr offen, an der Universität traf ich einmal auf Rudi Dutschke, ohne dass ich natürlich wusste, wer das war. Also ich habe voll gelebt…

…bis in der Nacht vom 20. auf den 21. August 1968 die Truppen von fünf Warschauer-Pakt-Staaten in die damalige ČSSR einrückten.

Milan Horáček: Ja, dann kam der 21. August. Ich war aber nicht in Prag. Ich stand morgens früh um 4.00 Uhr auf und schmiss die Maschinen in dem Steinbruch an, wo die Anlage für den Straßenbelag stand, den wir fertigten. Als ich das erste Auto mit dem Gemisch aus Asphalt, Sand und Steinen rausgeschickt hatte und gerade das zweite vorbereiten wollte, kam der erste Wagen zurück. Der Fahrer erzählte uns, dass die Straße, die wir bauten, von Panzereinheiten der polnischen und sowjetischen Armee kaputtgefahren worden war. Gleichzeitig kam der Vorarbeiter, der ein ehemaliger Professor der Technischen Hochschule in Brünn war, – es gab bei uns einen ganzen Trupp von Doktoren und Professoren, die alle bei dieser Straßenbaufirma gearbeitet haben – und schrie: «Diese Hurensöhne haben uns okkupiert!» und weinte fürchterlich. So hatte ich ihn nie erlebt. Ich war damals 22 und bei so einer Respektsperson war das schockierend.

Bald darauf, Anfang September '68, bist Du geflohen. Wie kam es zu dem Entschluss?

Milan Horáček: In meiner Zeit beim Militär war meine Mutter mit meinen Schwestern zu meiner Tante im Hessischen zu Besuch gefahren und einfach in Steinau, dem Märchendorf, das man durch die Brüder Grimm kennt, geblieben.

Nur mein Vater war zurückgeblieben, damals hatten sich meine Eltern schon getrennt. Ihre Ausreise war im Jahr '66, als es lockerer war, obwohl man auch '66 nie ganze Familien zu Verwandten reisen ließ. Meine Schwestern schickten mir damals aus Deutschland diesen Hit von Drafi Deutscher: «Marmor, Stein und Eisen bricht». Ich spielte ihn oft und träumte von dieser anderen, sehr entfernten, fast unerreichbaren Welt. Das heißt, ich hegte schon die ganze Zeit den Wunsch, tatsächlich frei zu sein. Stattdessen kamen die Okkupation und alles, was man damit realisierte.

Wie bist Du dann letztlich geflohen?

Milan Horáček: Mein Freund, der an der Grenze bei Brno nah zu Österreich und Wien gedient hatte und sich da gut auskannte, bot mir an: «Wenn Du willst, werde ich Dich über die Grenze führen.» Nachdem Dubček und die Führung verhaftet waren und diesen schändlichen Vertrag über die Stationierung der «befreundeten Truppen» in Moskau unterschrieben hatten, beschloss der Freund ebenfalls mitzukommen. Das war keine große Überwindung mehr, weil wir kapierten, dass wir tatsächlich in einem großen Gefängnis saßen. Jedenfalls sind wir zehn Tage später von Nordmähren aus nach Südmähren zur Grenze...

War die Grenze ebenso stark gesichert wie in der DDR?

Milan Horáček: Logisch, an dieser Stelle aber war sie nicht ganz so martialisch, weil entlang der Straße von Wien nach Brno auch Touristen in Bussen unterwegs waren. Deswegen hatte man diese an Konzentrationslager erinnernde Zone mit Stacheldraht in den Jahren '65 und '66 abgebaut, nachdem die Touristen sie immer gefilmt hatten. Trotzdem gab es dreifach Zäune an der Grenze, auch eine Einheit mit Hundeführern. Zwischen dem ersten und zweiten Zaun war eine Art breiter Sandweg, der immer geharkt wurde, damit man Spuren sofort erkennen konnte. Damals gab es noch keine Infrarotgeräte. Wir robbten uns an den Zaun, drüber und dann hieß es: laufen, laufen, laufen. Das war das Einzige, auf das mein Freund mich nicht vorbereitet hatte, dass wir noch kilometerweise weiter laufen mussten in das österreichische Gebiet. Ich war vollkommen fertig. Er war besser trainiert.

Ihr seid nach Wien und weiter per Anhalter Richtung Bundesrepublik Deutschland.

Milan Horáček: Wir sind zur österreichisch-bundesrepublikanischen Grenze getrampt. Die Österreicher winkten uns durch, aber die Deutschen hielten uns an. Wir sagten, wir sind Flüchtlinge, und meine Mutter lebt in Steinau. Allerdings konnten wir uns wegen der Sprache nicht richtig verständlich machen. Die Grenzer wollten dies überprüfen. Uns wurde erklärt, dass am nächsten Morgen ein Sudetendeutscher Dienst hatte, der Tschechisch kann. Wir konnten in einer offenen Zelle übernachten. Am Abend brachten sie uns ein Tablett mit Essen, echtem

Milchkaffee und einem Playboyheft. Am nächsten Morgen schickte uns der sudetendeutsche Beamte, nachdem er kurz nachgefragt hatte, mit einem Papier weiter Richtung Nürnberg, wo es ein Flüchtlingslager gab. Wir trampten aber bis nach Steinau.

Wie ging es dann mit Dir weiter?

Milan Horáček: Wir kamen mitten in der Nacht an, klingelten, und meine Mutter und meine Schwestern kamen uns weinend entgegen. Wir aßen Würstchen und am zweiten oder dritten Tag fingen wir bereits in der Polstermöbelfabrik an, die genau gegenüber von dem Haus meiner Mutter lag. Alles lief ziemlich problemlos. Wegen meiner Mutter wurde ich auch bald darauf eingebürgert. Aber auch František, der keine deutschen Vorfahren hatte, bekam später die deutsche Staatsangehörigkeit.

Was führte Dich schließlich nach Frankfurt?

Milan Horáček: Nach einem halben Jahr Arbeit bei dieser Polstermöbelfabrik, war ich ein Jahr auf einer Förderschule, wo ich etwas Deutsch gelernt habe. Später bewarb ich mich als Elektromonteur bei den Farbwerken Hoechst in Frankfurt.

Lange bliebst Du aber nicht bei Hoechst. Du bewarbst Dich kurz darauf bei der IG Metall, wieso?

Milan Horáček: Ich war nur ein paar Monate bei den Farbwerken Hoechst. Dann suchte ich eine Halbtagsarbeit, damit ich am Abendgymnasium anfangen konnte. Ich bekam einen Job als Aushilfe in der Redaktion vom «Gewerkschafter». Zu dieser Zeit war Jacob Moneta der Chefredakteur, und Heinz Brandt war einer der Redakteure. Mein Job beschränkte sich aber auf verschiedene redaktionelle Aushilfsarbeiten. 1972 begann ich das Abendgymnasium in Frankfurt, wechselte aber nach einem Jahr auf das Seminar für Politik und habe 1975, glaube ich, an einem Gymnasium in Gießen die Hochbegabtenprüfung bestanden, die mich zum Studium berechtigte.

In Frankfurt begann ich in dem Exilverein «Wege '68» mitzuarbeiten und später bei dem Exilblättchen «Frankfurter Kurier». 1974 übernahm ich die Herausgabe der deutschen Ausgabe der Zeitschrift «Listy», bis die Redaktion 1979 nach Köln gegangen ist. Außerdem habe ich die Buchhandlung «Dialog» mitgegründet, die die ganze osteuropäische Dissidenz-Literatur geführt hat. Für «Listy» haben wir bei KD Wolff im Verlag Roter Stern, später bei Daniel Cohn-Bendit beim «Pflasterstrand» die Vorlagen erstellt und die Zeitschrift im Druckladen gedruckt. Wir haben auch viel Material in die DDR und nach Prag geschmuggelt …

Wie?

Milan Horáček: Auf unterschiedlichen Wegen. Mit meinem Freund bauten wir mehrere Autos um, sodass man immer gut zwei Koffer Materialien unterbringen konnte. Wir organisierten Fahrten nach Prag, auch in die DDR, bei denen Material rein- oder auch rausgeschmuggelt wurde. In Frankfurt lebte ich in einer großen Wohngemeinschaft mit sechs Zimmern und einem großen Vorraum. Ein Zimmer bewohnte Rudi Dutschke, wenn er von Dänemark nach Deutschland kam…

Warst Du Dutschke nicht auch schon in Prag begegnet? Er war ja im August '68 da, wie auch Heinrich Böll…

Milan Horáček: Damals hatte ich das gar nicht realisiert. Erst im Nachhinein stellte ich fest, dass der Rudi mit Freunden da war. Jedenfalls gibt es zwischen uns verschiedene Querverbindungen, die dann bei mir dazu führten, dass ich 1973 in Achberg bei dem Internationalen Kongress dabei war.

Ja, gehen wir nochmal zu den Anfängen der 70er Jahre und zur Arbeit des Internationalen Kulturzentrums Achberg, dessen politischer Flügel bei den Grünen «Achberger Kreis» getauft wurde. Wer war denn da aus dem Westen dabei?

Milan Horáček: Das kann ich aus dem Kopf jetzt nicht sagen. Wichtig war, dass direkt und indirekt die 68er des Westens mit den Reformern, die nach '68 aus Prag, Warschau oder Budapest geflohen waren, zusammenkamen. In Achberg trafen sich die relevanten Kräfte des Prager Frühlings wie Ota Šik, Jiri Pelikan und Eugen Löbl mit Vertretern des anthroposophischen Sozialimpulses Rudolf Steiners und kritischen Geistern des Westens, also Politikern, Künstlern, linken SPDlern, Gewerkschaftlern, denen Prag 1968 wichtig war. Von westlicher Seite weiß ich zum Beispiel, dass der von den Nazis verfolgte Zukunftsforscher und Hochschullehrer Ossip Flechtheim aus Berlin dabei war. Das Ganze organisierte Wilfried Heidt. Und in Achberg arbeitete auch Joseph Beuys mit.

Der historische Versuch dieser Jahre bestand darin, den Prager «Dritten Weg» als eine Alternative zu Kapitalismus und Staats-Sozialismus auf der ganzen Welt fortzuentwickeln. Was habt Ihr damals unter dem Stichwort Dritter Weg diskutiert?

Milan Horáček: Das Modell war, sich vom Kapitalismus und seinem Gewinnstreben zu lösen, aber nicht zurück zum Kommunismus zu gehen, sondern die Individualität der Menschen zu erhalten. Es galt also einen Dritten Weg jenseits von Kommunismus und Kapitalismus zu finden, bei dem an erster Stelle immer die Freiheit und Menschenrechte stehen, aber dennoch die Gemeinschaft und die Notwendigkeit anerkannt wird, eine gerechtere, bessere Gesellschaft aufzubauen.

Aber diskutiert wurde doch eher ein sozialistischer Weg. So jedenfalls habe ich es damals verstanden.

Milan Horáček: Nein, da würde ich widersprechen. Ich verstand es so, dass der Dritte Weg sich mehr an den kapitalistischen Weg anlehnt. Das heißt marktwirtschaftlich, aber nicht marktwirtschaftlich im Sinne von Banken- und Zinswirtschaft. Ich würde sagen, dieser Dritte Weg, vereinfacht, besteht aus 60 Prozent Kapitalismus und nur 40 Prozent Sozialismus. Ich war immer eher zu 60 Prozent sozialistisch oder sagen wir eher links-liberal, sicher nicht links-total, weil ich die Erkenntnis von zu Hause mitgenommen hatte, dass nicht nur die individuelle Freiheit, aber auch die kollektive Freiheit sehr, sehr wertvoll ist.

Noch eine Frage: Wie waren die Bezüge zu dem damals aufkommenden Eurokommunismus? Oder ist das eine ganz getrennte Geschichte?

Milan Horáček: Den Eurokommunismus habe ich real erlebt, als Rudi Dutschke und ich 1976 in Rom waren mit Ottmar Schreiner, der uns die Reise finanziert hatte. Ottmar Schreiner war damals stellvertretender Juso-Vorsitzender. Sowohl die italienischen Kommunisten wie auch etwa die spanischen und französischen bewegten sich schon eurokommunistisch. Sie kapierten, dass diese osteuropäische Idee – nicht erst nach '68, sondern schon mit all diesen Zwischenstationen '53 Ostberlin, '56 nicht nur Ungarn, aber auch teilweise in Polen, und '68 dann in Prag – eine Möglichkeit bot, sich innerhalb der pluralistischen parlamentarischen Systeme Westeuropas demokratisch und gerecht zu entwickeln. Die Erkenntnis dieser eurokommunistischen Linie, die Rudi Dutschke prägte und die er auch immer wieder bei seinen Auftritten vorbrachte, war: «Wir dürfen nicht mit einem Bein in Moskau oder mit dem anderen Bein in Peking stehen. Wir müssen mit beiden Beinen hier stehen.»

Die konkreten Erfahrungen von Faschismus, Stalinismus und Diktatur waren bei den Eurokommunisten ja noch sehr präsent.

Milan Horáček: Ja, deshalb ist die Freiheit, die nicht beschränkte Freiheit eines anderen, ihnen wichtiger als alles andere. Und das ist auch Teil der eurokommunistischen Linie. Da konnten sie auf keinen Fall auf die Sowjetunion zurückgreifen. Spätestens in den 30er Jahren, als Stalin seine ganze Generalität umbringen ließ, Hunger und Terror herrschten, war dieses sowjetische Gesellschaftsmodell verbraucht. Ein Modell, in dem die Grundfreiheiten beseitigt werden, kann nicht die Fantasie, kann nicht die kreativen Potenziale der Gesellschaft entfesseln, so dass sie sich nach vorne bewegt.

In der Konsequenz orientierten sich die Eurokommunisten dann gen Brüssel und sahen dort ihre Zukunft. Das ist ja ein kompletter Systemwechsel. Bis Anfang der 70er Jahre sind die kommunistischen Parteien nicht mit ihren Abgeordneten ins Europaparlament gegangen. Sie haben die Plätze leer gelassen.

Milan Horáček: Sie alle trugen im kollektiven Gedächtnis die faschistsche Zeit und die Erfahrung, dass sie nie in der Lage sind, obwohl der kleine Mann oder das Volk die Mehrheit hat, zu gewinnen. Sie gewinnen zwar auf Regionalebene oder auf Kommunalebene, und es gibt große Städte, wo auch Kommunisten den Bürgermeister stellen, aber sie haben nicht die Zentralgewalt. Ich kann das jetzt nicht genauer beschreiben mit dem Eurokommunismus, weil meine Hauptarbeit Anfang der 70er Jahre in der Exilarbeit lag, unsere Arbeit gegen das, was in Prag und in der Tschechoslowakei '68 und danach passiert war.

Wie sah Deine politische Exilarbeit konkret aus?

Milan Horáček: Ich organisierte Solidaritätsveranstaltungen für politische Gefangene, nicht nur in der Tschechoslowakei, auch im übrigen Osteuropa. Ich habe Dutzende Veranstaltungen in Frankfurt organisiert, aber auch in anderen Städten. Das heißt, meine Arbeit war immer, grob gesagt: Freiheit und Menschenrechte in Osteuropa. Diese Arbeit stand bei mir an erster Stelle, nicht nur deutschlandweit, auch europaweit. Dadurch kam ich in Italien, Dänemark, Frankreich und Holland herum und in Kontakt mit den verschiedensten sozialen Bewegungen der 70er Jahre. Es kamen immer neue Verbindungen hinzu, zu Rudi Dutschke und Heinrich Böll – auf unterschiedlichen Ebenen. Heinrich Böll pflegte gute Freundschaften zu verschiedenen Sozialdemokraten. Die erste Wahlkampfunterstützung machte er später für die Grünen, das wurde nie groß thematisiert. Aber für uns war das eine Stärkung.

Bevor wir auf die Grünen zu sprechen kommen, Du hast ein paar Namen genannt. Mich würde interessieren: Wie bist Du Beuys begegnet? War der auch '73 in Achberg? Wie gut kanntet Ihr Euch?

Milan Horáček: Ich traf ihn durch die Exilarbeit. Er hatte mir seinen Jaguar zum Umbau angeboten, doch ich lehnte ab, weil es zu auffällig war, Material in einem Jaguar über die Grenze zu schmuggeln. Selbst wenn man ihn umspritzte, so viele Jaguars gab es nicht. Wir bauten dann einen alten VW-Bus zu einer Art kleinen Caravan um, in dem man übernachten konnte. Dieser wurde dann immer umgespritzt. Die Fahrten gingen mal über Österreich, mal über Westdeutschland. Aber zurück zu Beuys: Es gab eine Zeit, in der ich sehr intensiv und teilweise wochenlang mit ihm zu tun hatte, zum Beispiel während der Documenta '77. Er half uns auch finanziell sehr.

Wie war Beuys als Mensch?

Milan Horáček: Er war faszinierend auf sehr vielfältige Art und Weise. Man konnte sich mit ihm über alles Mögliche verständigen. Manchmal hielt ich ihn auch für einen Spinner, wenn er irgendetwas Verfaultes oder Stinkiges ernsthaft zur Kunst erklärte. In meiner Erinnerung gab es eine sehr lange Nachtsitzung, in der Beuys für Rudi Dutschke, mich und andere einen Eintopf in seinem Atelier kochte, und wir dann Rudi überzeugten, dass wir «Grüne» heißen und nicht einen inhaltlichen Namen wählen sollten, etwa «ökologisch». Rudi konnte sich nicht vorstellen, dass eine Partei mit Farbennamen funktioniert. Daraufhin erklärte Beuys uns Goethes Farbenlehre, er hielt uns einen Vortrag von einer halben Stunde. Ich habe ihn für sein Wissen bewundert. Er war aber auch praktisch, hat die Freie Internationale Universität mitbegründet...

Die FIU, am 27. April 1973 im Düsseldorfer Atelier von Joseph Beuys gegründet, war ja als organisatorischer Ort des Forschens, Arbeitens und Kommunizierens gedacht, um die Fragen einer sozialen Zukunft zu durchdenken und als freie Hochschule das Schul- und Bildungssystem zu ergänzen...

Milan Horáček: Ja, Heinrich Böll war auch dabei, Rudi Dutschke, ich und andere waren Mitglieder formell, informell. Für uns war das eine Stärkung, wenn uns Leute wie Böll unterstützten, die den Literaturnobelpreis hatten und deren Werk man auch persönlich achtete. Aber in unseren Kreisen wurde er auch angefeindet. Ich habe Böll im Zuge der Arbeit, die ich im politischen Exil und mehr und mehr in der deutschen Innenpolitik getan habe, auch persönlich als einen guten Menschen kennengelernt. Wenn ich mich richtig erinnere, schmuggelten er und Annemarie Böll schon vor '68 Leute in einem alten Citroen aus der Tschechoslowakei. Das lässt sich überprüfen, weil es eine Dokumentation der Heinrich-Böll-Stiftung gibt. 1979 haben nicht nur er, sondern auch Annemarie und weitere Familienmitglieder wie der René und der Viktor Böll den Böll-Aufruf für die Europa-Grünen unterschrieben.

Ich fasse zusammen, bisher hast Du vom Achberger Kreis, Beuys und der FIU und Böll erzählt – das sind alles Pfade, die ab 1976/77 in die Wahlbewegung für eine Beteiligung an der Europawahl münden und schließlich zu den Grünen hinführen.

Milan Horáček: Ja, wir begannen die Organisationsfrage zu diskutieren, ob es eine neue Partei links der SPD geben sollte. Denn links der SPD gab es entweder die DKP oder anarchistische, trotzkistische, maoistische Parteiengruppierungen und -splitter, aber keine alternative Partei, allerdings eine Vielzahl an Bürgerinitiativen gegen Atomkraft und natürlich die Frauen- und Friedensbewegung.

Ich habe die Teilnehmerliste des Gründungstreffens der Grünen Wählerinitiative für Demokratie und Umweltschutz im März 1978 angesehen. Du hast bei dem ersten Treffen unter Organisation «Europa-Grüne» eingetragen. Soweit

ich weiß, gab es die damals noch gar nicht, weil die Europa-Grünen erst ein Dreivierteljahr später gegründet werden. Das hat mich immer verwundert.

Milan Horáček: Ich weiß nicht mehr die Details. Die erste Europawahl sollte schon 1978 stattfinden und hatte sich dann um ein Jahr verschoben. Spätestens ab 1975 waren wir in der Vorbereitung der Grünen, wenn nicht sogar früher. Im Sommer '77 liefen bereits konkrete Gespräche mit Leuten. Und ich weiß, dass wir bei der Documenta '77 in Kassel mit Beuys, Heinz Brandt, Rudi Dutschke und anderen schon über die Kandidatur für die Europawahl diskutierten.

Wer war noch dabei?

Milan Horáček: Die Leute, die damals bei der Freien Internationalen Universität waren, in der Böll und Beuys organisiert waren, stellten sozusagen die Älteren. Die Jüngeren waren Dutschke und andere – da gibt's sicher auch Dokumente darüber, wer die treibenden Mitglieder waren. Wir trafen uns mehrmals bei Beuys in seinem Atelier in Düsseldorf, aber auch anderswo.

Beuys hat 1979 auf Platz 5 für die Europawahl kandidiert, und Du warst sein Ersatzkandidat. Spitzenkandidatin wurde dann Petra Kelly, die im selben Jahr aus der SPD ausgetreten war. Auf Platz 2 stand Roland Vogt. Wo hast Du Petra und Roland, die beim Bundesverband Bürgerinitiativen Umweltschutz (BBU) und bei den Jungen Europäischen Föderalisten eine wichtige Rolle spielten, das erste Mal kennengelernt?

Milan Horáček: Da gab es verschiedene Begegnungen damals, in Troisdorf, in Vlotho, in Darmstadt, in Nürnberg, in Frankfurt. Das alles fließt irgendwann zusammen. Es ist jetzt 35 Jahre her und überlagert durch tausende von Begegnungen und Konferenzen. Ich kann nur sagen, dass ich den Kontakt zu Roland wie auch den zu Dutschke, Beuys und Böll bewusst selbst gesucht hatte. Sie waren für mich schon ein Begriff, bevor ich sie traf. Nur Petra war für mich kein Begriff, bevor ich sie kennenlernte. Ich weiß nur, dass ich sie mehr als SPDlerin wahrnahm. Aber das war kein Makel, weil ich zu der Zeit zum Beispiel auch sehr eng mit Ottmar Schreiner zusammenarbeitete. Ich wurde ja regelmäßig zu den Bundeskongressen der Jusos eingeladen.

Im Bürgerhaus im Frankfurter Stadtteil Sindlingen kam es dann im März 1979 zur Gründung der Europa-Grünen...

Milan Horáček: An was ich mich wie heute erinnere, ist der Auftritt von Ossip Flechtheim: Ein älterer Professor kommt zum Mikrofon, hat die Frankfurter Rundschau dabei, zitiert aus der etwas und entwickelt eine schlüssige Begründung, warum wir als Grüne kandidieren sollen. Ich war damals so beeindruckt von Flechtheim. Ich habe mich als jung, unerfahren und ungebildet gefühlt gegenüber so einem Mann. Aber ich habe aus dem, was er gesagt hat, auch Stärke und Unterstützung gezogen. Was ich unbestimmt und unfertig im Kopf hatte, was vom Prager Frühling mitbekommen hatte, hat sich in dieser Rede bestätigt. Flechtheim hatte mich schon früher überrascht. Ich hatte ihn in Achberg 1973 erlebt, in der Küche, wie er mitgeholfen hat, weil das selbstverständlich war, dass auch Männer in der Küche mitgeholfen haben. Aber umgekehrt habe ich mich in Achberg ein bisschen gedrückt, wenn man auf der Wiese mit nackten Füßen getanzt hat. Achberg, anthroposophisch...

... da kann man das Programm tanzen.

Milan Horáček: Ja.

Das in Frankfurt gegründete Listenbündnis, die SPV Die Grünen, erreichte bei der Europawahl im Juni dann aber nur 3,2 Prozent und verfehlte so den Einzug...

Milan Horáček: Trotzdem war diese Art von Niederlage keine Niederlage in eigentlichem Sinne. Es war im Grunde ein stetiger langsamer Aufstieg prozentual. Anfang Dezember 1979 war ich mit Rudi Dutschke im Internationalen Kongresszentrum in Berlin, wo die SPD ihren Bundesparteitag zum Nato-Doppelbeschluss abhielt. Wir saßen auf der Zuschauertribüne mit Rudi Dutschke und Herbert Gruhl, und gaben dann eine Pressemitteilung heraus: «Wenn die SPD nachrüsten will, werden die Grünen eine neue Partei gründen.»

Einen Monat vorher hatte ja in Offenbach die zweite Versammlung der SPV Die Grünen stattgefunden, auf der die rund 1000 Delegierten beschlossen, ihre Vereinigung im Januar 1980 in eine Partei umzuwandeln. Du hast dich dann für die Frankfurter Grünen engagiert. Bei der Kommunalwahl 1981 wirst Du Stadtverordneter und Ortsbeirat.

Milan Horáček: Bei der Wahl im Frühjahr '81 wurde ich ins Stadtparlament gewählt, ich erinnere mich genau daran. Es war seltsam, dass die Leute, mit denen ich bisher in Frankfurt zusammengearbeitet hatte – etwa Ottmar Schreiner und Armin Kleist – plötzlich meine Konkurrenten waren. Klaus Staeck schrieb mir sogar eine Postkarte, in der er mir die Freundschaft kündigte.

Damals haben die Spontis in Frankfurt einen Rückzieher gemacht und keine Kandidaten aufgestellt...

Milan Horáček: Ohne mich zu brüsten, dabei ist sehr viel auf mich zurückgegangen. Ich habe mich gegen die Beteiligung von KB-Leuten gesperrt, worauf die Spontis ihre Kandidaten zurückgezogen haben. Dazu fällt mir die Geschichte mit der Karl-Marx-Buchhandlung ein. Ich lebte quasi vis-à-vis der Buchhandlung, und Joschka hatte da sein Antiquariat. Daniel Cohn-Bendit war dort auch Mitgesellschafter, glaube ich. Jedenfalls ging ich regelmäßig dort vorbei, um sie anzuwerben, den Grünen beizutreten. Sie haben mich immer verjagt, immer höflich. Sie kannten mich, wussten dass ich kein irrer Vogel bin. Aber Joschka, der einen Hund hatte, sagte immer zum Spaß: «Dagobert – so hieß der Hund –, fass ihn! Der will mich verführen.» Im Spät-herbst '81 war ich schon ein halbes Jahr Stadtverordneter, und Joschka trat bei einer großen Versammlung in Frankfurt auf und beschimpfte mich als «verkommenen Parlamentarier». Das ist irgendwo in «Links» oder anderswo belegt. Dafür bin ich ihm bis heute dankbar. Sein Parteieintritt muss im Dezember '82 gewesen sein. Er kam und hat uns gleich links und rechts überholt, weil er forderte, mit der SPD eine richtige Koalition einzugehen. Wir traten damals nur für eine Duldung der SPD in Hessen ein.

Zum Hintergrund muss man eins sagen: In Niedersachsen ging die SPD bereits 1981 mit einer rot-grünen Koalitionsaussage in den Landtagswahlkampf...

Milan Horáček: Wir in Hessen waren 1981 zum Erschrecken der SPD-Fraktion eine sehr rigorose fundamentalistische Opposition gegen alles Etablierte. Wir sind, weiß gekleidet mit Gasmasken, zur Eröffnungssitzung in den Römer einmarschiert, sechs Leute. In unseren Büros neben dem Plenarsaal zogen wir uns weiße Kittel oder Overalls an und beim Klingeln marschierten wir so um 16 Uhr in den Plenarsaal und zu unseren Plätzen. Alle haben uns angestarrt. Abends im Fernsehen und am nächsten Tag in den Medien war dann von der ersten Rede eines Grünen überhaupt im Frankfurter Parlament zu hören.

Welche Position nahmst Du im Streit zwischen Realos und Fundis ein?

Milan Horáček: Ich würde sagen, in einigen Positionen waren wir nach wie vor fundamentalistisch, aber nicht mehr nur utopistisch. Böll, der 1985 viel zu früh starb, hat uns beeinflusst. Er bildete eine gewisse Garantie für eine intellektuelle und auch solide Position, die immer mehr realpolitisch wurde – nicht ganz Joschka-Position, aber auch nicht mehr Petra-Kelly-Position. In Hessen bildete sich so ein Zwischending zwischen Realos und Fundis heraus, wo wir uns manchmal auch nicht ganz wiederfanden, aber faktisch eigentlich standen.

Du warst bis 1983 Stadtverordneter, bei der Bundestagswahl im selben Jahr hattest Du Platz 4 auf der Landesliste zur Bundestagswahl inne. Auf Platz 3 vor Dir war Joschka Fischer, nur die ersten drei kamen rein. Wie wurdest Du dann doch Bundestagsabgeordneter, als Nachrücker?

Milan Horáček: Ich bin nach der Busen-Grabscher-Affaire im August 1983 nachgerückt.

Du hast Dich sofort für den Auswärtigen Ausschuss gemeldet, warum?

Milan Horáček: Ich bin Ausländer...

Aber es ist kein Ausländerbeirat...

Milan Horáček: Natürlich nicht, aber die kommunistisch beeinflusste Welt und das Thema Osteuropa waren im Auswärtigen Ausschuss angesiedelt sowie auch der Bereich Menschenrechte. Durch meine Vorgeschichte interessierte und orientierte ich mich natürlich daran, was 1980/81 in Osteuropa passierte, Solidarność, Standrecht, daran, was Jaruzelski machte. Ich war zum Beispiel der einzige, der das Abzeichen von Solidarność bei jedem Auftritt im Bundestag trug.

Die Osteuropapolitik der Bundestagsfraktion zu dieser Zeit beschäftigt uns gerade. Warst Du mit Deiner Haltung nicht ständig in Konflikt mit dem Rest der Fraktion?

Milan Horáček: Doch, wir lagen ständig im Clinch. Es gab nur ein paar Leute, die einigermaßen auf meiner Linie waren, Uli Fischer, der mein Nachrücker wurde, dann Petra Kelly. Sie hatte ein universales Menschenrechtsverständnis. Es umfasste ebenso lateinamerikanische, chilenische oder afrikanische Unterdrückte wie den Dalai Lama und osteuropäische Unterdrückte. Es gibt Akten der tschechischen Stasi über mich. Laut ihnen gehörte ich damals zu den zehn Leuten, die für die damalige Führung als sehr gefährlich galten und die sie, unter Umständen, sogar bereit waren zu eliminieren. Das nur am Rande.

Noch mal zur Fraktion, zu den ganz normalen Menschen: Da gab es aber eine kleine Arbeitsgruppe, die beim Thema Osteuropa zusammenarbeitete.

Milan Horáček: Ja, dazu gehörte der Pressesprecher Heinz Suhr, Lukas Beckmann, Elisabeth Weber und teilweise Otto Schily. Erst nach und nach verstanden die anderen, was das Gefährliche an den Regimen dort und der Exilarbeit hier war. Später hat mir ein ungarischer Botschaftsrat verraten, dass in den fünf osteuropäischen Botschaften, also von der DDR, Polen, Tschechoslowakei, Bulgarien, Ungarn und Sowjetunion, eine Arbeitsgruppe gebildet wurde, die fünf plus eins, die die Fragestellung klären sollte: Was machen wir mit den Grünen? Und was machen wir mit Horáček? Für die war das ein Problem, dass einer ihrer ärgsten Exilleute plötzlich Bundestagsabgeordneter wurde. Die Grünen waren für sie ein neues Phänomen, eine neue Fraktion, nicht berechenbar, aber friedenspolitisch auch interessant für sie. Deshalb bekamen wir auch eine Einladung von den Sowjets, gleich im Herbst '83 nach Moskau zu kommen.

Waren das nicht gemeinsame Delegationen von Partei und Fraktion, und zwar erst nach Washington und dann nach Moskau?

Milan Horáček: Ja, die Auseinandersetzungen, teilnehmen oder nicht teilnehmen, haben lange gedauert. Ich weiß noch, dass wir um den 30. Oktober 1983 nach Moskau fuhren, weil ich meinen Geburtstag bei den Töchtern Lew Kopelews gefeiert habe, wo wir Medikamente und Bücher übergaben. Diese persönlichen Treffen waren wichtig. Es musste auch nichts Großartiges besprochen werden. Es ging eher darum, zu zeigen, ihr seid nicht allein, trotz aller Bedrohungen, die es damals noch gab. Es war schwer, russische Dissidenten zu besuchen. Wir wurden natürlich Tag und Nacht überwacht. Unsere Bewacher kontrollierten sogar unsere Hotelzimmer. Uns gelang es aber an einem Abend, aus dem Bolschoi-Theater wegzukommen. 1985 war dann schon Gorbatschow da.

Wie kam es, dass Du im Februar 1986 an dem Gefangenenaustausch zwischen dem im Osten inhaftierten Dissidenten Schtscharanski und Javorský und zwei anderen gegen fünf Häftlinge aus dem Westen beteiligt warst?

Milan Horáček: An dem Austausch wurde ich schon seit '83, seit ich im Bundestag war, beteiligt. Ich habe mich für Jaroslav Javorský eingesetzt, sowohl bei den bundesrepublikanischen Spitzenpolitikern wie auch über die Menschenrechtskonferenz in Ottawa und über das State Department. Am Ende wurden dann Anatoli Schtscharanski und Jaroslav Javorský an der Glienecker Brücke ausgetauscht.

Wie standest Du zu Gorbatschow?

Milan Horáček: Positiv. Ich habe über Dubćeks Generalsekretär der KP Zdenek Mlynár vieles über Gorbatschow erfahren. Sie hatten zusammen studiert und waren befreundet.

1988 hast Du Helmut Kohl auf seiner Reise in die ČSSR begleitet…

Milan Horáček: Bei der ersten Kanzlerreise nach Prag war ich trotz verschiedener Schwierigkeiten, die im Vorfeld beseitigt werden mussten, dabei. In die anderen Länder wie Polen, Ungarn, Bulgarien, Sowjetunion bin ich mit grünen Delegationsreisen dabei gewesen, wo wir uns über Fragen der Menschenrechte, das politische System, Ökonomie usw. unterhielten. In der ČSSR wollten sie mich nicht akzeptieren.

Damals gab es schon Lockerungen, und die ersten Demonstrationen gingen los…

Milan Horáček: Rückblickend kann man jetzt sagen: Nach 1985–86, nachdem Gorbatschow in Russland mit Perestroika und Glasnost begann, ging es relativ schnell. Die anderen osteuropäischen Länder hatten sich schon mit den Ideen auseinandergesetzt und sie reflektiert. Relativ frei waren damals die Ungarn, auch im Umgang mit der Ausreise, sowie die Polen. Dort kam im August 1989 – noch vor dem Fall der Mauer – bereits Tadeusz Mazowiecki an die Regierung, der erste Ministerpräsident nach dem Zweiten Weltkrieg, der nicht der kommunistischen Partei angehörte.

Ende 1989 konntest Du zum ersten Mal wieder legal als Privatperson in die ČSSR einreisen und triffst Václav Havel. Wie gut kanntet Ihr Euch da schon?

Milan Horáček: Das ist eine einfache und komplizierte Geschichte zugleich. Das erste Mal kam ich quasi mit einem Sondervisum wieder nach Prag, wo ich Havel in seiner Wohnung begegnete. Anfang '88 war ich dann mit Kohl noch mal da und im Mai '89 das dritte Mal mit einem Spezialvisum bei einer Umwelt- und Friedenskonferenz. Offiziell war ich ja seit den 70er Jahren durch den Innenminister persönlich ausgebürgert und als «Feind des sozialistischen Lagers» definiert. Über die ganzen Jahre telefonierte ich aber regelmäßig mit Havel – wenn es ging. Ich rief immer verschiedene Telefonnummern an, die ich hatte. Ich konnte Havel entweder direkt erreichen oder über seinen Bruder. Der Bruder erzählte mir später, dass sich Havel öfter beschwerte, zu keiner Arbeit zu kommen, weil wir immer stundenlang telefonierten. Ich fragte ihn: «Was gibt's Neues, was macht ihr denn?» Und er erzählte mir, was er wollte, obwohl wir wussten, dass die tschechoslowakische Stasi alles aufnahm. Ich gab dann die wichtigen Informationen an mehrere Kanäle weiter, und am Abend wurde das in Radio Free Europe oder in der Stimme Amerikas oder der BBC gemeldet. Und ich habe mit unseren wichtigsten Leuten in Rom, Brüssel, Stockholm und London telefoniert. Wir standen also in ständigem Kontakt, eine Verbindung, die bis '89 gehalten hat. Als ich Ende '89 ankam, wurde ich sofort vom Flughafen in das Hauptbüro der Samtenen Revolution gebracht.

Inwiefern?

Milan Horáček: Die tatsächliche Macht war schon in Zersetzung, die Geheimdienste kontrollierten und beobachteten zwar noch, aber Havel war mächtig genug, mich ohne gültigen Pass und Visum reinzubringen. Ich bekam einen speziellen Sonderstempel. Am nächsten Tag empfing mich Havel zu Hause – im Bademantel. Davon gibt es eine Video-Aufnahme. Am 29. Dezember 1989 wurde Havel dann Präsident, am 1. Januar hielt er seine Neujahrsrede, das war ein Ereignis. Mehr als die Hälfte der Nation saß an den TV-Geräten. Und er fing an: «Unser Land erblüht nicht [...].» Endlich redete mal einer Tacheles. Er hat sich nicht gescheut, die Wahrheit auszusprechen. Und am 2. Januar habe ich ihn bei seinem ersten Auslandsbesuch in Ostberlin und München bei den Führungen der beiden deutschen Staaten begleitet. Havel hat mich in einen Beraterstab berufen, dessen Vorsitzender Fürst Schwarzenberg war, und wir haben gleich die Einladungen an den Dalai Lama und den Papst vorbereitet.

Wie siehst Du die Entwicklung, die Tschechien heute genommen hat?

Milan Horáček: Havel war einer der letzten Dissidenten, die ein Amt innehatten, leider aber mit wenig Einfluss. In den Regierungen, die folgten, in den Ministerien, in den Institutionen saßen dann Leute, die ich kaum achten konnte. Mein Eindruck war, dass die Tschechische Republik schon bald in die schlimmsten Formen der Selbst- und Fremdausbeutung reinschlitterte. Die Situation von uns exilierten Tschechoslowaken, die wir nach Jahrzehnten zurück konnten, war nicht einfach. Man merkte, man ist nicht mehr zu Hause, weil die Schere zwischen unserer Lebensweise, unserem Verständnis von politischer Kultur und Demokratie inzwischen so weit auseinanderklaffte zu dem, was wir vorfanden.

Du bleibst bis Ende 1990 Mitarbeiter der Fraktion und warst an der Gründung der Böll-Stiftung beteiligt. Für die Stiftung gehst Du als Leiter des Büros nach Prag.

Milan Horáček: An dem symbolischen Tag des 21. August 1990 haben wir das Büro der Böll-Stiftung in Prag eröffnet. Den absolut größten Verdienst bei der Gründung der Stiftung hatte Lukas Beckmann gehabt. Wir teilten dieselben Ideen, zum Beispiel in der Diskussion, ob – ähnlich wie Ebert- oder Adenauer-Stiftung – ein richtiger Parteiname genommen werden soll. Heinrich Böll war ja nie Mitglied der Grünen, deswegen verwehrten sich einige Leute gegen diesen Namen und wollten lieber Petra Kelly als Namenspatronin.

Aber Ihr hieltet dagegen…

Milan Horáček: …warum? Trotz aller Verdienste von Petra Kelly, die auch international bekannt war, hatte Heinrich Böll gesamtgesellschaftlich gesehen mehr Gewicht – nicht nur als Begriff und Name, sondern als Vertreter von etwas, das sich nicht auf einen anthroposophischen, maoistischen, anarchistischen, trotzkistischen oder Dritten Weg oder auf einen linken oder einen links neben der SPD-Position verengt. Er stand für etwas Eigenständiges – all das manifestiert sich im Namen Böll mit seiner, teilweise auch widersprüchlichen Geschichte. Böll war eine Person, die in vollem Bewusstsein des 20. Jahrhunderts mit allen diesen Verbrechen gelebt hat, eine, die sagte: «Alles, was wir Schlimmes getan haben, müssen wir – soweit es geht – abarbeiten.» Und dieses «Einmischung erwünscht» von Böll macht auch die Stiftung aus.

Der Initiativkreis zur Gründung der Heinrich-Böll-Stiftung war ja sehr breit.

Milan Horáček: Es waren nicht nur Grüne dabei, sondern auch SPD-nahe und sogar Liberal-Konservative, die das Erbe von Heinrich Böll unterstützten und Bölls Verbundenheit mit den Grünen anerkannten. Sie waren bei der Gründung entweder physisch dabei, unterschrieben oder unterstützten die Stiftung sogar mit Geld.

Du wirst der Leiter des Stiftungs-Büros in Prag.

Milan Horáček: Ja, ich ging 1991 nach Prag in die Böll-Stiftung und wurde 1998 für fast zwei Jahre Leiter der Repräsentanz der Böll-Stiftung in Bonn. Damals waren in Bonn noch immer Regierung und Parlament ansässig. Im Frühjahr '98, vor der Bundestagswahl im Herbst, gab es auf einer Realo-Sitzung in den Fraktionsräumen am Tulpenfeld eine Diskussion über den Nato-Beitritt von Polen, Ungarn und Tschechien und wie sich die Grünen dazu verhalten. Die einen waren pro, die anderen kontra. Am Ende meinte Joschka Fischer, ich verkürze jetzt sehr stark, in etwa: «Dann müssen wir uns enthalten.» Da sagte ich zu ihm: «Das könnt Ihr so machen, aber wenn Joschka jemals deutscher Außenminister werden will, muss er sich begründet für Ja oder Nein entscheiden.» Es gab ein paar Sekunden absolute Stille. Joschka brummelte etwas Unverständliches vor sich hin. Die Grünen haben dann dem Beitritt zugestimmt. Im Herbst '98 wurden sie Teil der rot-grünen Koalition. Aber das ist jetzt wieder ein anderes Kapitel in der Geschichte der Grünen.

INTERVIEW MIT EVA QUISTORP[1]

Die Seele der Grünen

Wer ist eigentlich diese Eva Quistorp und woher kommt sie?

Eva Quistorp: Ich bin in der Nachkriegszeit groß geworden, nicht in der Großstadt Berlin, sondern in drei Kleinstädten am Niederrhein in einem Pfarrhaus mit Garten, weil mein Vater Pfarrer war.

Der Name Quistorp kommt ja vom Vater und ist auch durch ihn bekannt. Es hieß sicherlich öfters: Guck mal, ist das nicht die Tochter vom Quistorp?

Eva Quistorp: Ja, mein Vater stammt aus einer alten Gelehrtenfamilie der Hansestädte wie Rostock. Meine Mutter musste die Schule früh abbrechen und hat mir trotzdem außer Renoir und Rembrandt die verbotene Kunst, Kirchner, Klee, Nolde, Kandinsky nahegebracht. Ich hatte einen Bruder und eine Schwester, die für mich sehr wichtig, aber die jünger waren. Also fühlte ich mich lange als einzige Pfarrerstochter in der Stadt - und die Mehrheit in der Gegend waren Katholiken. Von daher musste ich ganz früh üben, in der Minderheit zu sein. Ich musste immer grüßen auf der Straße, ich durfte in der Pubertät nicht irgendwie rummuffeln, weil die Nachbarn mich ja erkennen können. Daher verband ich mit dem Namen nicht so sehr Stolz oder Fröhlichsein, sondern eher Ansprüche und auch Kontrolliert-Werden. Dann kam noch dazu, dass ich die Einzige in der Schule mit roten Haaren war. Das war sozusagen dann noch mal ein ganz anderes Markierungszeichen, das in Richtung Hexe losging. Das Wort Rassismus kannte ich damals noch nicht. Also alle diese Begriffe, mit denen wir heute so umgehen: Antisemitismus, Toleranz, Anderssein - hat Mitte der 1950er Jahre keiner benutzt. Von daher bekam ich mit dem Namen und den Haaren ein bisschen von der Erfahrung mit, wie sie auch heute noch oder wieder einige Juden, Schwarze, Muslime oder ältere Frauen und Punks machen: ein Gefühl von Abgestempelt-Sein oder Herausgefordert-Sein, sich nicht so leicht verstecken können. Diese Erfahrung ist in mein Leben eingegangen.

---

1 «Frauen - Politik - Alternativen. Eva Quistorp in einem biografischen Gespräch» lautete der Titel des Zeitzeuginnengesprächs, das an zwei Abenden, am 1. Oktober 2009, dem 17. Todestag von Petra Kelly, und am 12. Januar 2010, dem 30. Jahrestag des Gründungsparteitags der Grünen in Karlsruhe, im Archiv Grünes Gedächtnis stattgefunden hat. Die Gespräche führten Christoph Becker-Schaum und Robert Camp. Tina Hüttl hat das Transkript des Mitschnitts der beiden Gespräche bearbeitet.

Was hast Du von Deinen Eltern mitbekommen? Dein Vater engagierte sich in der Zeit des Nationalsozialismus aktiv in der Bekennenden Kirche.

Eva Quistorp: Viel über Kirchenmusik, Bach, Mozart, Vivaldi und das Musizieren, die Festtage, die Predigten, die ethischen Grundhaltungen zu Frieden und Gerechtigkeit, auch über Literatur wie das Tagebuch der Anne Frank, Bücher von Max Frisch und Dürrenmatt, Goethe und Brecht. Dass meine Eltern in einer illegalen Organisation gegen die Nazis waren, das begreife ich jetzt erst. Leider kann ich mit ihnen nicht mehr darüber reden. Damals als 68erin verehrte ich Che Guevara, Rosa Luxemburg, später auch Bertha von Suttner. Meine Eltern habe ich geachtet, aber sie fielen für mich irgendwie nicht unter die Kategorie Idole, Vorbilder. Sie waren für mich keine Helden, nichts Besonderes, weil sie ja weder Kommunisten gewesen waren noch Sozialisten, da war kein bewaffneter Kampf, kein 20. Juli, in keinem Schulbuch. Das dazu, wie wenig man im Grunde oft auch als Kind oder Jugendliche und dann auch als Rebellin von seiner eigenen Familien- und Vorgeschichte weiß, auch wenn mir der Bezug zu Niemöller und Bonhoeffer klar war und mein Vater fast jeden Sonntag über die wichtigen Traditionen der Juden als unsere Wurzeln und das Verbrechen ihrer Vernichtung im Holocaust predigte, womit er in einer Zeit, als der deutsche Widerstand noch verpönt und unbekannt war, aneckte.

Wie sehr haben sie Dich religiös geprägt?

Eva Quistorp: Ich war natürlich jeden Sonntag im Gottesdienst, und wir beteten immer mittags und abends zu Tisch. Ich denke, ich habe das mit der Luft aufgesogen – dieses Protestantische, dass es Situationen gibt, in denen das Gewissen entscheiden und in denen man der Wahrheit zum Zuge verhelfen sollte. In meinen Aktionsjahren hatte ich oft Angst vor dem Knast oder Schlimmerem, aber ich wollte wenigstens immer riskieren, die Wahrheit zu sagen, auch alleine und eventuell gegen einen Gruppendruck.

Du bist ja 1965 nach Berlin gekommen, nicht zum Studieren, sondern zunächst zum freiwilligen sozialen Jahr.

Eva Quistorp: Das war im Grunde der erste Protest gegen meinen Vater und seine Ansprüche, weil ich natürlich studieren sollte. Eigentlich muss ich ihn loben – außer dass er die Gestapo-Verhöre überstand und immer in die Gemeinden ging, in denen gerade sein Vorgänger nach Buchenwald deportiert worden war – für ihn war es vollkommen selbstverständlich, dass seine Tochter studiert. Natürlich können Frauen studieren. Erst später bekam ich mit der Frauenbewegung und mit der Realität in Universitäten und weiblichen Berufskarrieren mit, welche Hindernisse es für Frauen auf ihrem Berufs- oder Lebensweg gibt. Aber mein Vater legte mir, was das angeht, überhaupt keine Steine in den Weg.

Trotzdem hast Du Dich zunächst gegen das Studium entschieden, warum?

Eva Quistorp: Ich wurde so erzogen, bloß nicht arrogant zu sein, weil ich Pfarrerstochter bin. Also Ehrgeiz – und das ist vielleicht ein Unterschied zu Petra Kelly – ist mir überhaupt nicht beigebracht worden, teilweise sogar das Gegenteil, so dass ich später deshalb an bestimmten Stellen auch Schwierigkeiten bekam. Auf die Idee, ein freiwilliges soziales Jahr in Berlin zu machen, brachte mich meine Mutter. Als Jugendliche war ich ein bisschen weltfremd und schüchtern und eigentlich musikalisch begabt. Ich hätte außer Mathematikerin auch Pianistin werden können. Aber wenn ich vorsang, sagten immer alle: «Schön, aber viel zu leise.» Ich grübelte, vielleicht solltest Du eher was Soziales für die Menschheit tun. Tief mitgegeben war mir auch: Skepsis gegenüber Eliten wie Massen. Nach dem Nationalsozialismus einfach nur an die Uni gehen und Professorin werden – die deutsche Universitätselite, die Wissenschaftselite hatten damals ja auch schwer versagt –, fand ich schwierig.

Du hast dann in einem evangelischen Krankenhaus gearbeitet.

Eva Quistorp: Ja, ich bin froh, diese Erfahrung gemacht zu haben. Zuerst dachte ich, ich werde Ärztin, weil ich da überall gebraucht werde. Und dann arbeitete ich im Martin-Luther-Krankenhaus von morgens sechs Uhr bis ich weiß nicht wann. Das ist ein vollkommen anderer Blickwinkel auf die Medizin, als wenn man Fachbücher liest oder unter Medizinstudenten verkehrt. Von den Ärzten nahm sich niemand Zeit für die Patienten. Damals gab es zwar noch nicht so viel Apparatemedizin, aber Tabletten verteilen gab es auch schon. Ich fand das immer brutaler, seelenloser, je länger ich da war. Von daher konnte ich nicht mehr Ärztin werden und habe mich dann für Germanistik und Theologie entschieden. Das war schon eine Resignation, so nach dem Motto: Mathe nicht, Musik nicht, Medizin nee. Dann das, was meine Tanten schon studiert hatten, Germanistik und Theologie, '68 kam dann die Politologie am Otto-Suhr-Institut noch dazu.

Den Beruf der Lehrerin zu ergreifen, das geschah aber wohl kaum aus reiner Resignation?

Eva Quistorp: Eigentlich wollte ich nie im Leben Lehrerin werden, weil mir diese Hierarchiesituation und der Gedanke nicht gefiel, eventuell etwas durchpauken zu müssen, das mir viel zu entfernt ist vom wirklichen Leben. Über den Umweg der 68er-Bewegung bin ich es dann doch geworden. Zwar hatten wir uns alle irgendwie was Wilderes oder Schickeres gedacht. Aber wir diskutierten eben auch ganz konkret über eine Veränderung der Berufspraxis und eine Demokratisierung des Bildungssystems. Und der Weg dazu führt nicht nur über Parteien und über Wahlen, sondern über die alltägliche Lebens- und Berufspraxis.

Dazu gehört, alternative soziale und kulturelle Lebensräume zu schaffen und damit Möglichkeiten, sich anders zu verhalten, anders zu kaufen, anders zu arbeiten, auch wirklich solidarisch sein zu können. In Westberlin Anfang der 70er Jahre, so zwischen 1971 und 1974, bildeten sich auf ganz vielen Feldern langsam Alternativen, kritische Juristen, Ärzte und Journalisten und auch liberale Schuldirektorinnen, eine alternative Kultur- und Stadtteilszene, zu der ich gehörte.

Die Freie Universität lag im Epizentrum dieser neuen kritischen Bewegung. Du hast dort studiert, wie sehr warst Du involviert?

Eva Quistorp: Das erste Mal an die FU geraten bin ich auf Klassenfahrt im Juni 1963, als Kennedy hier war. Ich, aus einer Kleinstadt, wusste nicht, wer Kennedy ist – so dumm war ich. Jedenfalls standen wir da, so zehn Leute, und Kennedy wollte mir die Hand geben. Und da gab ich ihm nicht die Hand, weil ich doch von Zuhause gelernt hatte, die Mächtigen nicht zu verehren. Aber immerhin blieb so die FU bei mir hängen. Die Nachricht von Kennedys Ermordung hat mich tief getroffen. In Berlin zu studieren, war für mich ein Sprung ins kalte Wasser. Es gab noch keine Studienberatung, keine Frauenstudienberatung, keine Kindergartenplätze, überhaupt nichts. Die Studentenbewegung empfand ich auch deshalb so spannend, weil ich da sofort Leute traf und gleich in einer Gruppe aufgehoben war. Es gab Teach-ins, Sit-ins. Sit-ins fand ich schön, weil das auch die Trennung von Leben und Akademischem aufhob. So wahnsinnig ernst würde ich unser politisches Engagement nachträglich also nicht sehen. Es war aber immer themenbezogen: Demokratisierung der Universität und gegen den Vietnamkrieg. Meine Radikalisierung geschah durch die Ermordung von Benno Ohnesorg beim Schah-Besuch, wo ich vor der Deutschen Oper mit demonstrierte und am nächsten Tag seine Frau Christa kennen lernte.

Während Deiner Studienzeit in Berlin wohntest Du – zumindest zeitweise – im Haus der Familie Gollwitzer, wo auch die Wortführer der 68er ein- und ausgingen. Wie kam es dazu? Das Ehepaar Gollwitzer gehörte ungefähr zehn Jahre später zu denen, die mit ihrem Namen für die Gründung der Grünen standen.

Eva Quistorp: Gollwitzers haben ja auch zur Bekennenden Kirche gehört und natürlich meine Eltern gekannt. Aber dass ich auf die theologische Vorlesung von Helmut Gollwitzer stieß, war Zufall. Ich kannte den Namen gar nicht, fand diesen rundlicheren, älteren Mann mit seiner sehr menschlichen Ausstrahlung einfach angenehm. Und man merkte an seiner Sprache, dass seine Theologie in der Gegenwart verhaftet ist und sogar auch Lebensfragen der Studenten anspricht. Am Ende der Vorlesung fragte mich eine junge Frau, Marianne Freudenberg, die, wie sich herausstellte, die Nichte von Frau Gollwitzer ist, ob ich nicht mit ihr nach Hause kommen wolle. Ja, und das war das Haus Gollwitzer.

Wie war Dein Verhältnis zu ihm?

Eva Quistorp: Gollwitzer war mein theologischer Lehrer, aber auch so was wie ein zweiter Vater von mir. Er hatte ein schönes kleines Haus mit Garten in der Nähe der Uni, da haben alle vom AStA verkehrt. Da er keine Kinder hatte, lud er die Studenten - besonders die von der Bild-Zeitung als Penner, Langhaarige, Revoluzzer und Rote-Fahne-Träger und was sonst noch verschrien wurden - einmal im Jahr zu sich ins Haus ein, meistens die Kinder, deren Eltern er kannte. Daran merkte man, dass ein paar in der Studentenbewegung aus der Bekennenden Kirche kamen. Gollwitzer hatte einen Weinkeller. Ich bin ja im strengen protestantischen Haus aufgewachsen, keine Zigarette, kein Wein, keine Disco, kein Tanzunterricht. Und bei ihm lernte ich dann das bayerische Luthertum kennen. Mittags hieß es: «Ach, vielleicht nicht doch noch einen Weißherbst trinken?»

Dort bist Du auch der Familie Dutschke näher gekommen, die Gollwitzer ebenfalls beherbergte.

Eva Quistorp: Wir waren immer so 20 oder 25 Leute, angeblich habe ich dort einmal sogar zusammen mit Gudrun Ensslin Kaffee getrunken. Ich habe das in dem Moment nicht gemerkt, aber natürlich war ich in dem Milieu, wodurch ich dann auch Rudi Dutschke und Gretchen und ihren ersten Sohn Hosea sehr persönlich kennen lernte - sozusagen in der Küche oder im Wohnzimmer, wenn Gretchen sich da breitmachte [lacht]. Gretchen war so anders als der Rudi: so eine leicht amerikanisch-chaotische Hippie-Art, während Rudi etwas streng protestantisch-leninistisches in seinem Charakter hatte, nicht in seinem Denken. Das war irre, dieses Paar. Rudi immer am Arbeiten. Und dann saß ich mit Gretchen in der Küche, und Rudi kommt rein, legt fürsorglich seinen Arm um Gretchen und fragt: «Gretchen, willst du nicht zur SDS-Vollversammlung mitkommen?» Und Gretchen sagt: «Ach, nein, ich rede hier lieber mit Eva. Eure Themen sind ja nicht die einzig wichtigen.» Sie sagte das überhaupt nicht wie eine Emanze oder wie man sich so im Zerrbild Emanzen vorstellt. Damals war ich ja noch keine Feministin, aber es bahnte sich langsam an.

Wie aktiv warst Du selbst in der Studentenbewegung? Du fuhrst ja dann quasi im Auftrag Dutschkes nach Lateinamerika.

Eva Quistorp: Das hört sich jetzt ein bisschen komisch an, weil ich war wirklich keine Führungsfigur von '68. Ich fühlte mich da als fröhliche, kritische, mitdenkende, auch sehr aktive Basis. Ich war mehr oder weniger bei jeder Aktion dabei, habe aber keine Steine geschmissen, auch Gewalt gegen Sachen war ein Tabu für mich. Aber da ich eben diesen Kreis kannte - ich gehörte praktisch zum Freundeskreis der AStA-Chefs und SDS-Führer in diesem Geflecht zwischen Jürgen Treulieb, Sigrid Damm-Rüger, die Tomatenwerferin, Rudi Dutschke, Gollwitzer - bekamen sie irgendwie mit, dass ich Interesse hatte, nach Lateinamerika zu fahren. Dann haben sie gesagt: «Ja, Rudi ist doch eigentlich nach Chile eingeladen. Dann muss Eva jetzt in Vertretung von Rudi dahin fahren.» Und wie man damals sagte: «Und dann muss sie da die Genossen treffen».

Welche Erfahrungen hast Du dort gemacht? Du bist 1972 gereist, also noch zur Amtszeit von Allende und seinem Versuch, eine sozialistische Gesellschaft zu etablieren.

Eva Quistorp: Am Tag bevor ich losfuhr, legte ich mein Staatsexamen ab und stieg dann mit einer kleinen Gruppe von Studenten in den Flieger nach New York. Dann ging es mit dem Auto nach Miami und von dort nach Barranquilla in Kolumbien und weiter mit dem Klapperbus nach Chile. Es war die schönste und größte Reise meines Lebens. Lateinamerika als Ganzes war für mich eine wahnsinnige Weltöffnung. Heute haben wir einen Dialog der Kulturen, die Globalisierung, wir reden von interkultureller Erziehung und Cross-Cultural-Identities. Damals war das noch ein richtiger Kulturschock, aber im positiven Sinne. Natürlich war ich auch geschockt, das erste Mal krasse Armut zu sehen in bestimmten Gegenden. Aber auf den Straßen war Musik zu hören. Und bei einer Arbeiterversammlung in einem Barrio beeindruckte mich diese Ernsthaftigkeit. Den Leuten ging es um die Existenz. Sie hatten schon ein politisches Leben gelebt, wussten, was Armut ist, wussten, was sozialer Kampf ist, und haben für mich eine irre Würde ausgestrahlt. Dass ich zwischen ihnen sitzen und mit ihnen reden durfte, war so viel unmittelbarer, als ich es je in der Universität oder im Film erleben konnte.

Wie sehr veränderte sich dadurch Deine politische Haltung?

Eva Quistorp: Meine Lateinamerikareise hat sowohl meinen, sagen wir mal, rebellischen und gesellschaftskritischen und emanzipativen Elan gerade auch in Richtung Frauenbewegung gestärkt und aufleben lassen. Sie hat mir dafür viel Lebenskraft und Ideen gegeben. Aber es ist nicht alles romantisch. Es gibt auch ein paar Widersprüche. Das war ja dann meine ganz harte Lehre aus Chile, dass ich die Streitigkeiten der linken Gruppen – von den christlichen Linken über die Sozialisten, die sozialdemokratische Linke, dann die kommunistische Partei, dann maoistische Gruppen und dann die linksradikalen MIR – als so unproduktiv erlebte. Vielleicht sind die Differenzen in den Linken auch manchmal schuld daran, dass ein Diktator siegt. Durch die chilenische Tragödie habe ich viel gelernt für den Versuch, anders Politik zu machen.

Du sprichst jetzt den Putsch in Chile im Sommer 1973 und Pinochets Sieg an.

Eva Quistorp: Ja, danach war ich schwer krank, weil ich diese Erfahrung, wie dieser furchtbare Pinochet-Putsch passieren konnte, und dass ich so wunderbare Menschen traf, die jetzt eventuell gefoltert werden, nicht verkraften konnte.

Ich entschied mich damals auch bewusst dafür, Reformpolitik zu machen und nicht nur radikal, sondern auch pragmatisch zu denken. Dies resultierte neben so intellektuellen Debatten und Vorbildern wie Gollwitzer, Heinemann oder Petra Kelly als Freundin, die ja auch eine radikale Reformerin war, unmittelbar aus meinen Lateinamerika- und Chile-Erfahrungen. Natürlich bin ich keine vollkommen nüchterne Pragmatikerin geworden, aber durch Chile ein Stück weit geheilt. Dass Begeisterung und Leidenschaft und Hoffnungen auch im Sinne von Martin Luther King, Mahatma Gandhi und Dorothee Sölle nötig sind, ist mir klar. Aber ich habe mich schon immer gefragt: War das verantwortlich, was die verschiedenen linken Parteien, Gruppen und Forscher gesagt haben? Habe ich mir oder haben wir uns denn wirklich ernsthaft überlegt, wie man eine Infrastruktur schafft, wie man Geld organisiert, so dass man Schwächeren keine falschen Hoffnungen macht?

Du hast also an das Schicksal der einfachen Menschen gedacht?

Eva Quistorp: Sagen wir mal so: Ich habe dort schnell gelernt, was konkrete Soziologie ist und was konkrete Lebensverhältnisse sind. Und dass man sich anders organisieren muss. Es ist eigentlich immer die Verantwortung, sich als Intellektuelle zu fragen: Ja, aber wie geht es mit dem Schicksal dieser Menschen weiter? Wer organisiert sie denn? Wer schützt sie auch vor ihren Illusionen, und wer hilft ihnen, sich zu verteidigen ganz praktisch? Wenn man es wirklich ernst meint mit «eine gerechtere Welt schaffen», im Sinne von «eine andere Welt ist möglich», dann darf man eben nicht nur auf der Straße revoltieren und die Menschen für irgendwelche politischen Scharmützel oder großartige revolutionäre Ideen ideologisieren. Man muss konkrete Schritte entwickeln, es braucht Konzepte zur Selbstorganisation, die kurzfristige, mittelfristige und langfristige Ziele kennen – sei es in einer Frauengruppe, sei es in der grünen Gruppe, sei es in einer Attac-Gruppe oder später dann in einem Koalitionsvertrag. Und man muss sich genau überlegen, wie man zu einem Gleichgewicht kommt, bei dem noch genug Träume und Ideen bestehen, deren Umsetzung aber auch sehr nüchtern, ernsthaft und verantwortlich durchdacht ist. Dafür braucht man viele Fachkenntnisse, und man muss auch viele kluge Bündnisse eingehen. Und die ganzen politischen Bündnisse in Chile vor dem Putsch waren einfach nicht klug und vernünftig genug. Von daher müssen auch Linke sich immer fragen – das ist übrigens schon die Frage in den 20er und 40er Jahren gewesen: Hat dieser Kampf zwischen Kommunisten und Sozialdemokraten nicht auch beim Aufstieg Hitlers geholfen? Muss man nicht außer guten Zielen ein intelligentes und kreatives Nachdenken über Bündnisstrategien haben?

Was mir dabei einfällt, ist: Du bist ja ab 1977 viel in Gorleben gewesen und hast dort mit Marianne Fritzen und vielen anderen enge Kontakte geschlossen. Sind Deine Lehren aus Chile in Gorleben eingeflossen?

Eva Quistorp: Ja, im Grunde ist das – wunderbar, genau – für mich selbst, was ich gerade als großen Anspruch formuliert habe, in Gorleben im Kleinen praktisch passiert. Nach der Erfahrung von Lateinamerika und Chile bin ich Referendarin am Gymnasium geworden. Gorleben ab Frühjahr '77 war wie eine zweite Jugend, ein Aufleben von Hoffnung und Freude. Da war ich einerseits Lehrerin, habe also die Berufspraxis und Gewerkschaftsarbeit in der GEW mit angefangen, und am Wochenende habe ich auf dem Lande gelebt. Gorleben war ein Sommerlager, und ich dachte, wir machen jetzt alles neu: Wir machen Lehmbau – vollkommen neu. Wir sammeln Kräuter – vollkommen neu. Wir backen selber Brot – vollkommen neu. Später stieß ich dann darauf, dass wir im Grunde die Reformbewegung aus den 20er Jahren gelebt haben, die durch den Nationalsozialismus abgebrochen wurde. Marianne Fritzen und ihr Mann, das war eine wirklich irre Begegnung. Er war Asienwissenschaftler, dem seine besonderen Kenntnisse über den Buddhismus auch geholfen haben, ab und an seine Frau zu beraten und ihr irgendeinen Sinnspruch mit auf den Weg zu geben, wenn sie wieder eine Auseinandersetzung mit der Polizei hatte. Wir sind alle möglichen kreativen Bündnisse eingegangen. Ein Bündnis mit der Grafenfamilie, mit einem Pfarrer und seiner Frau, ein Bündnis mit den Bauern. Und dann muss man auch mal ein Loblied singen auf diese Frauen…

Zuruf aus dem Publikum: Oh ja, die Frauen, die in Gorleben wohnten…

Eva Quistorp: …ja, diese sogenannten Nur-Hausfrauen entpuppten sich alle als pfiffiger, als ich als städtische Feministin dachte. Gorleben lag wirklich am Ende der Welt, da war ganz wenig los. Darum sollte ja auch der Atommüll dahin, einmal, weil da die Grenze war – so als ob die Strahlung vor einer Grenze Halt machen würde – und weil man nicht mit großem Widerstand der Bevölkerung rechnete, weder quantitativ noch qualitativ. Doch die Frauen dort hatten die tollsten Widerstandsideen. Ich glaube, das hat uns sehr geholfen, dass wir linken Studenten oder linken Feministinnen dort auf «normale Menschen» trafen. Sie waren natürlich einfacher gekleidet, nicht so schräg wie wir Großstädter aus Berlin, Frankfurt oder Köln. Und sie waren auch nicht so laut wie wir. Sie hatten ihre einfachen Kleider, waren verheiratet, und nach einem gemeinsamen Tee kam dann immer eine so richtig irre Widerstandsidee. Zum Beispiel die Rose Fenselau hatte die Idee einer Telefonkette für Atomstromboykott. Bis dahin hatte ich noch nie von solch einer Telefonkette gehört. Jetzt aber gibt es sie in allen möglichen Widerstandsbewegungen auf der Welt. Im Grunde ist das die alte Form des Flashmobs gewesen. Oder jetzt E-Mail versenden. Es gab also eine irre Kreativität im gewaltfreien Widerstand. Ich kannte das nicht, weil ich die Studentenbewegung nicht als explizit gewaltfreie Bewegung erlebt hatte, sondern mich da oft auch etwas einsam zurückziehen musste.

Es trafen ja die unterschiedlichsten Milieus in Gorleben zusammen. Gab es da nicht auch Spannungen über den richtigen Weg?

Eva Quistorp: Die Vielfalt und Andersartigkeit von Menschen, wie Marianne Fritzen, Lilo Wollny, Rebecca Harms oder die von Adel, Bauern, Bürgerinitiativen und Künstler kennenzulernen sowie ihre unterschiedlichen sozialen Milieus, politischen Denkweisen und Lebenserfahrungen, und daraus dann ein politisches Bündnis zu schmieden – das habe ich in Gorleben gelernt. Wir hatten eine gemeinsame Sache: gemeinsam gegen den Atommüll, gemeinsam gegen die Castor-Transporte, da ist ein wunderbarer Prozess daraus entstanden. Aber natürlich gab es immer auch Konflikte. Dann kamen beispielsweise immer die städtischen Gruppen, da kamen die K-Gruppen aus Hamburg und Göttingen. Und die hatten ihren Arbeiterkampf dabei. Ich wollte lieber kein Propagandamaterial verteilen und «meine» Frauen und Bauern davon verschonen und dachte doch, dass es besser wäre, einen Steckrübeneinsatz zu machen [lacht].

Du hast ja Dein Engagement in Gorleben stark mit dem Frauenthema verknüpft und die Gorleben-Frauen und andere Frauengruppen gegründet. Warum?

Eva Quistorp: Im Februar '73 hatte ich im ID gelesen: «Frauen erklären Atom und Blei den Krieg!» Das war auf Marckolsheim und Fessenheim im Elsass bezogen. Dann kamen die Aktionen im Wyhler Wald und in Kalkar. Sieben Jahre hatte bei mir die Anti-Atombewegung die volle Priorität, ich bin stur an diesem Thema drangeblieben. Sieben Jahre Anti-Atom-Initiativen, dann mehrere Jahre nur gegen Atomwaffen. Ich kannte alle möglichen Orte, wo Atomwaffen lagerten, wo Proteste waren. Ich hatte meine eigene innere Landkarte, wusste, welche Gruppen man miteinander vernetzen muss. Aber das Thema war für mich immer damit verbunden, die Frauen darin zu stärken. Das war von Anfang an für mich auch ein Frauenthema, weil es dabei nicht nur im mütterlichen Sinne ums Überleben von uns allen geht, sondern auch um Kritik an der Technokratie, Technikentwicklung und Wissenschaftsentwicklung als einer Form von Männerherrschaft. So haben wir das damals diskutiert. Das ist jetzt leider ganz weggefallen. Aber wenn man die Entwicklungsgeschichte der Atomenergie, der Gentechnologien, der Informations- und Kommunikationstechnologien, der Medienbranche und jetzt der Nanotechnologie betrachtet, dann ist es auch ein Machtbereich von großen Konzernen und eben auch von Männern. Meist werden die sozialen, kulturellen und ökologischen Folgen von Technik und Wissenschaft nicht ausreichend analysiert. Auf die starken Frauen bin ich übrigens schon 1972 in Chile gestoßen, auf die Sängerinnen Violetta Parra und Mercedes Sosa, auf diejenigen, die Mütterzentren organisiert haben, auf Frauen in der Gewerkschaftsbewegung oder auf die Frauen in den politischen Parteien in Chile. Als ich zum Beispiel auf Marianne, Rebecca und Lilo in Gorleben traf, dachte ich: Oh, drei so tolle Frauen aus drei Generationen. Die muss ich doch mal für die «Courage» interviewen, damit die «Courage»-Leserinnen erfahren, was für tolle Frauen es im Wendland gibt. Dadurch gab es das allererste Mal ein Frauentreffen in Gorleben, weil sie sich vorher ja nie als Frauen getroffen hatten.

Die «Courage» war ja auch so eine Art intellektuelles Begleitorgan für die Entwicklung der Frauenpolitik bei den Grünen.

Eva Quistorp: Ja, ich denke immer, dieses Interview mit den Dreien muss ich Rebecca Harms noch mal kopieren. Vielleicht ist es für sie als Fraktionsvorsitzende in Straßburg spannend zu lesen, was sie vor 32 Jahren gesagt hat. Die «Courage», deren Herausgeberin Sibylle Plogstedt war, hatte zwar bis damals überhaupt nichts zur Ökologie drin, aber es kamen Themen der Frauenbewegung vor, also das Gesundheitsthema von wegen Schwangerschaft, Abtreibung, Wechseljahre, Frauenärztinnen, unsichtbare, vergessene Frauenarbeit und Geschichte. Von daher, würde ich sagen, war in der neuen Frauenbewegung doch ein Stück grüne Frauenpolitik vorbereitet. Die Courage hat übrigens auch Hannah Arendt für die undogmatische Frauenbewegung rehabilitiert, die vorher wegen ihrer Totalitarismustheorie bei den Berliner Linken verpönt war.

Du bist 1978 nach Dublin gereist zur großen Antiatomkonferenz, wo Du Petra Kelly kennen lerntest. Wie kam es dazu?

Eva Quistorp: Schon '68 hatte ich mich für Film und Kunst interessiert, kannte einige aus der Szene, und so traf ich eines Tages auf der Straße auf die Filmemacherin Susanne Beyerle. Als ich sie fragte, was sie gerade mache, sagte Susanne: «Ich fahre morgen nach Irland.» «Was, Irland?» «Ja, da ist eine Antiatomkonferenz.» Und kaum hatte sie «Antiatom» ausgesprochen, war ich natürlich schon dabei, alle meine Pläne umzuschmeißen, weil ich ja eventuell gebraucht werde, was organisieren oder international vernetzen kann. Das hat mir '68 beigebracht bis heute – dieser Internationalismus und dieses international Vernetzen. Ja, und dann erzählte sie, sie würde dort Robert Jungk filmen. Petra Kelly war auch in Dublin, nur kannte sie zu der Zeit hier niemand. Aber Robert Jungk war für mich natürlich ein Star. Er hatte in den 60er Jahren das Buch «Heller als tausend Sonnen» geschrieben …

… eine aufrüttelnde Arbeit über die Entwicklung der Atombombe und das Schicksal der beteiligten Forscher.

Eva Quistorp: Ja, ich habe meine zweite Staatsexamensarbeit über Heinar Kipphardts Buch «In der Sache Robert Oppenheimer» geschrieben. Ich wusste aber erst seit Dezember 1979 und dem NATO-Doppelbeschluss, dass nach Hiroshima so viele Atombomben gebaut worden waren. An der Uni hatte ich davon nie was gehört. Das muss man schon mal sagen: Die Studentenbewegung hat die Antiatom- und die Ökologiefrage voll verpennt. Die Frauenbewegung war international der wichtige Zwischenschritt, das ist meine These. Sie war der wichtige Zwischenschritt, damit es ein offeneres Denk- und Handlungsfeld geben konnte für Friedens- und Ökologiebewegung. Das sollten auch die Friedens- und Ökologiebewegung heute nicht vergessen. Und auch Alice Schwarzer muss ich manchmal daran erinnern, dass es nicht um die Frauenbewegung oder Friedensbewegung und die Frauenbewegung oder Ökologiebewegung ging. Ein paar Jahre lang warf sie mir vor, ich würde die Frauen in die Frauenfriedensbewegung weglotsen, und das wäre ein Rückschritt in der Emanzipation. Ich denke, dass das Frauen-, das Ökologie- und das Friedensthema essenziell und strukturell zusammengehören. Ich habe auf der ersten Frauen-Uni, die war 1977/78, meinen ersten Workshop zur Alternativenergie gemacht. Zur Alternativenergie! Komisch, was? Die haben mich angeguckt, so nach dem Motto: Wie kann man denn von der Frauenfrage zur energiepolitischen Frage kommen?

Petra Kelly hat, das lässt sich nachlesen, die Energiewirtschaft oder Energiepolitik in den gleichen Verflechtungen und unter den verschiedenen Aspekten gesehen und analysiert, wie Du das vorhin vorgestellt hast. Noch einmal zurück zu Irland-Konferenz. Wie kam es zum ersten Treffen?

Eva Quistorp: Das Atomthema ist ja ein globales Thema, bei dem man gleichzeitig lokal handeln kann. Deshalb musste ich da einfach mit. Susanne Beyerle brachte mich also irgendwie in ein kleines irisches Bauernhaus, wo wir übernachteten. Ich weiß gar nicht, wen ich zuerst entdeckte. Es war nämlich praktisch ein Wespennest von Koryphäen der Atomkritik. Da war Ernest Sternglass aus den USA, die Britin Alice Stewart, die später den Alternativen Nobelpreis bekam, Helen Caldicott, eine Kinderärztin aus Australien, Kritiker aus Wien und dann eben Petra Kelly. Sie fiel mir auf, weil sie irre schnell redete und vom fließenden Englisch in fließendes Französisch und in fließendes Deutsch wechselte. Das hatte ich noch nie erlebt. Ich kam mir dagegen wie ein kleines Westberliner Licht vor. Aber dann dachte ich, ich brauche jetzt nicht eingeschüchtert sein, sondern: Frauen gemeinsam sind stärker, also werde ich Petra jetzt unterstützen.

Wie sehr habt Ihr Euch gegenseitig beeinflusst oder befruchtet?

Eva Quistorp: Eine Fähigkeit von Petra war, dass sie bestimmte Leute an verschiedenen Brennpunkten der Welt kannte und sehr gezielt danach schaute, ob sie gewaltfrei waren und keine Ideologen. Das musste sich bei mir erst noch ein bisschen mehr – wie soll ich sagen? – aussortieren. Ich war dagegen mehr von der akademischen oder intellektuellen kritischen Theorie geprägt als Petra. Petra ist nie so in der Basisbewegung gewesen, in der man sich gegenseitig sagte, dass jeder ersetzbar sei. Sie hatte einen anderen Sinn für «einzelne Personen sind an bestimmten Stellen wichtig». Und zwar nicht im Sinne von Ausnutzung und Instrumentalisieren, sondern aus einer idealistischen Haltung heraus: An verschiedenen Stellen der Welt versuchen wir, die Welt in die richtige Richtung zu schieben. Dafür müssen wir miteinander kommunizieren. Das hat sie viel früher global gemacht als ich. Sie fand es selbstverständlich, jemanden in Palästina, jemanden in Japan, jemanden in Südafrika, jemanden in den USA an der Uni zu kennen. Das habe ich mir abgeguckt über die Jahre. Heute geht mit dem

Internet natürlich alles einfacher. Ich glaube, in der Bundesgeschäftsstelle, wo der Europawahlkampf gemacht wurde, hatten wir nicht mal ein Kopiergerät.

Wir nähern uns nun 1979, also dem ersten Auftreten der grünen Partei mit der Europawahl. Wenn ich das richtig weiß, hat Petra Kelly Dich auch angesprochen, ob Du nicht kandidieren möchtest.

Eva Quistorp: Die Grünen als nationale bundesweite Partei sind erst am 12./13. Januar 1980 gegründet worden...

... also heute genau vor 30 Jahren – mit ein Anlass, um sich zu diesem Gespräch zu treffen. Wenn ich einmal auf die Uhr schaue, jetzt, um 17:20 Uhr, hatten die Grünen es geschafft, die Präambel der Satzung zu verabschieden. Aber eigentlich sind die Grünen neun Monate vorher als «Sonstige Politische Vereinigung Die Grünen» mit dem Ziel einer Kandidatur zum Europaparlament entstanden. Soweit ich weiß, hattest Du nie das Ziel, Politikerin zu werden, ich nehme mal an, Parteipolitikerin schon gar nicht.

Eva Quistorp: Ja, aber Petra rief mich an. Sie und Roland Vogt wollten mich als Kandidatin für den dritten Listenplatz. Den dritten habe ich aber abgelehnt, um nicht zu sehr in der Parteipolitik zu landen. Ich konnte nur deswegen zum Mitmachen überredet werden, weil es europäisch anfing. Von Petra hatte ich zuvor gelernt, dass man nicht nur theoretisch international denken muss: Europa, Plutoniumkreislauf, La Hague, Gorleben. Man muss auch europäisch organisieren, sonst kommt man da nicht raus. Sonst wird der ganze Atommüll nach La Hague transportiert, dann laufen hier die Atomkraftwerke weiter. Es ergab sich also eine neue Logik zur Europapolitik bei mir durch die Antiatomfrage. Das Tolle an der Gründungsgeschichte der Grünen ist für mich, dass wir europäisch das erste Mal zur Wahl angetreten sind, teilweise in kleinen Formationen und lokal – das passt ja auch gut zu den Grünen – aber gleich europäisch.

Ja, leider wird das oft vergessen.

Eva Quistorp: Eigentlich muss ich das auch noch dreimal laut sagen: Der Anfang der Grünen war europäisch. Auf der These bestehe ich auch. Der Anfang der Grünen war europäisch, und zwar gesamteuropäisch. Darauf bin ich auch stolz. Und ich hoffe, ihr tragt das weiter, auch gegen die Bücher, die es da alle gibt. Der Anfang der Grünen war gesamteuropäisch. Mir fällt gerade ein, diese Partei, meine geliebte, aber auch ab und zu von mir erlittene Partei [lacht] besaß ja die Großzügigkeit, an 30 Jahre Europawahlkampf nicht zu erinnern. Das Ufa-Gelände ist 30 geworden und hat gefeiert, die «tageszeitung» ist 30 geworden und hat gefeiert, Fahrradläden sind 30 geworden und haben gefeiert. Aber merkwürdigerweise ist dieser Europawahlkampf, was ich als Theologin und

Germanistin die Ursprünge nennen würde, oder wo die Bäche das erste Mal in ein gemeinsames Flussbett geflossen sind, etwas abgeschnitten.

Welche Erinnerungen hast Du an die Monate des Wahlkampfs bis zur Europawahl am 10. Juni?

Eva Quistorp: Ich habe ja mehrere Europawahlkämpfe aktiv mitgestaltet, aber das war der schönste. Also die Universitätsveranstaltungen mit Petra Kelly links von mir, Rudi Dutschke und Joseph Beuys rechts von mir, waren wirklich Kultur- und Politikereignisse, aber von keiner bundesweiten Zeitung berichtet. Es war ja sozusagen die letzte Tätigkeit von Rudi Dutschke, den ich im Dezember 1979 das letzte Mal traf. In der Geschichtsschreibung wird er ja nur als der 68er-Rudi vereinnahmt. Rudi ist aber mehr oder weniger auch Gründungsmitglied der Grünen und hat mit mir in Tübingen, Kassel und hier in Berlin in der TU Europawahlkampf auf dem Podium mitgemacht. Er war da nicht der Star, und Petra war auch nicht der Star. Wir hatten am Anfang nicht so etwas wie einen Star. Für mich war auch die Anwesenheit von Joseph Beuys ganz wichtig. Daher rege ich mich auch immer auf, wenn ich auf einer Webseite oder so lese: «Petra Kelly und Bauer Springmann waren wichtig für die Gründung der Grünen.» Da ist einfach Bauer Springmann vollkommen überbewertet. Meine These ist, dass sie alle, die neue Ökologiebewegung, die neue Frauenbewegung, die Alternativszene, liiert mit dem Kunstmilieu, dabei wichtig waren. Es war diese Mischung, die wichtig war. Das ist nicht einfach nur ein Wurmfortsatz von '68 gewesen. Wir waren auch nicht alle gleich, aber das war eine wunderbare Teamarbeitszeit. Vielleicht glorifiziere ich das jetzt ein bisschen, das könnte natürlich sein. Wir haben das damals ja gar nicht Team genannt. Wie hieß die Parole? Einheit in der Vielfalt. Das war die Geisteshaltung. Hat denn jemand von Euch an der Wahl 1979 teilgenommen?

Antwort aus dem Publikum: Es ist schon lange her, aber wir haben die Grünen, sobald sie irgendwo auftauchten, gewählt. Aber ins Parlament seid Ihr doch erst 1983 gekommen?

Das erste Mal war 1979 in Bremen.

Eva Quistorp: Ja, 1979 sind wir von 0 auf 3,2 gekommen. Rudi Dutschke hat mich immer nachts im Keller der Bundesgeschäftsstelle angerufen, da hatten wir unser Büro, unsere «Kampa». Und es gab keine einzige Kopiermaschine, kein Handy, keinen Computer, die Telefonate musste ich alle selber bezahlen. In der Zeit haben die Medien überhaupt nichts über uns geschrieben. Das ist auch sehr spannend. Wir haben sozusagen die Wahlergebnisse um 300 Prozent erhöht fast ohne irgendeine Berichterstattung in den Medien. Nicht einmal eine negative, weil eine negative, habe ich später gelernt, ist ja auch eine. Der «Spiegel» hat sogar nach den 3,2 Prozent, obwohl so interessante Personen wie Joseph Beuys, Rudi Dutschke und Carl Améry dabei waren, nichts, andere einseitig und tendenziös berichtet.

Woran liegt das Deiner Meinung nach?

Eva Quistorp: Ich denke, einer der Gründe, warum nicht nur die Medien, sondern auch die Partei selbst ihre Gründerinnen und Gründer in den Schatten stellte, ist, – außer dass sie alle nicht dabei waren, die jetzt an der Spitze sitzen – dass die Linken damals fast alle gegen die Grünen waren. Mich hat keiner beklatscht dafür, weil ich bei einer Parteigründung mitgemacht habe. Ich konnte mich ehrlich kaum in Kneipen sehen lassen, ohne etliche böse Blicke abzubekommen. Eigentlich hat ein bestimmter Teil der Linksintellektuellen die Grünen erst ab dem Moment akzeptiert, als sie 1998 in die Regierung gingen. Das muss man sich klarmachen. Ein anderer Teil aus dem Frankfurter Milieu wie Joschka und Dany, die 1983 auf Bundesebene dazu-kamen, haben auch nicht das ganze Alternativmilieu mitgezogen. Es haben sich immer einige bedeckt gehalten. Die Berichterstattung über die Zeit ist teilweise sehr einseitig. Johano Strasser aber hat mit mir schon im Europawahlkampf 1979 an der Uni Aachen recht respektvoll diskutiert, als ich vorschlug, ein rot-grünes statt ein sozial-liberales Bündnis zu machen: Mehr Demokratie wagen!

Wie müsste für Dich die Parteigründung eigentlich dargestellt werden? Oder auch anders gefragt: Was ist für Dich die Seele der Grünen?

Eva Quistorp: «Das Grün bricht aus den Zweigen.» Die Hoffnung, ein schöpferischer Prozess, an dem viele mitwirken. Als Intellektuelle habe ich gelernt, nicht so sehr in Klischees und Schemata zu denken, sondern in gesellschaftlichen, soziologischen, ökonomischen und politischen Veränderungen, auch geistigen Zusammenhängen. Ich tendierte stets zu denen, die sagten, Geschichte wird nicht von großen Männern an einem ganz bestimmten Tag zu einer bestimmten Uhrzeit gemacht – und sie haben alles entschieden. Also nach dem großen Mythos '68 gab es viele dezentrale Initiativen in den 70er Jahren. Es wurde neu nachgedacht, und es hat sich viel bewegt – in Bochum, Dortmund, Freiburg, Tübingen, Köln, also nicht nur in den großen Uni-Städten Berlin, Frankfurt, München, Hamburg. Man lebte eigentlich schon etwas Dezentrales, etwas Kreativeres und etwas, bei dem nicht mehr zwei, drei große Männer oder ein Beschluss des Kabinetts, eine bestimmte Denkschule, ein bestimmter Kirchenlehrer, eine Führerin der Frauenbewegung oder eine Redakteurin bestimmten, wo es langgeht. Meine These ist ja gegen die meisten Bücher, die bisher über die Anfänge der Grünen geschrieben worden sind, dass es zwar stimmt, dass die AUD dabei wichtig war...

...August Haußleiters Ökopartei mit dem Namen Aktionsgemeinschaft Unabhängiger Deutscher...

Eva Quistorp: ...ja, die AUD habe ich praktisch erst am 18. März 1979 auf dem Gründungskongress der SPV kennengelernt und mich ehrlich gesagt auch nicht sehr viel darum gekümmert. Ich habe ab und zu deren Zeitschriften gelesen, weil sie informativ waren. Aber ich stieß ja aus einer eher undogmatischen Alternativszene dazu – mit dem Lebensgefühl: «Wir sind jetzt ganz viele, und ganz viele von uns sind anders, und wir machen jetzt ganz viel anders in diesem Land.» Dieses Element von mir wollten ja auch Petra Kelly und Roland Vogt unbedingt drin haben. Von daher habe ich zwar gesehen, wie auf der einen Seite die K-Gruppen in ihren drei oder vier verschiedenen Variationen relativ einflussreich waren und auf der anderen Seite die AUD, aber wichtig war auch, dass durch die Frauen- und Alternativbewegung zu der Zeit bereits alternative Institutionen, alternative Zeitschriften und alternative Orte bestanden.

Okay, halten wir fest: Zur Entstehung gab es breite Netzwerke. Da gab es die AUD und der GAZ von den älteren Herren August Haußleiter und Herbert Gruhl, dazu die Grüne Liste Umweltschutz, die Grüne Liste in Rheinland-Pfalz, die ganz viel mit der Antiatombewegung gegen Mülheim-Kärlich zu tun hat, und die Grüne Liste Schleswig-Holstein – sie und all die anderen Alternativbewegungen wie Wohngemeinschaften, Nachbarschaftszentren sind der Bodensatz, auf dem das Ganze gedeihen konnte.

Eva Quistorp: Ja, es existierte eigentlich immer so eine dezentrale Infrastruktur für das Entstehen der ersten grünen Listen, aus der kritischen Gesundheits-, Stadtplanungs- und Verkehrspolitik, aus dem Protest gegen «die Unwirtlichkeit der Städte», dann um die Erweiterung von Flughäfen und Umweltskandale herum, also wegen Lärmschutz, Luftverschmutzung, Kohlekraftwerken. Das waren neben dem – wie sollen wir den nennen? – mehr wertkonservativ traditionelleren Parteiansatz und neben dem linken Parteiansatz die Kerne und die Szenen, wo Proteste gegen Umweltsünden, gegen Atomanlagen, gegen Parteispendenskandale laut wurden. Das waren die neuen sozialen und politischen Bündnisse. Das war die Kombination von Pfarrfrauen, Pfarrern, Grafen, Bauern und mittelständischen Unternehmern, städtischen Feministinnen und junger Antiatomszene. Sie entstand da, wo die regionalen Auseinandersetzungen waren, wie zum Beispiel in Gorleben, und war dann auch generationsübergreifend.

Du hast jetzt wunderbar plastisch geschildert: das alternative Milieu auf der einen Seite, die Parteien von Haußleiter und Gruhl auf der anderen, die organisationspolitisch wahrscheinlich eine große Rolle gespielt haben. Die

Gründung erfolgte auf der ersten Bundesversammlung am 17.–18. März 1979 in Frankfurt-Sindlingen als SPV, als «Sonstige Politische Vereinigung Die Grünen».

Eva Quistorp: Der Name war lange umstritten. Über solche Sachen stritt man sich damals unheimlich. Jeder verband etwas Anderes damit. Einige waren für «Die Alternative». Petra, Roland und ich waren unabgestimmt voneinander sofort für den Namen «Die Grünen» und die Sonnenblume, weil uns das als sinnlicher, konkreter und einfach anders erschien. Wir haben 1980 dann über den Namen erneut gestritten. Man muss sich klarmachen: Das Neue hat zwischen Ende 1978 und März 79 angefangen. Der Gründungsprozess der Grünen dauerte aber ein Jahr bis zum März 80. Es ist ja auch nicht alles in Karlsruhe entschieden worden. Dieser Gründungsprozess wurde ja von einer vielfältigen partizipativen Forschung begleitet, die aber die Rolle der Frauen, den Zusammenhang von Frauen-, Friedens- und Umweltfragen vollständig ausgeblendet hat. «Das sind doch kleinbürgerliche Elemente», schrieb Enzensberger. Einige linke Politologen haben sofort nach dem braunen Fleck bei den Grünen gesucht. Mir wurde ja auch in der Frauenszene gesagt: «Eva, wie kannst du überhaupt das Wort Frau und Natur in einem Satz zusammen in den Mund nehmen? Das ist doch faschistoid!»

Erst nach der Europawahl mit ihrem sehr guten Ergebnis von 3,2 Prozent beschlossen viele, sich am Gründungsprozess aktiv zu beteiligen. Ich möchte, dass wir noch kurz auf den von Dir erwähnten Karlsruher Parteitag im Januar 1980 kommen, oder genauer gesagt: Die Gründung der Grünen fand eigentlich auf drei Parteitagen statt. In Karlsruhe wurde nur die Satzung verabschiedet. Bis zum Programm oder Vorstand kam man nicht mehr. Das Programm wurde dann auf dem folgenden Parteitag in Saarbrücken beschlossen. Du hast für den Bundesvorstand kandidiert.

Eva Quistorp: Im Grunde wurde ich von den Bremer Grünen und von Rudi Dutschke persönlich im September 1979 eine Nacht lang beredet, in den Bundesvorstand der Grünen zu gehen. Rudi sagte: «Eva, wir brauchen Dich und Delphine Brox im ersten Bundesvorstand der Grünen, weil wir brauchen bei der Parteigründung jetzt antiautoritäre Personen.» Delphine Brox war eine geistreiche linkskatholische Französin, die ich aus den vielen Gorleben-Camps kannte. Und Rudi hat «antiautoritär», wie ich jetzt nachträglich weiß, so verstanden: auf jeden Fall nicht leninistisch, auf jeden Fall nicht stalinistisch und nicht im Sinne der traditionellen linken bürokratischen Parteiorganisationen. Er wollte besondere Charaktere, die für die Sache und für die Bewegung arbeiten, nicht für ihre eigene Karriere und nicht für ihre Macht im Apparat. Die linke Szene war ja ziemlich hart. Es hat auch viel Kraft gekostet, gegen diese linken Truppen anzustehen. Wir hatten in Bremen mehr oder weniger beschlossen, dass wir gegen Doppelmitgliedschaften sind.

Zuruf aus dem Publikum: Eine Ergänzung, weil es gerade passt. Ich gehörte ja zu einer K-Gruppe und war auch Doppelmitglied. Das ist auf dem Parteitag im März aufgehoben worden. Ich fand das strategisch sehr klug, weil damit das Lernprogramm für uns Ex-Maoisten begann. Ich habe bei den Grünen gelernt zu verstehen, was an meinem Weltbild vielleicht nicht tragfähig ist, und warum man sich so auf ein neues Projekt einlassen kann.

Eva Quistorp: Ja, die Geschichte der Parteibildung habe auch ich als Prozess erfahren, wie wir vom Begriff «Revolution» zum Begriff «Reform» und vom Begriff «Widerstand» zum «Umbauprogramm» kamen. Leider, aber vielleicht geht es auch nicht anders, ging das nicht immer schnell genug, auch nicht immer freundlich genug und auch nicht unbedingt linear, sondern mit Rückschritten. Intern bildeten sich so etwas wie Führungscliquen heraus, die dann auch entschieden, wer redete oder wer einen Gegenantrag stellt. Man musste damals ideologisch gestählt sein und schmerzfrei, auch dass man weiß, es gibt Hinterzimmer und Gruppentreffen. Ich war dann immer noch schockiert bei den Grünen. Ich habe bei einem dieser Treffen eine halbe Stunde geweint, weil ich die Atmosphäre so schrecklich empfand und dachte: «Wir sind doch jetzt Bürgerinitiative, wir sind doch jetzt Frauenbewegung. Was sind das hier für schreckliche Kämpfe? Im Grunde entscheiden hier nur wieder vier Leute hinter den Kulissen und wieder nur linke harte Männer.»

In Karlsruhe hast Du die Frauenquote gefordert, Deine Idee?

Eva Quistorp: Ehrlich gesagt, habe ich dort das Wort «Frauenquote» selbst das erste Mal gehört. Haußleiter hat damals einen Deal mit den K-Gruppen-Leuten gemacht, und ich meldete mich dagegen zu Wort. Petra bekam das mit und sagte: «Eva, sag Frauenquote!» [lacht]. Meine These ist, dass es dieses Wort in der Bundesrepublik vorher nicht gab. Was ist das jetzt schon wieder, was Petra da aus den USA mitbringt? In den JEF-Papieren in Brüssel hatte das Wort auch noch nicht dringestanden. Da stand etwas von Gleichberechtigung, gleicher Lohn für Frauen. Das hatte Petra mir schon 1978 gezeigt. Sie machte sich schon ganz früh daran, auch die EU und Europapolitik zu nutzen, um die Bundesrepublik zu modernisieren. Also fing ich an, die Frauenquote umzusetzen. Und das hat dann dazu geführt, dass bei der Bundesvorstandswahl in Saarbrücken 1980 eben nicht nur eine Frau drin war – und auch nicht nur Petra.

Ich würde gerne in Richtung Friedensbewegung weitersteuern, einem weiteren Strom, aus dem sich die Grünen speisten und wo es ähnlich harte Auseinandersetzungen zwischen den verschiedenen Gruppen gab. Streitfragen dort waren: Wie halten wir es mit dem KOFAZ, dem Komitee für Frieden, Abrüstung und Zusammenarbeit? Gibt es eine blockübergreifende Friedensbewegung?

Du warst in der Geschäftsführung des Koordinierungsausschusses der Friedensbewegung. Wie war das?

Eva Quistorp: Das war schon eine schwierige Bündnispolitik. Der Koordinierungsausschuss ist um den Kirchentag im Sommer 1980 in Hamburg gebildet worden, und ich bin aus der Frauenbewegung, aus der Antiatombewegung und aus dem ersten Europawahlkampf der Grünen heraus als Sprecherin und Gründerin der «Frauen für Frieden» hineingewählt worden. Ich würde mal sagen, ich war die Einzige, die klar blockunabhängig und gleichzeitig noch frauenpolitisch zum Thema Krieg, Frieden und Sicherheit orientiert war. Dabei haben mich Lukas Beckmann, Jo Leinen, Klaus Vack und Manfred Kühle von der Graswurzelwerkstatt manchmal unterstützt. Die politische Kultur hat sich seitdem enorm verändert. Dazu haben auch die «Frauen für Frieden» beigetragen…

… eine Gruppe, die Du ins Leben gerufen hast.

Eva Quistorp: Zweimal im Leben wurde ich von anderen angerufen und gefragt: «Eva, willst Du das nicht gründen?» Diesmal von der taz, die fragte: «Eva, hier ist ein Aufruf von skandinavischen Frauen für Frieden. Willst Du das nicht mal machen?» Jedenfalls habe ich es dann gemacht. In einer Küche in Westberlin haben wir «Frauen für Frieden» und die «Anstiftung der Frauen zum Frieden» am 27. Februar 1980 gegründet – zu viert. Innerhalb von drei Monaten sind wir aber – jede Nacht, keine Kopiermaschine, Telefon hatten wir, aber auch nur eins in der Wohngemeinschaft – gewaltig gewachsen.

1981 hast Du die große Friedensdemo in Bonn mitorganisiert. Wie kam es dazu?

Eva Quistorp: Das ging Schlag auf Schlag. Anfang Dezember 1979 habe ich die Antiatomdemo hier in Berlin gegen die Atompolitik der SPD noch mitorganisiert. Irgendwie kam Rudi Dutschke vorbei und sagte, ich solle mitkommen und Willy Brandts Abschlussrede beim Parteitag der SPD hören. Ich wusste gar nicht, was ich da soll. Ich war so auf Europa und Grüne fixiert. Und dort hörte ich vom NATO-Doppelbeschluss, von dem ich bis dato nicht wusste, was das ist. Und dann dachte ich: Was, Atomwaffen jetzt auch noch? Und davon wollen die noch mehr? Mir hat das ja schon gereicht mit all den Atomanlagen. Ich fand es schon schlimm genug, dass die ganze Welt damit verseucht wird. Ich hatte so eine innere Landkarte, wo überall auf der Welt Uranabbau betrieben wird, Atommüll gelagert wird, wo Atomtests stattfinden und Atomanlagen sind. Die Gefahr der Proliferation von Atommaterial an Terroristen, die haben wir schon damals erkannt. Und dann hat wieder ein Journalist von der taz, die taz-Gründerszene kannte mich, gesagt, ich solle was gegen den NATO-Doppelbeschluss machen. Und ich habe dann – nach einer Lern- und Lesephase, um mich in das Thema einzuarbeiten – Frauenfriedensmärsche durch Europa und die riesigen Demos in Bonn mit organisiert…

... die immer größer wurden.

Eva Quistorp: Ja, der erste Durchbruch der neuen Friedensbewegung – die ich «neue» nenne, aber sie war natürlich eine Mischung von alter und neuer mit den DKP- und KOFAZ-Strukturen – war am 10. Oktober 1981 im Hofgarten. Da verantwortete ich zum ersten Mal in meinem Leben eine bundesweite

Demonstration mit und hatte das Gefühl: Oh mein Gott, wenn die schiefgeht, und da was Falsches über dich in der «Bild»-Zeitung steht, dann ist aber deine Berufskarriere überall vollkommen vorbei. Und dann saß ich das erste Mal im Leben neben Spitzenvertretern der DKP, der SPD und der Gewerkschaften.

Der Koordinierungsausschuss war ja ganz fein so zusammengesetzt, dass die verschiedenen Gruppen dort in einem wohl austarierten Verhältnis saßen. Aber es gab verschiedene Spektren von Unabhängigen, es gab ein feministisches Spektrum, es gab ein Parteienspektrum, es gab das KOFAZ, die DKP. Über was wurde diskutiert?

Eva Quistorp: Man kann sich heute kaum mehr vorstellen, wie lange wir über Aufrufe und Sprache diskutierten. Wir hatten ja schon in der Studentenbewegung versucht, Justiz und Lehrkörper vom Nazi-Jargon zu reinigen. Dann kam noch mal eine Welle, die Sprache daraufhin durchzugucken, ob sie friedensgemäß ist. Man durfte keine Feindbilder mehr haben. Wir hatten im Koordinierungsausschuss schon Entscheidungsgewalt, nämlich wer bei den Großdemos redet, wie man die organisiert. Und wir mussten das Bündnis zusammenhalten. Aber die Friedensbewegung hatte auch ein Element der Alternativbewegung: es gab wahnsinnig viel dezentrale Aktivität von unten. Die organisierten Kerne der DKP, die ihre Fäden bis zu Journalisten und Wissenschaft hatten, haben natürlich versucht, die Kontrolle zu behalten – etwa wie ein Aufruf formuliert wird. Sie wollten, dass an möglichst wenig Stellen SS 20 erwähnt werden und an keiner Stelle «Wir sind gegen die Atomwaffen von beiden Supermächten» oder «Schwerter zu Pflugscharen». Das haben sie auch an einigen Stellen geschafft, und zwar deswegen, weil ein Teil der Friedensbewegung «naiv» war. Aber es ist vollkommen überschätzt, wenn man meint, SED und DKP hätten ins Gehirn und in die Seele von allen reingeguckt und jede Aktion koordiniert und bestimmt.

Die Abgrenzung gegen den Einfluss der DDR war eine Seite, die Umkehrung ins Positive aber auch. Zum ersten Mal wurde auf blockübergreifende Ansätze gesetzt. Das hat sich, glaube ich, fokussiert im END-Prozess. Die Kampagne «European Nuclear Disarmament» verstand sich ausdrücklich als prozesshaft, als offene Struktur, und eine, die auch in Organisationsformen ost- und westeuropäische Leute zusammen zu bringen versuchte.

Eva Quistorp: Ja, das war auch 1980, das Jahr, als Solidarność entstand, deren Vertreter Tadeusz Mazowiecki ich dann als Europaabgeordnete am 1.9.1989 auf der Westernplatte traf. Wenn ich das noch einfügen darf? END ist in England entstanden. 1980 haben wir in einem Keller in Brüssel das europäische END-Netzwerk gegründet. Da waren außer mir noch Rudolf Bahro, Mary Kaldor, Edward Thompson und seine Frau Dorothy dabei, die schon in den 50er Jahren Frauenfriedensfahrten durch Europa gemacht hat.

END basierte auf einem Aufruf, der atomwaffenfreie Zonen und die Abrüstung von Atomwaffen in Osteuropa und Westeuropa forderte. Der END-Appell verstand sich explizit als Alternative zum Krefelder Appell, der sich nur an die USA und an die Westseite wandte. 1980 fand die erste von elf Conventions statt – so hießen die Zusammenkünfte. Die erste Convention war in Brüssel, dann kam, ich bin nicht ganz sicher, Berlin.

Eva Quistorp: Berlin war im Mai 1983 im ICC. In der Zwischenzeit hatte sich irre viel entwickelt. György Konrád und György Dalos waren inzwischen bekannt. Solidarność, die Charta 77 und Frauen für Frieden aus der DDR waren, ohne anwesend sein zu können, aber über Exilierte immerhin, unsere indirekten Mitdiskutanten. Jürgen Fuchs und auch die ersten Ausgereisten aus der Friedensbewegung der DDR nahmen daran schon teil.

Was genau ist auf der Berliner END-Convention passiert?

Eva Quistorp: Dieser Kongress war programmatisch ganz toll. Da ging es um ein atomwaffenfreies Europa und Bürgerrechte in ganz Europa, um den Dialog mit Andrej Sacharow, Adam Michnik und anderen, mit der Charta 77, da ging es um den Aufruf von Peter Brandt, den ich unterstützte als einzige Grüne, für die europäische und darin die deutsche Einheit in einem demokratischen Europa. Wir waren danach in Paris, in Perugia, 1987 in Coventry. Im Grunde kamen dadurch die eurokommunistischen Parteien und deren Milieu in Europa langsam unter grünen Druck.

Es gibt die Formulierung, dass die Grünen überhaupt nur als «Ökopaxe» in ein so breites Spektrum ausstrahlen konnten, dass sie den Schritt in den Bundestag '83 vollziehen konnten.

Eva Quistorp: Da hat sich die Kraft gebildet, die den Sprung über die 5-Prozent-Hürde schaffte, die zu Stammwählern der Grünen wurde, in dieser friedens- und umweltpolitischen Debatte und Bewegung, die stark von Frauen getragen wurde.

Ich würde den Bogen schon gerne ein bisschen weiter spannen. Es ist ja auch nicht mehr viele Jahre hin bis zu Gorbatschow 1985. Wie würdest Du das im Rückblick sehen, wie dieser END-Prozess mit den Veränderungen der

Sowjetunion und dann des ganzen osteuropäischen politischen Gefüges zusammenhängt?

Eva Quistorp: Als Wechselwirkungen. Petra und ich haben Gorbatschow ja schon 1987 persönlich getroffen. Aber wir waren eine kleine Gruppe. Ich habe auch in meinem Leben gelernt, dass es kleine Gruppen und oft auch Minderheiten sind, die etwas anstoßen, was jedoch dem Zeitgeist entsprechen muss. Die Conventions waren von ein paar Hundert besucht, dann hier in Berlin ein paar Tausend. Ich glaube kaum, dass wir direkt Gorbatschow beeinflusst haben. Aber ich würde schon sagen, die END-Gruppe hat gezielt darauf hingearbeitet, dass 1989 irgendwie langsam wirklich wurde. Es war eine Minderheit sowohl in der Frauenfriedensbewegung wie in der Ökologie-, wie in der Friedensbewegung, die wirklich sehr klar im Kopf war, wen man in Osteuropa zu unterstützen hatte. Die, die nicht nur klar im Kopf waren, sondern praktisch geholfen haben, das war schon eine Minderheit. Aber das ist immer so. Es war ja auch in Osteuropa eine Minderheit, die ganz klar durchgeblickt und ganz klar Mut hatte.

Wir sind nun an verschiedenen Stellen, die wir bis 1989 hätten besprechen können, nur vorbeigeschrammt, vor allem an Deiner Arbeit im Bundesvorstand der Grünen – immerhin fallen der GAU von Tschernobyl und das Umbauprogramm, auf das Du angespielt hast, in diese Zeit, der Fundi-Realo-Streit, wo Du klar Position bezogen hast, und nicht zuletzt auch die Gründung unserer Stiftung. Beim Fall der Mauer und bis zum Krieg in Bosnien warst Du eine mutige Stimme für Frauen- und Bürgerrechte im Europaparlament. Wir kommen heute auch nicht mehr dazu, über Dein Engagement bei Attac und für Bürgerrechte in China und im Iran zu sprechen. Zum Abschluss möchte ich gerne noch auf Dein internationales Engagement in der UNO eingehen. Wie kam es dazu?

Eva Quistorp: «Frauen für Frieden» hat sich aus Skandinavien auf die UNO-Frauenkonferenz hin entwickelt. Innerhalb von drei Monaten entstanden bundesweit zig Grüppchen. Dann hatten wir 40.000 Unterschriften zusammen für die UNO, und so kam ich das erste Mal auf die UNO-Konferenz im Juni 1980 in Kopenhagen. Auch Petra war für eine Aktion dort. Von 1980 bis zu ihrem Tod 1992 haben Petra und ich unabhängig von Debatten im Bundesvorstand, in der Fraktion oder irgendwelchen Papieren parallel UNO-Frauenpolitik und UNO-Friedenspolitik gemacht. Nicht immer abgesprochen, aber wir wussten voneinander. Ich habe viel von anderen Frauen gelernt und traf auf Vorbilder wie Bella Abzug, die mir zeigte, wie man bei der UNO auftreten kann. Also ich habe den allerersten Workshop zu Frauen und Atomenergie und Alternativenergie in Kopenhagen gemacht. Und weil Kopenhagen mir so gefiel, fingen UNO-Konferenzen an, mich zu interessieren. Ich fand sie überhaupt nicht langweilig. Das linke Klischee dazu war ja, UNO ist nur Papiertiger und Gequassel. Aber ich traf dort Frauen aus Lateinamerika, aus Asien.

Da merkte ich: Die UNO ist so organisiert, dass wir sie als einen Treffpunkt einer – heute würde man sagen – globalen Zivilgesellschaft nutzen können.

Du hast durch Deine Arbeit dem Gender-Ökologie-Thema auf internationaler Ebene seine Brisanz verschafft und auch an der Resolution 1325 zu Frauen und Sicherheit mitgearbeitet. Wie hast Du das geschafft?

Eva Quistorp: Der Aufbruch mit der UNO-Frauendekade seit Houston 1975 hieß für mich 1980 in Kopenhagen, Frauen und Ökologie, Frauen und Frieden in der UNO und der EU institutionell zu verankern und so die Basisbewegungen dazu weltweit zu stärken. Das Friedensthema war in der UNO voll von den sozialistischen Ländern und den ganzen Kadern okkupiert, beziehungsweise vom Kalten Krieg bestimmt, die weder die UdSSR, China oder Diktaturen in der arabischen Welt oder Afrika kritisierten, noch Frauen- und Menschenrechte überall unteilbar forderten. Angeregt durch die amerikanische Frauenbewegung haben wir eine neue Frauenbewegung in die UNO reingebracht. 1985 in Nairobi habe ich das erste Mal eine Delegation der Grünen-Frauen bei einer UNO-Konferenz angestoßen. Da waren wir, glaube ich, nur fünf. Bei der Weltfrauenkonferenz in Peking 1995 jedenfalls habe ich mit 5 bis 15 Frauen, mehr waren das nicht, aus allen möglichen Ländern in fünf Tagen das Kapitel «Frauen und Umwelt» geschrieben, wir haben mit vielen Feministinnen und Entwicklungspolitikerinnen die Rolle des IWF und der Weltbank kritisch unter die Lupe genommen. Parallel dazu, was auch sehr wichtig ist, lief von der UNO der Bereich Frauen, Frieden, Entwicklung. Mein praktischer Lernprozess damit lief von der Gründung von «Frauen für Frieden» am 27. Februar 1980 über die Friedensbewegung, END, Mauerfall, bis zu dieser UNO-Schiene «Frauen in Krisengebieten» und zu meinem Engagement für Bosnien und medica mondiale seit 1992. Die Frauenbewegung und die Friedensbewegung, die Frauenfriedensforschung und die Friedensforschung nahmen immer mehr Einfluss auf diese Dokumente, so dass es jetzt ein Kapitel zur Konfliktlösung von Frauen in Krisengebieten, auf Deutsch: in Kriegsgebieten, gibt. Das ging dann bis zur Resolution 1325, an der ich auch mitschreiben durfte. Da bin ich eine von 100 weltweit, die daran mit gelobbyt und mitgeschrieben hat.

Zuruf aus dem Publikum: Ich war im letzten Dezember beim Klimagipfel in Kopenhagen. Dort wurde Eva Quistorp als «Großmutter der internationalen Frauenökologiebewegung» bezeichnet. Mich würden die Strategien zur Vernetzung der Frauen interessieren.

Eva Quistorp: Mit den Aktionen zu Frauen, Umwelt und Klima ging es 1973 und dann 1980 in Kopenhagen los, dann 1992 Rio, dann 1995 Berlin und Kopenhagen, als Angela Merkel Umweltministerin war und das Kyoto-Protokoll vorbereitete. Da haben wir eine internationale Frauenkonferenz zu Frauen und Klima gemacht. Seitdem ist das Netzwerk «Frauen und Klima» global entstanden. Wir hatten am Anfang überhaupt kein Geld, das habe ich mit dem Rest meiner ersparten Diäten und Spenden finanziert. Bei der UNO dürfen seit Jahrzehnten – das ist nicht der Erfolg der Grünen, das haben schon andere vor uns erreicht – immer Vertreterinnen der Kirchen und großer sozialer Gruppen reden. In Kopenhagen durfte nun die Gender- und Climate-Justice-Platform reden, meine Freundinnen Wangari Maathai und Vandana Shiva, die 1993 den Alternativen Nobelpreis bekommen hat. Das ist ein Beispiel, wie Netzwerke von Frauen in Entscheidungspositionen, die engagiert und verantwortlich zu Frauenrechten, Frauen und Klimawandel, Frauen und Entwicklung, Frauen und Frieden arbeiten, auch Erfolg haben. Es hat viel Kraft gekostet, aber es hat sich also doch gelohnt, vor 30 Jahren damit anzufangen.

INTERVIEW MIT WILHELM KNABE[1]

«Eine Hälfte des Lebens für andere einsetzen»

Wilhelm, Du bist 1923 geboren. Wie haben Dich Deine Familie und Euer Leben im sächsischen Arnsdorf geprägt?

Wilhelm Knabe: Ich stamme aus einem evangelischen Pfarrhaus. Wir waren neun Geschwister. Ich habe also schon früh Partei- oder Gruppenbildung erlebt, wenn die Großen den Kleinen gegenüberstanden. Marie zum Beispiel, als Fünfte in der Mitte, ging je nach Gunst der Lage mit den einen oder den anderen.

Warst Du Großer oder Kleiner?

Wilhelm Knabe: Ich war Kleiner, das siebte von neun Kindern. Mein Vater war Pfarrer mit starkem Sozialbezug, er arbeitete in Landesanstalten für Geisteskranke, heute würde man sagen für psychisch Kranke. Ich ging auf ein Internat, die Fürstenschule in Meißen, die aus heutiger Sicht erstaunlich fortschrittlich war, mit weitgehender Schülerselbstverwaltung. Die Schule war früher christlich geprägt, zur NS-Zeit wurde das natürlich anders. Zu Bibelstunden zu gehen, wurde für uns zu einer schwierigen Entscheidung. Ich wollte ein guter Deutscher und ein guter Christ sein, doch das schien sich plötzlich auszuschließen, denn Hitler war die oberste Instanz geworden – und nicht mehr Gott.

Wie funktionierte die Selbstverwaltung in der Schule?

Wilhelm Knabe: Es gab zehn Stuben mit je 13 Jungs unterschiedlichen Alters. Jeweils ein Stuben- und ein Tischinspektor sollten für Ruhe und Ordnung sorgen. Sie kontrollierten die Schränke und passten auf, dass jeder seine Schularbeiten machte, bevor er zur Selbstbeschäftigung etwas anderes las. Ich habe dort viel über die Führung einer kleinen Gruppe und über Verantwortung gelernt. Wenn Inspektoren unfähig waren, wurde gemacht, was die Rowdys wollten. In meiner Stube gab es zwei davon. Sie hatten ihren Spaß dran, mich als Kleinsten in einen

1 Teil eins des Interviews haben Christoph Becker-Schaum und Robert Camp am 24.11.2014 geführt, Teil zwei Christoph Becker-Schaum am 25.11.2014. Der Text wurde von Petra Kirberger redaktionell bearbeitet.

Papierkorb zu setzen und auf den Schrank zu wuchten. Dann zogen sie langsam an dem Papierkorb, bis er nach hinten vom Schrank kippte. Ich wusste nie, ob sie mich auffangen würden und hatte Todesangst. Ein grausames Ritual um zu beweisen, dass sich der Stärkere durchsetzt.

Was sind Deine stärksten Erinnerungen aus der Schulzeit?

Wilhelm Knabe: Ich konnte schnell lesen, habe die Schulbücherei sicher komplett verschlungen. Für mich war immer das interessant, was im Unterricht noch nicht dran gewesen war, vor allem Geschichte und Geografie. Wann immer Zweifel an der Partei auftauchten, versuchte ich durch die *Zeitschrift für Geopolitik* von Karl Haushofer Klarheit zu gewinnen. Sie war hochinteressant für mich, denn sie zeigte Vergänglichkeit und Missbrauch von Macht und Wissenschaft für politische Zwecke. Mit dem Nichtangriffspakt zum Beispiel war die Sowjetunion plötzlich Halbverbündeter. Dabei waren Russen zuvor als «Räuber der Steppe» bezeichnet worden.

Warst Du in der Hitlerjugend?

Wilhelm Knabe: 1933, mit zehn, wurde ich zunächst wie alle Klassenkameraden ins Jungvolk aufgenommen. Die Sommerlager waren spannend aufgezogen, aber ansonsten fand ich die HJ uninteressant. Ich hatte in der frühen Kindheit unheimlich viel von der Natur gelernt. Ich kannte wirklich alle heimischen Vögel, konnte die Raubvögel am Flug unterscheiden und beobachtete die Jagdstrategien von Mäusebussard, Turmfalke und Krähe. Die Turmfalken horsteten in einem Wasserturm am Rande der Landesanstalt Leipzig-Dösen. Ihren Flügen zuzusehen, war für mich eine riesengroße Freude. Meine Liebe zur Natur ist vor allem bei der Beobachtung der Vögel gewachsen.

Wie standen Deine Eltern zum Nationalsozialismus?

Wilhelm Knabe: Meine Mutter hielt Hitler von Anfang an für einen bösen Menschen. Sie sah mit Entsetzen die Spuren der Reichspogromnacht 1938 in Leipzig und erwartete, dass Gott dieses Unrecht bestrafen würde. Mein Vater selber ist wohl von Deutschnationalen politisiert worden, die den Versailler Vertrag für ungerecht hielten, und ist sehr früh in die Partei eingetreten. Doch später hat er sich eher der Meinung seiner Frau angeschlossen. Als wir nach Moritzburg bei Dresden umzogen, wurde mein Vater Rektor einer Brüderanstalt der evangelischen Kirche. Sein Sekretär war stellvertretender Ortsgruppenleiter, ein strammer Nazi, der auch über meinen Vater berichtete. Mein Vater wurde später in den Kampf innerhalb der lutherischen Kirche hineingezogen. Er wollte die Gemeinde aufbauen und nicht für eine Kirche arbeiten, in der Gott abgesetzt war. Er hat sich dann immer weiter von den Nazis entfernt. Als die ersten geistig Behinderten beziehungsweise geistig Erkrankten im Zuge der Euthanasiepolitik der Nazis abgeholt wurden, hat er sich als ihr Seelsorger massiv gewehrt. Er fuhr nach Berlin und hoffte, durch Appelle bei NS-Funktionären die Tötung zu verhindern. Von dieser Reise kam er krank zurück. Am nächsten Tag wurde er zur SS nach Dresden beordert, fuhr krank hin und kehrte noch kränker zurück. Wenige Tage darauf ist er an einer Lungenentzündung verstorben. Sein Nachfolger als Rektor hat in die Transporte eingewilligt. Dabei waren manche der Heimbewohner nur Bettnässer oder Epileptiker. Die Nazis verfolgten eine Politik der Ausmerzung «unwerten Lebens».

Das war 1940/41?

Wilhelm Knabe: Mein Vater ist im April '40 gestorben. Im selben Jahr hat die systematische Ermordung im «Sonnenstein» und in anderen Kliniken eingesetzt.

1942 wurdest Du zur Wehrmacht eingezogen.

Wilhelm Knabe: In der Hitlerjugend erlebte ich in der Nachrichten-HJ eine gewisse vormilitärische Ausbildung. Dort habe ich Morsen gelernt. Noch immer kenne ich die Signale «didadidi - ich liebe dich». Ich wollte unbedingt zur Luftwaffe, bekam aber die Einberufung zur Marine-Artillerie. Um meinen Willen durchzusetzen, ging ich direkt zum Wehrkreiskommandanten statt mit dem zuständigen Feldwebel zu sprechen, das hätte nicht funktioniert. Mit einem Chef kann man Argumente diskutieren, ein Subalterner handelt nur nach Vorschriften, der hätte gesagt: «Sie haben da zu dienen, wo der Führer Sie braucht.» Mein Vater hat immer gesagt: «Geh nie zum Schmiedele, geh immer zum Schmied.» Mein Vater hat mir auch die Unterscheidung zwischen triftigen und weniger wichtigen Verboten beigebracht. Er sagte: «Eintritt verboten»-Schilder verbergen oft etwas Interessantes. Bei einem gelben Schild mit roten Blitzen «Vorsicht!» ist es aber wirklich lebensgefährlich.

Konntest Du Dich durchsetzen und bist zur Luftwaffe gekommen?

Wilhelm Knabe: Ja. Das hat mir wohl das Leben gerettet, denn die Desorganisation der Luftwaffe führte zu Versetzungen an immer neue Ausbildungsorte. Zunächst sollten wir 1942/43 an der belgischen Kanalküste schon als Rekruten Truppenpräsenz zeigen. Die nächsten Aufgaben waren Flugplatz-Bewachung und Segelflugausbildung. Anschließend sollten wir in Großenhain als Fernaufklärer ausgebildet werden. Dann kam die Besatzungsausbildung für Seeaufklärung in Perleberg. Halt! Herman Göring brauchte Jagdflieger zur Reichsverteidigung gegen die feindlichen Bomberflotten, also ab zu den Flugzeugführerschulen in Prenzlau und Kaufbeuren. Doch die Ausbildung zum Piloten stockte, denn es gab keinen Sprit mehr, und so konnten wir nicht fliegen. Nächste Versetzung zu den Fallschirmjägern nach Berlin-Reinickendorf, dort haben wir aber nicht etwa Fallschirmabspringen gelernt, nein! Wir wurden nur neu eingekleidet und an die Ostfront geschickt, an die Oder. Das war im Frühjahr 1945. Am 20. April erlebten wir dort unseren ersten Luftangriff der Russen, als wir gerade zum Geburtstag des Führers Spalier standen. Wir glaubten, wir seien wegen einer dünnen Wolkenschicht geschützt, da sausten Bomben herunter.

Wie habt Ihr den Rückzug geschafft?

Wilhelm Knabe: Man hatte uns im Stich gelassen! Wir waren Gefechtsvorposten, aber niemand hatte uns Bescheid gesagt, dass die anderen schon abgehauen waren. So zogen wir uns auch nach Westen zurück. Auf dem Rückzug der ganzen Armee versuchte eine SS-Einheit einen neuen Trupp für die Front zusammenzustellen. Doch ein Fallschirmjäger-Leutnant verhinderte das. «Luftwaffe kämpft nicht unter SS!», rief er. Später sagte er zu uns: «Der Krieg ist verloren, seht zu, wie ihr nach Hause kommt!» Jeder von uns hätte ihn laut Führerbefehl erschießen müssen, aber keiner hat es getan. Dieser mutige Mann! Auf abenteuerlichen Wegen kam ich bis über die Elbe, wurde aber schließlich geschnappt. Auf einem Bauernhof führte ein Amerikaner die Vernehmungen durch. Er sprach sehr gut deutsch. Er war 1937 mit seiner jüdischen Familie aus Nürnberg emigriert. Jahre später sah ich ein Bild von ihm in der Zeitung: Es war Henry Kissinger. Erst im Gefangenenlager kam ich zu neuen Einsichten. Der Krieg war verloren, es gab einen neuen Anfang und vor allem: Es war ein Wunder, dass ich noch lebte. Da habe ich gedacht: «Du hast dein Leben neu geschenkt bekommen. Die Hälfte gehört dir, damit kannst du machen, was du willst. Die andere Hälfte musst du für andere einsetzen oder für Ziele, die du für wichtig hältst, die für die Allgemeinheit wichtig sind.» Das habe ich nicht eins zu eins umsetzen können; aber es war doch meine Lebensmaxime.

Wie ist es zu Deiner Berufswahl gekommen?

Wilhelm Knabe: Nach dem Krieg wollte ich Forstwirtschaft studieren. Doch die Hochschule war geschlossen. Aus dem Ministerium hieß es, der Studiengang sei abgeschafft. «Brauchen wir nicht.» Auch eine forstlich-praktische Lehrzeit gab es nicht mehr. Was also tun? Gleichzeitig hatte die Sowjetische Militär-Administration alle früheren NSDAP-Mitglieder aus dem Staatsdienst entlassen. Deshalb wurden dringend Lehrer gesucht, ich bewarb mich. Die Anmeldung beim Kreisschulrat Dresden-Land verlief abenteuerlich. Obwohl kein Sprechtag war, wurde ich auf Grund meines außerordentlich guten Abiturzeugnisses vorgelassen. Oberschulrat Petzold sagte: «Ach, wissen Sie, entweder sind Sie ein rein theoretisches Genie, dann hören Sie von alleine auf, oder Sie schaffen das.» Und dann habe ich ein Jahr unterrichtet: 5. Klasse: alle Fächer, 8. Klasse: Mathe und Physik – ohne Schulbücher, ohne Lehrmaterial, ohne Lehrplan und ohne Erfahrungen. Da lernst du, anschaulich zu reden und anderen Leuten etwas beizubringen. Das war eine sehr gute Erfahrung.

Wann hast Du mit dem Studium begonnen?

Wilhelm Knabe: Die Forstliche Hochschule in Tharandt bei Dresden hatte 1946 wieder geöffnet. Als Bewerber wurde ich angenommen. Bereits vor meiner Zeit als Soldat hatte mich mein ältester Bruder nach Leipzig eingeladen, um die unterschiedlichen Fachbereiche kennenzulernen. Ich wollte Chemie oder Forstwirtschaft studieren. Doch die Chemielabore stanken damals fürchterlich, so dass ich mich für Forstwirtschaft entschied. Die Nähe zur Natur hat mich begeistert und die Möglichkeit, nach der sinnlosen Zerstörung des Krieges etwas aufbauen zu können. Es war ein sehr interessantes Studium, es umfasste juristische Fragen, Naturkunde ebenso wie Management und die Behandlung von Wald. Mein Hauptanliegen im neuen Beruf war es, ein umweltfreundliches Verfahren zur Braunkohlegewinnung zu finden, und zwar so, dass die abgebauten Flächen wieder urbar gemacht werden konnten.

Wo lag das Problem?

Wilhelm Knabe: Die Braunkohlenflöze liegen zwischen verschiedenen geologischen Schichten. Wenn die Kohle und die darüber liegenden Schichten abgebaut sind, bleibt eine Kippenlandschaft zurück, eine von Menschen geschaffene, neue Struktur. Für die weitere Nutzung ist es entscheidend, welche der Schichten an die Oberfläche kommen. Sand, Ton, Kies und so weiter haben einen unterschiedlichen Wert für die spätere Landeskultur. Ich habe so jeden einzelnen Schritt des Tagebaus untersucht, welchen Einfluss er auf die spätere Landnutzung hat. Je nach Baggertyp können einzelne Schichten direkt voneinander getrennt werden. Meist wurden sie aber miteinander vermischt, so dass giftige Substanzen an die Oberfläche kamen, auf denen keine Pflanzen wachsen konnten. Auf manchen Kippen stand nach vierzig Jahren noch kein einziger Grashalm. In meiner Doktorarbeit habe ich die Ursachen ermittelt und neue Methoden für den Bergbau entwickelt. Die Arbeit wurde als Buch veröffentlicht.

«Allgemeine Darstellung des Problems der Wiederurbarmachung und spezielle Untersuchungen im Lausitzer Braunkohlebergbau». Es ist erschienen im VEB Deutscher Verlag der Wissenschaften, Berlin 1959.

Wilhelm Knabe: Man wusste, dass extreme Säure für das Pflanzenwachstum schädlich ist. Es ging also darum, die Säure mit Kalk zu neutralisieren. Ich hatte eine Versuchsreihe aufgebaut, aber das Verrückte in den Ergebnissen war: Die Bodenproben wurden trotz Kalkzusatz saurer. Dann habe ich herausgefunden, dass sie Schwefel-Eisen enthielten. Wenn sich das unter Sauerstoffeinfluss zersetzt, entstehen Schwefelsäure und Eisensulfat. Beide Substanzen sind so sauer, dass nichts wachsen kann.

Hast Du die Dissertation in Berlin geschrieben?

Wilhelm Knabe: Ja, an der Humboldt-Universität Berlin habe ich 1951 mit dem Thema meiner Dissertation angefangen. Ich habe viele Versuchsflächen mit diversen Baum- und Straucharten angelegt, aber meine Leitfrage war: Was muss man tun, damit überhaupt etwas wachsen kann? Erst musste ich herausfinden, was die einzelnen Schichten für Eigenschaften haben und wie sie sich entwickeln. Es gab keine Erkenntnisse darüber, es war wirklich reine Pionierarbeit. Ich teilte die Bodenschichten nach ihrer späteren Nutzungsmöglichkeit ein: Kulturwert, «für Landwirtschaft gut geeignet», «für Landwirtschaft noch geeignet», «für Forstwirtschaft geeignet», «für eine Bodennutzung ungeeignet». Meine Ergebnisse zeigten: Erst wenn man der frisch von der Baggerfront geholten Probe das Zehnfache der von den Bodenkundlern berechneten Menge von Kalk zusetzte, wurde deren Säure ausreichend neutralisiert, so dass Pflanzen wachsen konnten.

Werden Deine Erkenntnisse heute berücksichtigt, wenn die Bagger die Erde ablagern?

Wilhelm Knabe: Drei mal Ja und vielfach Nein. Zu Beginn der DDR gab es eine kurze Zeit, in der volkswirtschaftlich gedacht wurde. Nach dem Motto: Wir sind nicht auf Profit angewiesen, wohl aber darauf, dass hier langfristig etwas wachsen kann. Das vergiftete Abraummaterial wurde deshalb möglichst nicht an die Oberfläche gebracht. Sowohl die Humboldt-Universität als auch einzelne Bergbaubetriebe haben meine Forschung in der DDR unterstützt, obwohl ich mich nicht politisch angepasst verhielt. So bin ich nicht zur Wahl gegangen und habe die Leute, die mit der Wanderwahlurne kamen, nicht rein gelassen, sondern das Licht ausgemacht. Das war ein Hindernis für eine weitere wissenschaftliche Karriere. Schon von der DDR aus habe ich versucht, Auslandskontakte zu schmieden. Carl Alwin Schenck, der Gründer der ersten amerikanischen Forst- oder Forsthochschule, hat mich an einen ungarischen Kollegen vermittelt, der in Ohio im Rekultivierungsbereich arbeitete. Von ihm erhielt ich schließlich eine Einladung. 1962 habe ich die Kohleregionen der Oststaaten bereist und deren Rekultivierungspraxis studiert. Meine Erkenntnisse habe ich in Fachvorträgen, wissenschaftlichen Veröffentlichungen (Benchmark Papers on Energy, Coal Part 1) und Gutachten in die Diskussion eingebracht und damit die Novellierung der dortigen Umweltgesetze beeinflusst. Eine ähnliche Kooperation habe ich mit den tschechischen Kollegen aufgebaut. Im Rheinland sorgten die Aufsichtsbehörden für entsprechende Abläufe und selbst in den USA fielen meine Vorschläge auf fruchtbaren Boden. Das «Nein» bezieht sich auf die spätere DDR, besonders nach der Ölkrise, und all die weltweit vielen Fälle, in denen der Drang, Kohle möglichst billig zu fördern, alles andere überwiegt.

Du hast zwei Bäume aus den USA im Vorgarten stehen. Wie lange hast Du sie?

Wilhelm Knabe: Seit 1967. Als ich den Mammutbaum pflanzte, waren die Chancen für einen Nadelbaum, im Ruhrgebiet groß zu werden, äußerst dürftig. Sie sind kaum gewachsen, weil die Luft so belastet war. Dank verbesserter Luftqualität wächst er heute so, wie es sich für einen Mammutbaum geziemt. Er kann bis 90 m hoch werden. 1959 bin ich aus der DDR geflüchtet. Die Wohnung war schon ausgeräumt, meine Familie war im Westen, teils legal, teils illegal. Meine Frau erwartete ihr viertes Kind und durfte in den Westen fahren, um sich gesundheitlich zu erholen. Ein Kind durfte sie mitnehmen, zwei haben wir schwarz rüber fliegen lassen. Ich selbst habe in der Wohnung mit vielen leeren Kleiderbügeln ausgeharrt. Mein Manuskript für das erste Handbuch der Rekultivierung im Braunkohlebergbau lag zur Veröffentlichung bereit, aber der Druck verzögerte sich. So hoffte ich, dass das Buch herauskam, bevor meine Flucht bekannt wurde. Das ist zum Glück der Fall gewesen, sonst hätte man vielleicht meinen Professor als Verfasser eingesetzt. So habe ich immerhin diese Spur hinterlassen.

Warum hast Du die DDR verlassen?

Wilhelm Knabe: Mein Ältester kam in die Schule. Für uns Eltern war es ein Graus, dass die Kinder dann in der Schule anders reden mussten als zu Hause. Außer der ideologischen Bevormundung hatten wir die schlechte Versorgung und die Zuteilung in den Läden satt. Schließlich waren meine Berufschancen in der DDR denkbar schlecht. Ich gehörte zwar zum wissenschaftlichen Nachwuchs, aber als nicht konformer Mensch hätte ich keine großen beruflichen Chancen gehabt. Die Genossen haben meine fachlichen Leistungen zwar anerkannt, aber sie hätten mich nicht weiter hochkommen lassen. Der wissenschaftliche Nachwuchs musste auch eine gesellschaftswissenschaftliche Prüfung ablegen. Die Prüfer stellten mir die Fangfrage: «Wie vereinbart sich der Ausspruch Lenins ‹Imperialismus bedeutet Krieg› mit den Worten Stalins ‹der Friede kann erhalten bleiben, wenn die Völker die Sache des Friedens in ihre Hand nehmen›?» Jede Antwort musste mich als Gegner Lenins oder Stalins entlarven, doch ich fand blitzschnell einen Ausweg. Ich antwortete dreist: «Wenn man diese Frage Friedrich Engels stellte, hätte er sie als willkommenen Anlass genommen, einen dialektischen Essay zu schreiben, wie man eigentlich Unvereinbares vereinbaren kann.» Mich selbst mit Engels zu vergleichen, war für die Prüfer natürlich mehr als anmaßend.

Hast Du dann unmittelbar in Hamburg beim Institut für Weltforstwirtschaft angefangen?

Wilhelm Knabe: Mein Start als Flüchtling war sehr schwierig. Von meinen acht, neun Jahren Berufserfahrung wurde für den Forstdienst nichts angerechnet. Nichts! Bezahlung sollte ich während einer Referendarzeit von drei Jahren keine bekommen. «Und bilden Sie sich bloß nicht ein», sagte der zuständige Oberforstrat, «dass Sie eingestellt werden, wenn Sie das alles geschafft haben». Mein Diplom wurde nicht anerkannt, der Doktor schon. Da bekam ich zum Glück ein Angebot von Professor Weck in Hamburg vom Institut für Weltforstwirtschaft des Bundes.

Ich sagte zu und begann meine zweite Stelle in Westdeutschland. Vorher war ich zwei Jahre Geschäftsführer beim Deutschen Pappelverein.

Das ist Begrüßungskultur.

Wilhelm Knabe: In einem anderen Land anzukommen, ist – damals wie heute – schwierig. Mit dem beruflichen Einstieg hatte ich die größte Hürde überwunden, so war die Existenz unserer Familie gesichert. Es war interessant, über Wald und Wasser in weltweiten Trockengebieten zu forschen. Wir sollten eigentlich in den Irak, nach Mossul, gehen, wo eine Forstschule gegründet wurde. Aber meine Frau hat sich geweigert. Unser Ältester hatte Toxoplasmose und brauchte eine kompetente medizinische Behandlung. Ich war nur wenige Jahre in Hamburg und habe dort meine Forschung auf dem Gebiet der Rekultivierung von Industrie-Ödland und hinterlassenen Arealen des Steinkohlenbergbaus fortgesetzt. So besuchte ich England und die USA mehrmals und studierte dort die Rekultivierung.

Warum bist Du schließlich aus Hamburg weg?

Wilhelm Knabe: Ich hätte länger bleiben können, aber Professor Weck, bei dem ich habilitieren wollte, verstarb leider. Sein Nachfolger setzte andere Schwerpunkte. Da erreichte mich ein Anruf von der Landesanstalt für Immissionsschutz. Sie suchten dringend einen Forstmann, der die zunehmenden Umweltschäden aufnahm und diese Fragen auch öffentlich vertreten konnte. So fing ich als Oberregierungsrat in Essen an. Mein Ziel war die Langzeitwirkung von Luftverunreinigungen zu erforschen. Zusätzlich konnte ich Anfragen des Ministeriums durch kurzfristige Untersuchungen beantworten. 1966 habe ich über die Luftverunreinigung in den USA und ihre Folgerungen für Deutschland einen Aufsatz geschrieben. Es hatte sich herausgestellt: Mit hohen Schornsteinen ließ sich die Luftverunreinigung nicht so verteilen, dass Schäden vermieden wurden. Vielmehr können die vielen Rauchfahnen aus den Industriegebieten zusammen einen sauren Niederschlag bilden, durch die der Wald abstirbt, mindestens aber bedroht ist.

Was hast Du gegen diese Hohe-Schornstein-Politik unternommen?

Wilhelm Knabe: Mich leitete die Frage: Wie wirkt sich die Luftverunreinigung aus, und was können wir dagegen machen? Ich habe dazu ein landesweites Messnetz etabliert, um die Belastung der Wälder zu erfassen. Die Forstämter hatten zusätzlich zu ihrer zehnjährigen Inventur der Forsteinrichtung auch den Gesundheitszustand der Fichten erfasst. Sie haben an deren Benadelung und den schadstoffempfindlichen Flechten nach Hinweisen auf Luftverunreinigungen gesucht. Die Nadeln können Schadstoffe wie Schwefel, Fluor, Blei und Kadmium anreichern. Ozon dagegen schädigt zwar das Chlorophyll der Pflanzen, aber es gibt keine Akkumulation von Schadstoffen. Die Pflanzen wachsen einfach weniger, oder der Baum geht ganz ein. Mit Hilfe des Messnetzes und unseren Untersuchungen konnte nachgewiesen werden, dass viele Wälder auch außerhalb der Industriegebiete ernstlich bedroht sind, so dass zusätzliche Maßnahmen der Luftreinhaltung notwendig sind. Ursprünglich hatte man nur Passivmaßnahmen geplant. Man wollte Bäume anbauen, die die Schadstoffe besser vertragen, und dachte nicht daran, die Schadstoffe generell zu reduzieren. Mit meiner Arbeit konnte ich dazu beitragen, das zu ändern.

1966 bist Du aufgrund dieser Fragen erneut in die USA gereist.

Wilhelm Knabe: Ich hatte damals zwei Gutachten zu erstellen, eins für das US-Innenministerium zur Verhütung saurer Bergbauabwässer und das andere für das US-Gesundheitsministerium zur Beurteilung der amerikanischen Forschung über die Wirkung von Luftverunreinigungen auf Pflanzen aus europäischer Sicht. Diese Arbeit wirkte als Impuls zur verstärkten internationalen Diskussion besonders zwischen Europa und den USA.

Ich kenne von Dir eine lange Literaturliste. Stammt die aus Deiner Zeit in Essen?

Wilhelm Knabe: Zum großen Teil sind die Arbeiten in dieser Zeit entstanden, einige später, in der Landesanstalt für Ökologie NRW in Düsseldorf bzw. Recklinghausen, in der ich bis zu meinem Einzug in den deutschen Bundestag 1987 tätig war.

Du warst also ein Vierteljahrhundert in Essen?

Wilhelm Knabe: Eigentlich wollte ich alle sieben bis zehn Jahre wechseln, um mich weiterzuentwickeln, doch das konnte ich auch in den 49 Jahren meiner Zeit im Ruhrgebiet. Der Einstieg in die Politik stellte viele neue Anforderungen. Die Grünen haben gegenüber rein hierarchischen Parteistrukturen den großen Vorzug, dass man Debatten argumentativ führt und nicht nach Ordre de Mufti entscheidet.

Die Ökologen der 1980er Jahre hatten in erster Linie ein Generalinteresse. Wie war das bei den Verbänden der 1960er Jahre? Vertrat der Pappelverband zum Beispiel Pappelbesitzer mit ökonomischen Interessen?

Wilhelm Knabe: Träger des Pappelvereines waren Baumschulen, die ihre Produkte vermarkten wollten und auf eine Qualitätssicherung angewiesen waren. Auch die Waldbesitzer-Verbände hatten ökonomische Interessen, leisteten aber gleichzeitig entscheidende Hilfe, denn sie haben den Schutz des Waldes als wichtiges Thema benannt. Auch in der Wissenschaft gab es Partikular- und Allgemeininteressen. Nur einzelne Forscher haben Umweltthemen als ihre Hauptaufgabe angesehen. Die Zurückhaltung Vieler beruhte auf der ungenügenden Anerkennung als wissenschaftliche Disziplin, denn für den Umweltschutz gab es damals keine Lehrstühle und damit keine Karrierechancen. Die Zeit war noch nicht reif. Auch deren Verbände haben sich auf die Diskussion völlig ungenügend eingelassen. Ausnahmen waren Dr. Karl Friedrich Wentzel sowie die Professoren Bernhard Ulrich aus Göttingen und Peter Schütt aus Saarbrücken, der den Begriff des Waldsterbens geprägt hat und damit versuchte, das Umweltthema als wissenschaftliche Disziplin mit zu begründen. Die Vorläufer der Grünen waren in der Regel keine Wissenschaftler, sondern von Verkehrsprojekten Betroffene und Menschen aus der Anti-Atombewegung, die etwas Einblick in die Langzeitfolgen einer Nutzung von Radioaktivität hatten.

In den frühen 1970er Jahren kam das Thema in der Bundesregierung an. Genscher, als Innenminister für Umwelt zuständig, legte den ersten Umweltbericht der Regierung vor.

Wilhelm Knabe: Das bedeutete eine politische Anerkennung! Wir haben aber auch viel den Amerikanern zu verdanken. Es war Jimmy Carter, der den Begriff «Environmental Protection», also Umweltschutz, in die politische Diskussion einbrachte. 1969 wurde dort die «Environmental Agency» gegründet. Bedauerlich ist, dass damals das von Deutschen Geleistete nicht so recht durchgedrungen ist: Ich hatte schon zwei Jahre vor der Gründung des Club of Rome herausgefunden, dass sich die exponentielle Zunahme der Verunreinigung nicht durch lokale Maßnahmen aufhalten lässt. Die Tragweite dieser These wurde 1966 nicht erkannt. Kooperation mit ausländischen Kollegen war für mich immer sehr wichtig. 1970 habe ich in Essen ein internationales Symposium durchgeführt, in dem erstmals amerikanische Forstwissenschaftler gleichzeitig mit osteuropäischen ihre Beiträge über die Wirkung von Luftverunreinigungen abgeben konnten. Das war ein großer Fortschritt, weil so die Forschung auf einen die Nordhemisphäre überspannenden Bereich ausgedehnt wurde. Mein Versuch, in Essen ein internationales Kompetenzzentrum aufzuziehen, scheiterte an mangelnder Unterstützung.

Wie habt Ihr als Wissenschaftler wahrgenommen, dass der Gegenstand Eurer Arbeit zunehmend gesellschaftliches Thema, ein Politikum, wurde? Gab es Debatten zwischen Euch darüber?

Wilhelm Knabe: Debatten gab es, aber auch Reglementierungen kritischer Wissenschaftler. Schon bei der Landtagsanhörung 1976 wurde meine offene Kritik an der veralteten radioaktiven Überwachung der Kernkraftwerke als störend empfunden. Als ich dann 1982 Sprecher der Grünen Partei wurde, sahen der Umweltminister NRW und manche Vorgesetzte in meiner Person parteipolitische Konkurrenz. Als der Landtag NRW wegen der zunehmenden gesellschaftlichen Bedeutung des Umweltschutzes und des Waldsterbens zusätzliches Personal bewilligte, kamen die Leute aber nicht zu meiner Arbeitsgruppe. Das war 1982/83. Der Präsident der Landesanstalt für Ökologie, Albert Schmidt, bildete stattdessen eine neue Gruppe «neuartige Waldschäden». Völlig widersinnig! Als ich ihn darauf ansprach, sagte er: «Ich kann doch nicht zulassen, dass Sie täglich im Fernsehen sind.» Es gab also die Sorge, dass das Thema jetzt von mir beziehungsweise den Grünen besetzt würde. Ich hatte der Aussage des Arbeitsministers, dass nicht Schwefeldioxid, sondern nur Ozon für die Waldschäden verantwortlich sei, in einem Interview mit der WAZ widersprochen. Daraufhin verpasste man mir einen Maulkorb. Ich durfte nur mit ausdrücklicher Genehmigung des Präsidenten mit Medien sprechen. Man wollte verhindern, dass ein «Grüner» sich mit wissenschaftlichen Fakten politisch profilierte.

Die gesellschaftliche Notwendigkeit Eurer Forschung war also überall anerkannt, nur nicht bei den Spitzen des Instituts?

Wilhelm Knabe: Es zeigte sich: Politische Beschlüsse können nur politisch aufgehalten werden und nicht durch wissenschaftliche Gutachten. Das war für mich der entscheidende Grund, mich dringend um eine Umweltpartei zu bemühen. Präsident Schmidt vertrat die Ansicht, die Landesanstalt sei dem «Staate verpflichtet» und nicht «irgendwelchen anderen Werten wie Natur». Sie haben meinen Wirkungsbereich begrenzt und meine Mitarbeiter aufgehetzt, mich dazu zu bringen, die politische Tätigkeit einzustellen.

Wo hast du Unterstützung erfahren?

Wilhelm Knabe: In dieser Zeit mehr bei den Bürgerinitiativen, etwa gegen den Autobahnbau der A31. Das war toll, die Initiativen von Bottrop und Oberhausen bis Siegburg zu einem schlagkräftigen Verbund zu führen. Wir sammelten 100.000 Unterschriften dagegen und überreichten sie feierlich im Ministerium.

Du hast die Grüne Liste Umweltschutz Nordrhein-Westfalen mit ins Leben gerufen. Wie kam es dazu?

Wilhelm Knabe: Es kamen Gerüchte auf, dass in einer Düsseldorfer Bahnhofsgaststätte eine Umweltpartei gegründet werden sollte. Ich fuhr hin und wurde als gelernter Ökologe gerne als Gründungsmitglied beteiligt. Etwa 20 Leute waren dabei. Das war 1978.

Und du warst anderthalb Jahre Vorsitzender der GLU Nordrhein-Westfalen?

Wilhelm Knabe: Bis zu ihrem Aufgehen in den Grünen. Die wichtigste Aufgabe der Grünen Liste Umweltschutz NRW (GLU) war es, die lokalen Gruppen enger zusammenzuführen. Wir brauchten etwas, das uns nicht nur ideologisch, sondern auch per Organisation verband. Es war klar: Nur wenn sich auch unterschiedlich Denkende zusammenfinden, sind wir stark genug, um uns zu behaupten. Die Unterschiede waren so groß, dass eine Zusammenarbeit zunächst unmöglich erschien. Beim Gründungsparteitag der Grünen NRW im Dezember 1979 habe ich dann durch die «Zollstock-Legende» geholfen, dass diese Unterschiede in den Hintergrund getreten sind. Ich habe dafür plädiert, statt Links-Rechts-Mitte einen ökologischen Maßstab, quasi einen ökologischen Zollstock, anzulegen. Das ermöglichte die gemeinsame Arbeit ansonsten unterschiedlicher Kräfte. In Erinnerung daran hat mir der Landesverband 2014 einen vergoldeten Zollstock geschenkt.

Im Oktober 1980 war Bundestagswahl. Hast du kandidiert?

Wilhelm Knabe: Ja. Das Ergebnis war erbärmlich: 1,5 Prozent. In diesem Tief der Grünen habe ich 1982 auf dem Parteitag in Hagen als einer der Sprecher kandidiert und bin dort gewählt worden. Joseph Beuys hatte mich dringend gebeten zu kandidieren.

Berufstätig zu sein und dann noch einen missgünstigen Arbeitgeber zu haben, das war bestimmt verdammt hart, oder?

Wilhelm Knabe: Das war Wahnsinn. Als Sprecher der Bundespartei kriegte ich keinerlei Bezüge. Allein die dreifache Aufgabe als Wissenschaftler in Recklinghausen, Politiker in Bonn und Familienvater in Mülheim an der Ruhr war extrem belastend. Länger als zwei Jahre hätte ich das nicht durchgehalten. Aber in meiner Zeit als Parteisprecher sind die Grünen ins Europaparlament und in den Bundestag eingezogen.

Damals war die «Hohe Zeit» der Friedensbewegung gegen die Aufstellung der neuen Pershing II-Raketen bzw. die Zeit des verschärften Ost-West-Gegensatzes. Du hast dich damals klar zur Solidarität mit der Solidarność ausgesprochen.

Wilhelm Knabe: Ich hatte schon in den 1960er und 1970er Jahren gute Verbindungen zu polnischen, tschechischen und auch westlichen Fachkollegen, die sich mit den Wirkungen von Luftverunreinigungen auf Wälder befassten. Dadurch hatte ich die Möglichkeit, die Ausbreitung der Waldschäden außerhalb Deutschlands zu studieren und gleichzeitig auch die politische Entwicklung in Polen zu beobachten. Beschwingt vom Gründungsprozess der ersten Grünen Parteien in Deutschland mischte ich mich dann 1979 auf einer UN-Umwelttagung in Warschau sogar in die polnische Innenpolitik ein. Auf Drängen polnischer Freunde sprach ich die Umweltprobleme Polens auf dem vollbesetzten Festbankett der Tagung ganz offen an und suchte gleichzeitig inoffiziell nach Kontakten zu KOR (Komitee zur Verteidigung der Arbeiterrechte), einem Vorläufer von Solidarność. Nach Verbot dieser Gewerkschaft unter Ausrufung des Kriegsrechts beteiligte ich mich an der Mobilisierung von Unterstützern dieser Opposition in Westdeutschland. So habe ich auf der grünen LDK in Bochum durch das Tragen eines doppelten Pappschildes mit der Aufschrift «Freiheit für Solidarność!» an Brust und

Rücken auf das Thema «Freiheit und Menschenrechte» aufmerksam gemacht. Ich hatte mich mit dieser polnischen Freiheitsbewegung identifiziert und für deren Unterstützung durch die Grünen geworben. Es gab ja durchaus auch Gegenstimmen, da manchen Grünen Solidarność verdächtig vorkam, weil man dort wohl auch eine Unterstützung durch die NATO akzeptiert hätte. Meine Haltung bestärkte auch andere Grüne in ihrer Kritik an der Ausrufung des Kriegsrechtes in Polen. Später hat die Bundestagsfraktion eine Extrastelle für Osteuropa geschaffen und die engagierte Elisabeth Weber damit beauftragt. Sie erhielt ebenso wie ich für ihren Einsatz später den Verdienstorden der Republik Polen. Den Abschlussbericht meiner zweijährigen Zeit als Bundessprecher der Grünen habe ich 1984 unter das Motto gestellt: «Für Ökologie und Menschenrechte», beides gehörte für mich zusammen. Diese Einsicht hat sich bei den Grünen durchgesetzt und gehalten, auch wenn immer wieder Tagesthemen und politische Rücksichten zeitweilig andere Schwerpunkte setzten.

Drei Jahre später bist du selbst in den Bundestag eingezogen und warst in der Enquete-Kommission «Schutz der Erdatmosphäre».

Wilhelm Knabe: Die Kommission wollte die Risiken einer Veränderung der Erdatmosphäre und die nötige Vorsorge ausloten. Alle beteiligten Wissenschaftler und Politiker waren hoch motiviert. Wir hatten hervorragende Arbeitsbedingungen. Wir konnten weltweit Experten und Betroffene einladen und befragen, sowohl Indios aus den Regenwäldern als auch amerikanische Vertreter der NASA. Mit den Kollegen in der Kommission habe ich einen respektvollen Umgang gepflegt. Die Verbindung von überzeugenden Argumenten, Herausarbeitung gemeinsamer Ziele und persönlicher Achtung des Gegenübers haben in dieser Kommission mehrfach einstimmige Beschlüsse des Bundestages ermöglicht.

Wie war die Arbeit in der Kommission?

Wilhelm Knabe: Sie war getragen von einer Bereitschaft aller, etwas erfahren zu wollen. Die Wissenschaftler betrachteten mich als ihren Kollegen. Sie konnten sich darauf verlassen, dass ich in der Kommission nur vorschlage, was ich auch wissenschaftlich vertreten kann. Dank meiner Studien und Reisen war ich auf dem neuesten Stand. Bei neun Abgeordneten und neun Wissenschaftlern in der Kommission konnte ich auch als einziger grüner Abgeordneter zusammen mit den Wissenschaftlern eine Mehrheit bilden. So wurden 80 Prozent meiner Vorschläge akzeptiert. Der Vorsitzende Bernd Schmidbauer suchte einstimmige Ergebnisse, weil diese sowohl im Bundestag als auch in den Medien stärker beachtet wurden. Dank dieses Einsatzes der Grünen forderte die Enquete-Kommission den Bundestag schließlich auf, eine 30-prozentige CO_2-Reduktion zu beschließen. Das ging 1990 einstimmig durch, ein Riesenerfolg!

Du warst außerdem im innerdeutschen Ausschuss. Die Deutschlandpolitik hat dich natürlich sehr interessiert, zumal dann seit 1988 die Bürgerbewegung immer stärker auf den Plan trat.

Wilhelm Knabe: Wir müssen über die Unterstützung der Umweltschützer und Bürgerrechtler der DDR durch die Grünen sprechen, denn diese war und ist Teil der Grünen Geschichte. Diese Unterstützung wurde arg behindert durch die Einreiseverbote der DDR gegen alle Grünen, abgesehen von Bundestagsabgeordneten. Die westdeutschen Grünen, vertreten durch einzelne grüne Politiker, waren die einzige Partei, die es in den 1980er Jahren gewagt hatte, eine nicht zugelassene Opposition in der DDR direkt zu unterstützen, so bescheiden diese Unterstützung auch ausfiel. Egon Bahr erklärte mir einmal, die SED würde erst dann wieder mit den Grünen über eine Aufhebung der Einreiseverbote reden, wenn diese ihre Beziehungen zu den unabhängigen Gruppen aufgeben, die in den Augen der Stasi zu den «feindlich-negativen Kräften» gehörten. Hier muss die Umweltbibliothek der Zionsgemeinde in Ost-Berlin als zentrale Kontaktstelle für den Ost-Ost und den Ost-West-Austausch genannt werden. Eine Aktion, an der ich aktiv beteiligt war, erlangte eine besondere Bedeutung. Roland Jahn hatte in West-Berlin eine Druckmaschine besorgt. Diese Maschine sollte unbedingt zur Umweltbibliothek in Ost-Berlin gebracht werden. Ich übernahm diese riskante Aufgabe als Kontaktmann, denn eine direkte Unterstützung durch Abgeordnete gehörte sicher nicht zum Status als «Diplomat». Die Stasi entdeckte erst später, dass der Drucker von einem Wilhelm Knabe herüber geschmuggelt worden war. Mein Transport zur Umweltbibliothek ermöglichte den dortigen Freunden, in dieser politisch hochbrisanten Periode im Herbst 1987 ihre Öffentlichkeitsarbeit verstärkt fortzusetzen. Das war wiederum der Anlass für einen von Minister Mielke gebilligten nächtlichen Überfall der Stasi auf das Gebäude der Zionskirche. Dabei wurden die in dieser Nacht aktiven Drucker festgenommen. Durch diesen Zugriff in einem kirchlichen Gebäude kam eine Lawine ins Rollen. Erstmals verlegten die Menschen ihren Protest vom Inneren der Kirche in die Öffentlichkeit vor der Kirche. Die erste Protestgruppe wurde noch von der Stasi «abgeräumt», doch im Nu fanden sich andere, um den Protest am Leben zu halten. Der Staat gab auf, denn die Außenpolitik der DDR erschien gefährdet, hatte doch sogar die New York Times ein Bild der Kirche auf Seite 1 gezeigt.

Du warst bis 1990 im Bundestag. Vier Jahre später hast du wieder ein politisches Amt übernommen und bist Bürgermeister von Mülheim an der Ruhr geworden.

Wilhelm Knabe: Ich war Zweiter Bürgermeister, von 1994 bis 1999. Der damalige Sprecher des grünen Kreisverbandes, Hartmut Kremer, hatte mich in die aktive grüne Politik zurückgeholt. In der Kommunalwahl erreichten wir ein gutes Ergebnis und konnten entscheiden, mit wem wir koalieren wollten.

Wie war die Konstellation nach der Wahl?

Wilhelm Knabe: Die SPD war nach wie vor die stärkste Partei, aber die CDU hatte aufgeholt. Ich wollte mit beiden sprechen. Die Beton-SPD, die auf Straßenbau und Großindustrie setzte, beherrschte in Mülheim den öffentlichen Raum; es wurde im Grunde kein Hausmeisterposten ohne SPD-Parteibuch vergeben. Wir Grüne einigten uns dann darauf, als erstes mit der SPD zu verhandeln. Die fragten uns: «Welche Posten wollt ihr haben, damit wir unsere Politik fortsetzen können?» Mit der CDU dagegen sprachen wir über unser Programm. Wir hatten uns intern auf unsere grünen Schwerpunkte verständigt. Es gab auch bei der CDU einige, die für Umweltschutz eintraten, aber natürlich nur wenig durchsetzen konnten. Zusammen mit den Grünen war dies möglich. Die Prioritäten in der kommunalen Entwicklung konnten sich verändern.

Hat das im Kreisverband der Grünen zu Zerreißproben geführt?

Wilhelm Knabe: Die Mehrheit der Fraktion hat das Bündnis getragen. Wir haben damals mit der CDU einen Waldentwicklungsplan verabschiedet, wir haben Container für Flüchtlinge durch normale Wohnungen ersetzt, und wir haben erreicht, dass umweltgerechte Produktion und Energieeinsparung als Wirtschaftsziele der Energie-Unternehmen festgeschrieben wurden, soweit die Stadt Einfluss hatte. Die Minderheit der Grünen war grundsätzlich gegen eine Zusammenarbeit mit der CDU.

Nach fünf Jahren war es vorbei?

Wilhelm Knabe: 1999 kam der Knall. Die Schwarz-Grüne Koalition ist schließlich an einer Personalfrage gescheitert. Bei der Neuwahl des Rates kandidierte die Grüne Minderheit, die grundsätzlich gegen eine Koalition der Grünen mit der CDU war, als Bürgerinitiative MBI und nahm den GRÜNEN viele Stimmen weg. Als Folge wurden später all die positiven Veränderungen, die wir erreicht hatten, unter SPD/CDU-Stadtregierungen wieder abgeschafft. Wir Gründer der Grünen waren erfüllt von dem brennenden Wunsch, die Erde für unsere Kinder zu retten. Dazu müssen wir das exponentielle Wachstum, das Ausufern der menschlichen Ansprüche an den Planeten begrenzen. Wenn wir dabei Kompromisse schließen, müssen wir in jedem Einzelfall prüfen, ob er uns einen Schritt näher an die formulierten Ziele unserer Präambel «Ökologisch – sozial – basisdemokratisch und gewaltfrei» bringt oder davon wegführt.

INTERVIEW MIT LUKAS BECKMANN[1,2]

«In Friedens- und Menschenrechtsfragen geht es um Loyalität von Bürgern unterschiedlicher Systeme und verschiedener Staaten»

Lukas, wo kommst du her?

Lukas Beckmann: Tja, wer weiß das schon? Wir werden in diese Welt hineingeboren! Aufgewachsen bin ich im Dreiländereck Niedersachsen, Nordrhein-Westfalen, Holland, wenige hundert Meter von der Grenze. In einem kleinen Ort: Wilsum mit weniger als tausend Einwohnern. Fast nur Landwirtschaft, ein paar Handwerker. Wir hatten einen Hof, dort lebte ich mit meinen Eltern, meinen Großeltern, einer jüngeren und einer älteren Schwester, bis ich mit 20 wegging.

Wann warst du aus der Schule?

Lukas Beckmann: Die Realschule habe ich im November 1966 abgeschlossen, danach eine landwirtschaftliche Lehre gemacht. Zwei Lehrjahre zu Hause, ein Jahr auf einem Ausbildungsbetrieb. Nach dem Abschluss der Berufsschule habe ich noch einen Winter lang die sogenannte Winterschule besucht – eine landwirtschaftliche Fachschule – zur Vorbereitung auf die Meisterprüfung. Ich wohnte auf dem Lehrbetrieb, aber wenn Ernte war, Kartoffelernte, Getreideernte, Heuernte usw., brauchten meine Eltern Unterstützung. Dann bin ich oft mehrmals in der Woche, wenn ich auf dem Lehrbetrieb fertig war, nach Hause gefahren, habe dort abends mitgeholfen, bin spätabends wieder mit dem Moped zurück, damit ich am nächsten Morgen um halb sechs wieder zum Melken auf dem Lehrbetrieb war.

---

1 Das Interview hat Christoph Becker-Schaum am 9.10.2016 mit Lukas Beckmann geführt. Petra Kirberger hat den Text redaktionell bearbeitet.

2 An allen hier beschriebenen Prozessen waren viele Menschen beteiligt. Dass ich (Lukas Beckmann) nur wenige namentlich erwähne, liegt in der Natur des mit Christoph Becker-Schaum geführten Gesprächs. Dafür bitte ich um Verständnis und Nachsicht.

Hast du einen richtigen Meisterabschluss?

Lukas Beckmann: Nein. Ich hätte dann noch das zweite Jahr Winterschule machen müssen. Aber das war kein Thema mehr, weil ich mich während des externen Lehrjahres entschieden habe, einen anderen Weg zu gehen: Ich wollte studieren, aber ich hatte kein Abitur. Also musste ich erst mal Abitur machen und hab mich dann am Westfalen-Kolleg in Bielefeld beworben. Meine Entscheidung, den Hof nicht weiterzuführen, bedeutete das Ende des Hofes, denn meine Eltern konnten ihn alleine nicht weiterführen. Mein Vater hat sich dann für den Zivildienst bei der Bundeswehr entschieden. Die hatte im Nachbarort ein Ersatzteillager. Für diese Tätigkeit musste er eine Aufnahmeprüfung machen. Wir haben mit ihm Schreibmaschine, Mathe und Deutsch geübt. Er bestand die Prüfung und war nun nicht mehr Bauer, sondern Angestellter. Kurz bevor ich wegging, haben wir dann die Maschinen und das Vieh verkauft. Eine Auktion mit einigen hundert Leuten. Das Land wurde verpachtet. Ein paar Schweine und ein paar Schafe haben wir behalten. Für die blieb meine Mutter zuständig, neben der Führung des Haushalts.

Ein ziemlicher Schnitt.

Lukas Beckmann: Ja! Das war ein Einschnitt. Das war für mich eine andere Welt. In Bielefeld war ich zum ersten Mal im Kino, zum ersten Mal in der Diskothek usw. Ende 1972 machte ich das Abitur. Im Sommersemester 73 begann ich das Soziologiestudium an der Universität Bielefeld. In der Zwischenzeit arbeitete ich als Hilfspfleger im Krankenhaus. In der Kollegzeit hat mich vor allen Dingen Biologie interessiert und an der Biologie insbesondere die Verhaltensforschung. Das hat mich damals sehr fasziniert: Wenn wir nur von biochemischen Prozessen durchflutet werden, was ist dann eigentlich der Teil, wo wir frei bzw. wo wir gesellschaftlich formbar, beeinflussbar sind? Was ist der Kern vom Ich? Diese Frage hat mich ständig verfolgt. Und deshalb wollte ich mehr wissen über gesellschaftliche Zusammenhänge und hab gedacht: Eigentlich ist Soziologie dafür das Richtige.

Das passt ja auch zusammen.

Lukas Beckmann: Als die Frage nach dem Soziologie-Schwerpunkt anstand, habe ich mich für Entwicklungssoziologie entschieden. Ich hatte vor, diesen Schwerpunkt mit meiner landwirtschaftlichen Ausbildung zu verbinden. Während des Studiums habe ich für die IMEX, eine Zuchtvieh-Import-Export-Gesellschaft gearbeitet, die Zuchtrinder und Zuchtbullen nach Brasilien und Argentinien exportierte. Drei Jahre hintereinander habe ich diese Transporte begleitet – 1974, '75 und '76. Die Tiere kamen nach wochenlanger Schiffsreise erst mal in Quarantäne und wurden dann zu den Käufern und ihren Haciendas gefahren. Ich bin dann in den Folgewochen mit einem Tierarzt tausende von Kilometern in Brasilien herumgefahren zur Nachuntersuchung der Tiere und habe dabei viel gesehen und viel gelernt. Ich habe die Zeit auch genutzt, um Entwicklungsprojekte anzuschauen und konnte u.a. an einem Regionaltreffen von DEED-Entwicklungshelfern teilnehmen. Bei der zweiten Reise kamen mir die ersten Bedenken. Bei dem Entwicklungshelfertreffen begegnete mir viel Selbstbezogenheit und Selbstmitleid. Sie hatten es schwer in der fremden Welt und niemand wusste ihre schwere Arbeit angemessen zu schätzen. 1977 nahm ich mit der Uni Bielefeld an einem von der Volkswagenstiftung finanzierten Forschungsprojekt im Nordosten Brasiliens teil. Es ging um die Erforschung der sozialen und ökonomischen Folgen eines von der Weltbank finanzierten Staudammprojekts in Juazeiro. Ein Projekt, das später noch internationale Bekanntheit erreichte. 80.000 Menschen wurden umgesiedelt. Bisher hatten sie von der Subsistenzwirtschaft gelebt, 98 Prozent hatten keine Schule besuchen können und konnten weder lesen noch schreiben. Die Energie blieb nicht in der Region, sondern wurde nach Bahia mit Überlandleitungen transportiert, um dort für die chemische Industrie zur Verfügung zu stehen. Und die Bewohner, die vorher vom Fischen gelebt hatten und auf den kleinen Inseln des Flusses Maniok, Bohnen und Mais angebaut und nach der Regenperiode Schwemmlandwirtschaft betrieben hatten, mussten sich eine neue Lebensgrundlage suchen. Unsere Fragestellung war: Wo bleiben diese Menschen? Wovon leben sie später? Wer gibt ihnen neues Eigentum? Als wir ankamen, war ein Teil der Dörfer bereits evakuiert worden. Die ersten neuen Dörfer am Rande des zukünftigen Sees wurden gebaut. Mein Studienfreund Martin und ich haben zwei Monate mit Luftmatratze und Schlafsack in einer Schule, die noch kein Dach, keine Türen und Fenster hatte, verbracht, Interviews geführt und Akten in der öffentlichen Verwaltung studiert. Eines Abends saß da unter einem Baum ein alter Mann, der Dorfälteste. Wir gingen zu ihm, immer mehr kamen hinzu, und ich fragte ihn: Was ist eigentlich euer Problem? Vorher ward ihr von der Witterung abhängig und hattet alte und kaputte Häuser. Es gab Jahre, da ist die Ernte ausgefallen. Jetzt habt ihr neue Häuser, erstmals eine Schule, und ihr bekommt neues Land zugewiesen. Und seine Antwort war: «Vorher haben wir für uns gearbeitet, jetzt arbeiten wir für die.» Und damit war eigentlich alles gesagt. Sie mussten das Land neu kaufen oder pachten. Oder sie mussten in die Städte verschwinden. Ich fand das sehr bemerkenswert, diese Reduktion von scheinbarer Komplexität. Wir hatten uns auf dieses Forschungsprojekt intensiv vorbereitet; im Sprachlabor Portugiesisch gelernt, entwicklungspolitische Theorien studiert. Und machten jetzt vor Ort die Erfahrung, dass die Menschen, die weder lesen noch schreiben konnten und keine Bildung hatten, ein sehr klares Verständnis von ihrer Situation hatten, davon was passierte und woraus sie sich nicht wieder würden befreien können. Sie brauchten also unsere Forschungsergebnisse gar nicht und die Weltbank sowieso nicht. Das war für mich ein Schlüsselerlebnis, dass ich gedacht habe: So interessant das biografisch wäre, und auch legitim, aber unter der Überschrift «anderen Menschen helfen zu wollen», taugt das für mich nicht.

Welche Schlüsse hast du daraus gezogen? Du dürftest dann irgendwann dein Examen gemacht haben.

Lukas Beckmann: Ich habe das Studium 1978 abgeschlossen. Während des Studiums war ich in vielen Gruppen engagiert, die mit Entwicklungspolitik und Menschenrechtsarbeit zu tun haben. Ich habe jahrelang bei Amnesty sehr viel gemacht, habe in Bielefeld und Ostwestfalen zahlreiche Amnesty-Gruppen mit aufgebaut. Habe über meine Brasilienreisen Diavorträge gehalten, Leute gesucht, die dann eine neue Gruppe aufmachten. Als Gruppe betreuten wir damals drei Gefangene: Ost, West, Süd. Wir hatten einen Gefangenen aus Russland, einen aus Chile und einen aus Südafrika. Dann habe ich beim Aktionskomitee Afrika viel gemacht, in der Bonner Zeit war ich bei der ILA, Informationsstelle Lateinamerika. Das war in der Zeit der Vorbereitung der Kampagne «Fußball ja, Folter nein» vor der Fußballweltmeisterschaft '76 in Argentinien. Dort lernte ich Siegfried Pater kennen, den Chef der ILA. Wir hatten schon damals eine starke Aktionsorientierung. Später war ich mit ihm im BUKO, dem Bundeskongress Entwicklungspolitischer Aktionsgruppen. Mit einer Amnesty-Gruppe habe ich die Besetzung eines Bielefelder Kaufhauses organisiert, eine Protestaktion gegen den Verkauf von Teppichen, die von Kindern geknüpft worden waren. Eine aktionsorientierte, öffentliche Intervention, um mit wenig Aufwand Botschaften möglichst öffentlichkeitswirksam auf den Punkt zu bringen. Ich hatte diese Aktion lange ganz vergessen, bis ich irgendwann gefragt wurde, wie das eigentlich gekommen ist mit diesen politischen Aktionsformen. Da fiel mir wieder ein, dass wir das ja in der Bielefelder Zeit auch schon gemacht haben.

Ich könnte mir vorstellen, dass du noch weitere Eisen im Feuer hattest, als du '78 Examen gemacht hast.

Lukas Beckmann: Ich hatte bereits Vorverträge für den Entwicklungsdienst abgeschlossen, doch das hatte sich für mich erledigt. Stattdessen habe ich mich beworben als Generalsekretär von Terre des Hommes in Osnabrück und landete auf Platz 2.

Ein ungünstiger Platz.

Lukas Beckmann: Es war genau der richtige Platz, weil er mir zeigte, dass man mit dem Studium doch was anfangen kann, und mir gleichzeitig auch die Gelegenheit gab, noch mal darüber nachzudenken, was ich wirklich machen will. Ich hatte eine Vereinbarung mit einer Hamburger Computerfirma, CCS, die hatte eine Lizenz für den heutigen Scanner, damals noch Lesegerät. Die boten mir an, bei ihnen eine Stiftung aufzubauen mit dem Ziel, Gewinne vor Steuern in eine Stiftung zu überführen, die dann für kulturelle Aufgaben zur Verfügung stehen sollten. Wir hatten vereinbart, dass ich dort im Frühjahr '79 anfange. Gleichzeitig war ich damit nicht ganz zufrieden. Es war so, dass mich schon als Jugendlicher immer wieder der Gedanke begleitet hat: Ich will nach Bonn, in die Politik. Gleich nach dem Diplom bin ich dann auch zunächst nach Bonn gegangen zur Welthungerhilfe für ein Praktikum. Ich dachte: Vielleicht gibt es ja auch eine Möglichkeit,

Entwicklungsarbeit hier zu machen und Strukturen zu verändern. In der Personalabteilung sagten sie: «Es gibt zwei Möglichkeiten: entweder Presse-/Öffentlichkeitsarbeit oder Sie gehen in die Poststelle.» Ich sagte: «Dann gehe ich in die Poststelle.» «Das war jetzt aber nicht so gemeint.» «Doch», sagte ich, «ich möchte gerne in die Poststelle. Da kommen die Informationen rein und gehen raus von den verschiedensten Abteilungen, und ich möchte diese Struktur verstehen.» Der wichtige Grund für mich war: Die Welthungerhilfe hatte einen Comic herausgegeben zum Thema «Welthunger». Dieser Comic war in einer hohen Auflage gedruckt worden, durfte aber auf politischen Beschluss hin nicht verschickt werden.

Der war also gut.

Lukas Beckmann: Der war richtig gut, ein Super-Comic! Dann bin ich in die Poststelle. Und als ich dann ein paar Tage da war, fragte ich: «Sagt mal, wo gibt es eigentlich diese Broschüre, diesen Comic?» Ich hatte über meine Mitgliedschaft im Buko viele Adressen von entwicklungspolitischen Gruppen. Die habe ich dann erst mal versorgt. Wenn die anderen am späteren Nachmittag weg waren, habe ich Broschüren gepackt, Broschüren gepackt, Broschüren gepackt. Kam morgens etwas später, und dafür arbeitete ich abends etwas länger. Und so habe ich einige zehntausend verschicken können.

Wie bist du dann nach Düsseldorf gekommen?

Lukas Beckmann: Ich fuhr Ende 1978 nach Kassel zu einer zweitägigen Veranstaltung mit Beuys und Dutschke. Es ging um die Frage: Brauchen wir eine neue Partei links von der SPD? Es war saukalt, Schleswig-Holstein wurde mit der Bundeswehr aus der Luft versorgt; alles war zugeschneit. Die Veranstaltung war abgesagt worden wegen der Verkehrsverhältnisse. Nur ein Freund und Beuys und ich hatten von der Absage nichts erfahren. Ich sitze am zweiten Tag in Kassel in einem Café und irgendwann kommt Beuys rein, der gerade von einer Gastvorlesung aus Wien kam. Wir kamen direkt ins Gespräch, und als ich ihm meine Interessen erläutert hatte, sagt er: «Komm doch nach Düsseldorf! Ich hab jetzt diesen Raum, in der Akademie.» Im Sommer '78 hatte er durch Entscheidung des Bundesarbeitsgerichts gegen das Land Nordrhein-Westfalen durchgesetzt, nicht mit einer Million abgefunden zu werden. Er wollte stattdessen diesen Arbeitsplatz bis zu seinem Lebensende in der Düsseldorfer Kunstakademie. Er wollte da arbeiten dürfen. Und dann stellte sich heraus, dass Beuys Kuratoriumsmitglied war für die Stiftung dieser Computerfirma CCS in Hamburg. Diese Firma hatte neben dem Wunsch, eine klassische Stiftung zu gründen, auch die Überlegung, ob sie nicht das Unternehmen in eine Stiftung überführt, um in einer neuen Eigentumsform zu arbeiten. Dann sagt Beuys: «Die haben allen Kuratoriumsmitglieder geschrieben, dass sie jemanden gefunden haben, der für diese Stiftung arbeiten will. Das bist du also?!» Und seine Reaktion: «Komm trotzdem nach Düsseldorf.» Was ich dann auch gemacht habe. In Düsseldorf standen wir dann zur verabredeten

Zeit mit einem Polizisten vor dieser Tür, Raum 3 in der Kunstakademie. Die war seit '72, seit mehr als sechs Jahren, verplombt gewesen. So eine Staubschicht! Überall Utensilien, Metall, Holz, Fett. Wir haben in den kommenden Wochen erst mal alles sauber gemacht und den Raum als Büro vorbereitet. Das war dann das FIU-Büro der Freien Internationalen Universität. Wir nannten es Büro für Interentwicklung. Ich hatte vor, in Zusammenarbeit mit CCS eine Datenbank aufzubauen über weltweite Alternativen, also Entwicklungsland und Industrieland, Nord und Süd. Was kann man anders machen in den Bereichen Landwirtschaft, Medizin, Eigentumsrechte, Einkommensgestaltung? Was gibt es alles? Wer kann wo eine Ausbildung machen, um anderes zu lernen? Mein Geschäftsmodell war: Die erste Information gibt es immer umsonst, dann zahlt jeder 5 Mark. Ich wollte nicht differenzieren, es sollte nicht viel Verwaltungsaufwand sein, sondern das Grundkonzept ist: Es gibt eine Datenbank, wo man gesellschaftliche, politische und auch wirtschaftliche Alternativen abrufen kann. Die mich leitende Frage war: Welche Alternativen gibt es eigentlich zum Kapitalismus, ohne im Sozialismus zu landen? In meiner Diplomarbeit hatte ich mich u.a. mit den Ansätzen vom Prager Frühling beschäftigt und gab meine Diplomarbeit bewusst am 21.08.1978 ab – genau 10 Jahre nachdem sowjetische Panzer in Prag den Prager Frühling beendeten. Dann währte das aber gar nicht lange mit der FIU und diesem Büro und mir. Nach wenigen Wochen kam Beuys mit einem Zeitungsartikel morgens ins Büro und sagte: «Da gibt's jetzt doch Bewegung zur Europawahl und Herbert Gruhl u.a. wollen antreten.» Beuys hatte Weihnachten '78 in der *Frankfurter Rundschau* einen ganzseitigen Artikel «Aufruf zur Alternative» veröffentlicht und darin seine Vorstellungen von einer neuen parlamentarischen Alternative erläutert.

Wann ist das erschienen?

Lukas Beckmann: In der Weihnachtsausgabe 1978. Da ging es im Kern um die Frage: Wie bringt man Menschen aus verschiedenen gesellschaftlichen Gruppen so zusammen, dass sie sich nicht die Köpfe einschlagen? Im Hintergrund stand die Erfahrung vieler Hochschulgruppen, die sich nach '68 sektiererisch bekämpft hatten. Uns war klar, dass man auf so einer Basis keine Partei gründen kann. Wir saßen also in der Kunstakademie und meine Reaktion war: «Da machen wir mit!» Und Beuys sagt: «Klar machen wir mit!» Dann haben wir mit Gruhl ein Gespräch geführt.

Gruhl hatte im Juli '78 die Grüne Aktion Zukunft, GAZ, gegründet.

Lukas Beckmann: Zuvor hatte er 1978 das Buch «Ein Planet wird geplündert» geschrieben – Auflage über 400.000. Als ehemaliger CDU-Abgeordneter hatte er noch ein Büro im Langen Eugen, dem Abgeordnetenhaus am Bonner Rheinufer. Dort haben wir ihn besucht. Gruhl hatte aber ein Problem. Auf der einen Seite fand er es sehr attraktiv, mit Beuys als einer international bekannten Persönlichkeit diesen Schritt zur Europa-Wahl zu gehen. Gleichzeitig war ihm Beuys aber viel zu unberechenbar, zu grundsätzlich: Er kam aber nicht auf den Punkt. Bis ich ihn fragte, «wer denn sonst noch alles mitmacht?» Dann zählte er die Gruppen auf: Grüne Liste Umweltschutz, Grüne Liste Rheinland-Pfalz, Grüne Liste Schleswig-Holstein und die AUD, also die Aktionsgemeinschaft Unabhängiger Deutscher. Ich fragte: «Und mit wie vielen Leuten machen Sie das?» Er sagte: «AUD, GAZ und GLU haben jeweils 150 Delegierte, die anderen kommen mit 10, 20 dazu.» Ich sagte: «Dann lassen Sie uns doch einfach mit 15 Leuten auch dazu kommen.» Gruhls Gesicht entspannte sich. Ich glaube, er hatte das Gefühl: Die Freie Internationale Universität, das ist eine gewaltige Bewegung. Und wir waren ja nicht so viele, vor allem nicht zentral organisiert. Für uns war die FIU überall dort, wo FIU-Leute waren. Das waren Kassel, Amsterdam, London, später Berlin. Und so kam es, dass wir mit 15 Leuten an der Gründungsversammlung teilgenommen haben. In den Wochen vor der Gründung am 17./18. März 1979 in Frankfurt-Sindlingen hat die FIU zusammen mit Wilfried Heidt aus Achberg von der Aktion Dritter Weg ein eigenes Programm geschrieben. Wir nannten es «Die grüne Alternative». Das habe ich am Vorabend der Gründung nach Frankfurt mitgenommen. Da traf ich auch zum ersten Mal Petra Kelly. Zu Beginn der Gründungsversammlung am nächsten Morgen in Sindlingen gab's gleich Krach: Diese ganzen Gruppen hatten sich schon mehrmals getroffen und bemüht, gemeinsam ein Programm zu verabschieden. Und jetzt kommt die FIU und legt plötzlich ein eigenes vor! Empörung im Saal! Beuys geht nach vorne und sagt: «Liebe Freunde, was ist das Problem? Wir unterstützen euer Programm. Aber wir würden uns freuen, wenn in dieser Entwicklungsphase verschiedene Programme kursierten, mit denen wir gar nicht nach außen treten, sondern damit wir uns erst mal kennenlernen. Ich weiß doch gar nicht, wie ihr denkt. Und ihr wisst doch gar nicht, wie wir denken!» Dann kam er zurück auf diesen Begriff «Einheit in der Vielfalt», ein Kernpunkt in dem Artikel von '78. Er sagt: «Die Einheit ist der Ort, wo wir gemeinsam in die Öffentlichkeit treten. Dafür treten wir zu Wahlen an. Aber es muss auch den Bereich der Freiheit geben. Das ist die Vielfalt, wo wir diskutieren über die Frage: Wo wollen wir eigentlich hin, und mit welchen Mitteln wollen wir da hinkommen?» Der Saal beruhigte sich. Es war eine sehr interessante Situation.

Du hast dann beim Bundeswahlleiter die Kandidatur für 1979 eingereicht. Dafür braucht man das Protokoll über die Wahl der Kandidaten. Eines ist beim Bundeswahlleiter gelandet. Im Allgemeinen gibt es ein zweites Exemplar. Niederschriften über Wahlen gehören in Vereinen zu den geheiligten Dokumenten. Von der Gründungsversammlung der Vereinigung Die Grünen ist das Dokument nicht da. Wir haben es nie gefunden. Es muss drinstehen, wer angetreten ist, die Stimmenauszählungen und so weiter. Das alles ist im Augenblick nicht nachprüfbar. Besitzt du das zweite Exemplar?

Lukas Beckmann: Nee, leider nicht.

Beuys hat 1976 für den Bundestag kandidiert.

Lukas Beckmann: Er hat für die AUD kandidiert, in Düsseldorf. In seinem persönlichen Wahlaufruf an die Düsseldorfer waren alle wesentlichen Punkte enthalten, die die Grünen später in den Mittelpunkt gestellt haben: Ökologie, die Gleichberechtigung der Geschlechter, das Verhältnis von Nord und Süd.

Jetzt ist der 17./18. März 79. Und die junge – Listengemeinschaft muss man sie nennen, für eine Partei fehlen eigentlich die Substrukturen –, sie kandidiert und braucht einen, der das Boot zusammenhält. Bist du direkt gefragt worden?

Lukas Beckmann: Die Frage an alle Beteiligten war: Wie organisieren wir das jetzt in der kurzen Zeit bis zum 10. Juni, also bis zur Europawahl? Nach dem Gründungsparteitag bin ich mit Joseph Beuys und Petra Kelly und Milan Horáček in seine Frankfurter Wohnung gefahren. Der Vorstand hatte sich kurz konstituiert und gesagt: Wir brauchen unbedingt ein Büro. Da war schon klar: Wir können jetzt nicht lange nach Personal suchen. Jede der sechs Gründungsorganisationen sollte eine Person nach Bonn schicken, die den Wahlkampf mit organisiert. Für die FIU war ich das dann. Dann haben wir angefangen. Wir hatten zunächst ja noch kein Plakat, kein Flugblatt, kein gedrucktes Programm, keinen Fernseh- oder Rundfunkspot. Wir hatten ein Programm und eine Satzung, die aber noch nicht gedruckt waren. Wir hatten einen Kopierer, und unten in dem Keller vom angemieteten grünen Bungalow in der Ebert-Allee – 120–150 m neben der SPD und schräg gegenüber der CDU-Zentrale in Bonn – stand ein Matrizendrucker. Damit haben wir angefangen. Dann habe ich das erste Flugblatt geschrieben, eine DIN-A4 Seite: «Die Grünen auf dem Weg zur Alternative». Das haben wir dann im Wahlkampf zig tausendmal verteilt als Kurzfassung vom Programm – gedruckt in Bielefeld. So ging das los. Die Vorstände waren berufstätig und deshalb in der Woche nicht da. Die Sitzungen waren an den Wochenenden. Nur Herbert Gruhl kam auch unter der Woche ab und zu vorbei. In der Geschäftsstelle arbeiteten Frau Wieczorek von der AUD, von der GLU Werner Knecht, von der GAZ Herr Fänger und von der FIU ich. Petra Kelly und Roland Vogt waren die Spitzenkandidaten.

Da hast Du eine Lebensentscheidung getroffen?

Lukas Beckmann: Damals noch nicht. Im März war die Gründung, am 10. Juni 1979 war die Wahl. Und nach dem überraschend guten Ergebnis mit 3,2 Prozent dann die Frage: Wie geht es jetzt weiter? Ich hatte mit Beuys vereinbart, nach dem Wahlkampf nach Düsseldorf zurückzukommen. Der Bundesvorstand hat mit allen in der Geschäftsstelle Gespräche geführt. «Ich gehe zurück nach Düsseldorf» war meine Antwort. Nach Abschluss der Gespräche kamen sie erneut auf mich zu: Kannst du das nicht doch weitermachen? Dann habe ich zunächst mit Beuys gesprochen und blieb in Bonn. Da war ja noch nicht klar, ob das mit der Gründung der Partei im parteirechtlichen Sinne auch klappt. Aber in gewisser Weise war das Fundament gelegt. Wir bekamen 4,8 Millionen DM als

Wahlkampfkostenrückerstattung. Wie sollten wir mit diesem Geld den begonnenen Parteibildungsprozess voranbringen?

Der Wahlkampf ist ja nicht aus der Rückfinanzierung bezahlt worden, sondern aus dem Vorschuss von Beuys.

Lukas Beckmann: Viele haben einen Beitrag geleistet, Beuys auch. Beuys hat etliche tausend in den Topf geworfen. Wir arbeiteten in dieser Phase alle auf Basis mündlicher Verträge ohne ein Einkommen von den Grünen. Und wer kein sonstiges Einkommen hatte, wurde aus privaten Mitteln unterstützt, nicht aus der Parteikasse. Ich hatte als Geschäftsführer in dieser Zeit keinen schriftlichen Vertrag, erst ab Juni '79.

Es gibt einen Beschluss vom Bundesvorstand, Petra und Roland als politische Geschäftsführer einzustellen. Und dann muss es einen Vertrag mit Milan geben als Pressesprecher, im Wahlkampf.

Lukas Beckmann: Petra und Roland waren als Spitzenkandidaten die politischen Geschäftsführer, weniger in der Bonner Geschäftsstelle, sondern vor allem unterwegs auf Wahlkampfreisen. Milan war öfter da, telefonierte schon damals viel und effizient, er machte den Pressespiegel, kam morgens mit einer Stofftasche voll Zeitungen, die er in der Regel schon gelesen hatte, weil er die Ausgabe nachts um zwei vom Frankfurter Bahnhof holte. Dann fing er an zu schnippeln und aufzukleben. Das wurde kopiert, und dann wussten wir, was für uns wichtig war. Zu größeren Veranstaltungen in Frankfurt, Hannover, Düsseldorf etc. fuhren wir alle zusammen. Ein großer Peugeot, drei Sitzreihen, er gehörte Rolands Frau. Auf dem Beifahrersitz Milan, hinter uns Joseph Beuys und Rudi Dutschke, dahinter Petra und Roland. Wir fuhren nicht, wir segelten – alles war leicht, auch nach Tagen ohne Schlaf. Ein Höhepunkt: An einer Autobahnraststätte halten und mit Beuys eine Bockwurst essen. Ein ästhetischer Genuss!

Jetzt ist dieser August. Du warst einverstanden und hast gesagt: Bonn ist okay. Du machst das. Die Debatten laufen dann einmal über das Programm.

Lukas Beckmann: Ja, aber es gab ja die Grün-Bunt-Alternativen-Gespräche in der zweiten Hälfte '79. Sie fanden statt in der Bonner Gaststätte «Harmonie» – zwei Treffen mit den führenden Köpfen der möglicherweise Beteiligten, der Alternativen Liste Berlin, der Bunten Liste Hamburg, der Grünen Liste Hessen und einigen straff geführten Parteien und Organisationen, die vor allem von der Sorge getrieben waren, dass da ein wichtiges politisches Ereignis endgültig ohne sie stattfinden könnte, wie Christian Semler von der KPD, Joscha Schmierer vom KBW und Jürgen Reents vom KB. Und natürlich mit allen Repräsentanten, die zur Europawahl das grüne Wahlbündnis gegründet und unterstützt hatten: August Haußleiter (AUD), Helmut Lippelt (GLU), Herbert Gruhl (GAZ), Rudi Dutschke.

Auf dem ersten Treffen brachte Milan zum ersten Mal Herbert Gruhl und Rudi Dutschke zusammen, ein gemeinsames Mittagessen. Es war meine Aufgabe, die Gespräche in der Bonner Harmonie zu moderieren. Da ging's zur Sache und nicht nur um die Zukunft des Planeten: Mitgliedschaft und Doppelmitgliedschaft? Wie bildet sich die grüne Identität. Was ist mit den alten Organisationen, wenn deren Mitglieder in die Grünen eintreten? Müssen Mitglieder ihre alte Organisation verlassen, müssen die Organisationen ihre jetzigen Strukturen auflösen? Da hat Dutschke eine sehr wichtige Rolle gespielt. Er war sehr klar: Wenn, dann muss das für alle gelten. Er knöpfte sich dann August Haußleiter vor und sagte: August, löst du die AUD auf? August druckste rum, wich aus, aber am Ende sagte er ja. Danach konnte auch Gruhl nicht mehr kneifen, für die GLU war eine Auflösung eher selbstverständlich, und für die K-Gruppen wurde es eng für eine Doppelmitgliedschaft.

Welche Rolle hat der Nato-Doppelbeschluss von Ende '79 in Euren Debatten gespielt?

Lukas Beckmann: Die Anti-Atombewegung hat sich anfangs nicht sehr stark damit identifiziert. Das war erstaunlich, weil für Personen wie Petra Kelly und Roland Vogt, die ja aus dem Bundesverband Bürgerinitiativen Umweltschutz und dem Forum Europa kamen, dieser Zusammenhang völlig selbstverständlich, gelebte Praxis war. Aber in der Bewegung war es nicht selbstverständlich. 1980 gab es in Nordhorn-Lingen die erste Demonstration von Friedensbewegung und Ökologiebewegung mit einem gemeinsamen Aufruf.

Waren die Grünen 1979/80 offen für die Friedensbewegung?

Lukas Beckmann: Das war nie strittig. Eine Frage war aber: Ist die Friedensbewegung eine Ein-Punkt-Bewegung gegen die NATO-Nachrüstung mit Pershing II und Cruise Missile, oder ist es eine Bewegung gegen militärische Aufrüstung in beiden Militärblöcken? Und ist sie zudem eine Bewegung, die den Zusammenhang zwischen Frieden und Menschenrechten, also den Zusammenhang zwischen Menschenrechten und Bürgerrechten thematisiert? Das war umstritten.

Dahinter war ja auch eine gewaltige Kraft.

Lukas Beckmann: Die größte Demonstration der Friedensbewegung war am 10. Juni 1982, die sogenannte Anti-Reagan-Demo. Da waren alleine in Bonn weit über 500.000 Menschen, und viele Busse blieben zwischen Köln und Bonn stecken und kamen gar nicht mehr durch. Das hatte damit zu tun, dass zu dem Zeitpunkt die Auseinandersetzung innerhalb der Friedensbewegung explodiert ist. Es gab im Vorfeld der Demonstration einen Kongress in der Godesberger Stadthalle mit über 1.100 Teilnehmern. Dort ging es um die Frage: Sprechen wir uns auch aus gegen die Stationierung der sowjetischen SS20-Raketen oder bleibt diese Forderung draußen? Gibt es einen Link zwischen Frieden und Menschenrechten? Ich war für die Grünen im Koordinierungsausschuss der Friedensbewegung, war Teil der Gesprächsleitung und hatte mich mit dem Bundesvorstand, insbesondere mit Petra Kelly und Rudolf Bahro vorbereitet, um uns ganz klar als eine blockübergreifende Bewegung zu positionieren, die weitere Rüstungsspiralen ablehnt und Friedens- und Menschenrechte als unteilbar ansieht. Das lief ja in den Verhandlungen über den Demonstrationsaufruf, verkürzt gesagt, immer nach dem gleichen Muster: Lasst uns in den Aufruf mit aufnehmen die Solidarität mit den Menschen in Südafrika, also gegen Apartheid. War für alle Konsens. Gegen die Militärdiktatur in Chile. War für alle Konsens. Kurdistan, gegen die Militärregierung in der Türkei. War für alle Konsens. Und dann kam ich mit Solidarność und Charta 77 und der DDR-Opposition. Dann kam der große Aufschrei. Ja, aber... das wird doch alles zu viel und dadurch beliebig, und dann lasst uns lieber schreiben: Für Frieden und Menschenrechte weltweit! Ich hatte einen eigenen, grünen Aufruf als Präambel zum Aufruf des Koordinierungsausschusses vorgetragen. Zwei Drittel lehnten ihn ab, nur die katholische Kirche von unten, Teile des BBU und Teile einiger protestantischer Organisationen unterstützen uns. Daraufhin sind wir mit etwa einem Drittel der Versammelten aus der Godesberger Stadthalle ausgezogen und kündigten an, mit einem eigenen Aufruf zu mobilisieren. Die Botschaft war: Die Friedensbewegung ist gespalten. Die einen sind nur gegen die westlichen Atomraketen, die anderen sind gegen die der Nato und des Warschauer Pakts, und sie sind für die Verbindung von Frieden und Menschenrechten. Diese Auseinandersetzung hat die gesellschaftliche Verankerung der Friedensbewegung stark erweitert. Wichtige Teile der Bevölkerung konnten sich jetzt in anderer Weise damit identifizieren. Und deshalb kamen 1982 auch viele Menschen nach Bonn – nicht in Gruppen organisiert, sondern mit selbstorganisierten Bussen und ohne sich im Koordinationsbüro anzumelden

Was da '81 passiert ist, das war richtig greifbar.

Lukas Beckmann: Das war eine gesellschaftliche Bewegung! Ich bin damals viel unterwegs gewesen. Es galt in der Zuspitzung die Frage: Wie steht man zur Sowjetunion? Wie steht man zur DDR? Wie steht man eigentlich zu den Menschen? Unser Ansatz war: In Friedens- und Menschenrechtsfragen geht es um Loyalität von Bürgern unterschiedlicher Systeme und verschiedener Staaten.

Du sagst jetzt «unser Ansatz». Wenn ich mir die Bundestagsfraktion angucke, unterstützte ein Großteil diese Politik gar nicht.

Lukas Beckmann: Nun ja. Wir waren politisch und auch sozial ein breites Spektrum. Die einen wurden ihren Bedürfnissen eher im Gespräch mit dem Generalsekretär der SED oder anderen «Offiziellen» gerecht, für andere war die konkrete politische Unterstützung der Opposition entscheidend – auch um den Preis, dass dann die staatliche Ebene Gespräche mit uns eher ablehnen wird. Man könnte es freundlich eine Arbeitsteilung nennen. Aber das war es nicht. Den Ansätzen lagen unterschiedliche Politikverständnisse, ideologische und mentale Blockaden und vor allem unterschiedliche Verständnisse von gesellschaftlichen Veränderungsprozessen zugrunde, die wir bis 1989, bis zum Fall der Mauer, innerparteilich nicht überwunden haben.

Meinst Du, das ist eine Elitenproblematik oder eine Grünen-Problematik?

Lukas Beckmann: Nein, es war eine Frage der Haltung. Eine Haltung gegenüber Menschen, die unter autoritären, diktatorischen Bedingungen persönlich und familiär viel riskierten, um für Demokratie und Freiheit zu kämpfen. Für einen Teil der Grünen war es wichtiger, mit der Opposition zu reden, für einen anderen Teil wichtiger, mit der politischen Führung Gespräche führen zu können in der verblendeten Erwartung, auf dieser Ebene deutsch-deutsche Politik gestalten und auf Honecker Einfluss nehmen zu können. Das zeigte sich ja auch im Oktober 1983, als wir die Demo-Aktion auf dem Alexanderplatz gemacht haben. Da wurde im Grunde genommen die ganze Problematik und Widersprüchlichkeit der westeuropäischen Friedensbewegung sichtbar und auf den Punkt gebracht. Ausgangspunkt war eine END-Konferenz, eine Veranstaltung des Bündnisses European Nuclear Disarmament mit 1200 Teilnehmern im Berliner ICC. Auch hier vertrat ich im Koordinierungsausschuss die Grünen. Die erste END-Konferenz war in Brüssel, für die zweite in Berlin wollte die Mehrheit der Organisatoren die Zusage, dass es ausschließlich um die Nato-Nachrüstung geht. Und dass es keine Aktivitäten in Richtung Ost-Berlin und UdSSR geben darf. Das war natürlich absurd. Ich hatte seit '81 Einreiseverbot. Also war die Frage: Wie komme ich trotzdem rein? Ich mietete ein für den Grenzübergang angemessenes Auto, einen 380er Mercedes. Die Grenzer tickten ja strukturell im Grunde genauso wie die bei uns. Damit fuhren wir rüber, ich hatte nur meinen Führerschein gezeigt, meinen Ausweis hatte ich nicht dabei. «Wir bräuchten dann zumindest mal ein aktuelles Foto», das ich an der Grenze machen konnte. Da ich meinen Personalausweis nicht dabei hatte, konnten sie die Nummer nicht abgleichen. Und so war ich drüben. Einem Freund hatte ich meine Foto-Kamera gegeben und gesagt: Du musst Morgen kurz vor 12 in Berlin sein an der Weltuhr. Da wirst du mich sehen und ein paar andere auch und du hast höchstens 10 Sekunden Zeit, um ein paar Fotos zu machen. Danach fährst du sofort zurück in den Westen. Um 12 Uhr ging es dann los. Die Transparente hatten wir in der Nacht vorher bei einem Bekannten vorbereitet: «Für Abrüstung in Ost und West. Für Frieden und Menschenrechte in Ost und West», «Schwerter zu Pflugscharen». Wir wurden relativ schnell festgenommen und abgeführt. In dem Verhörraum kam es nur kurz zu einer Auseinandersetzung. Dann wurde ihnen klar, wen sie da festgenommen hatten – u.a. Petra Kelly und Gert Bastian. Beide waren in den DDR-Medien sehr präsent als Kritiker der Nato-Nachrüstung, insbesondere Bastian als ehemaliger Bundeswehrgeneral und Mitglied der Generäle für den Frieden, die – wie später Markus Wolf in seiner Autobiografie schrieb – auch von der DDR mit finanziert wurden. Wir formulierten dann einen Brief an Honecker und haben ihn auf dem Rückweg zum Grenzübergang Friedrichstraße im Gebäude des Staatsrats der DDR abgegeben. Der Mann wurde kreidebleich, weil er mit der Frage, ob ich Herrn Honecker bitte sofort sprechen kann, nicht klarkam. Honecker war nicht im Haus. Aber am nächsten Morgen erhielten wir im ICC in Westberlin einen persönlich unterschriebenen Brief von Honecker: Gert Bastian, Petra Kelly und ich. Darin bedauerte er sehr, dass er uns nicht angetroffen habe und dass es ja vielleicht zu einem anderen Zeitpunkt eine Gelegenheit gebe.

Wann kam es zum Treffen?

Lukas Beckmann: Ende Oktober 1983. Eine Mitarbeiterin aus der Fraktion hatte handschriftlich einen Friedensvertrag vorbereitet, der damals von den DDR-Kirchen genutzt wurde, um persönliche Friedensverträge zwischen ostdeutschen und westdeutschen Christen zu schließen. Links neben mir saß Häber[3], dann kam Honecker. Ich reichte Honecker diesen Vertrag rüber und bekundete, dass aus meiner Sicht nach seinen umfassenden Ausführungen zum Friedenswillen des «Arbeiter und Bauernstaates» (Honecker) einer gegenseitigen Unterzeichnung nichts im Wege stehe. Honecker liest den Text und setzt den Stift an. In dem Augenblick nimmt Häber mit seiner linken Hand die rechte Hand von Honecker, hält sie fest und sagt: «Also, wir sollten jetzt diesem ersten offiziellen Treffen zwischen der SED-Führung und den Grünen nicht die Ernsthaftigkeit nehmen.» Honecker macht eine kleine Ruckbewegung, zieht seinen rechten Arm wieder los und sagt: «Ja, aber die ersten beiden Punkte kann ich unterschreiben.» Und unterschreibt dann die ersten beiden Punkte, aber nicht den letzten Punkt. Der hieß: Wir setzen uns im eigenen Land jeweils für eine einseitige Abrüstung ein. Danach kündigte ich an, einige Tage später wieder in Ostberlin zu sein, um mit einigen Friedensfreunden aus der DDR, aus Holland, England und Westdeutschland eine Petition für Abrüstung in West und Ost bei der amerikanischen und bei der sowjetischen Botschaft zu übergeben; nächste Woche Donnerstag. Daraufhin Honecker: «Wieso machen Sie das nicht in Bonn? Da gibt es doch auch eine amerikanische und sowjetische Botschaft.» Und ich: «Sie wissen, dass wir schon öfter mit ein paar hunderttausend in Bonn unterwegs waren. Deshalb, denke ich, ist es jetzt an der Zeit, das auch mal in Ostberlin zu machen.» Honecker antwortete darauf nicht. Durch eine Pressekonferenz in Ostberlin wurde die beabsichtigte Petitionsübergabe in Ostberlin öffentlich. Ich hatte diese Aktion länger vorbereitet, hatte Materialien rüberbringen lassen, die u.a. bei Rainer Eppelmann lagerten. Nach dem Gespräch bei Honecker waren wir in verschiedenen Wohnungen, wo jeweils 30, 40 Menschen zusammenkamen, bei Bärbel Bohley, Ulrike und Gerd Poppe, bei Vera und Knut Lengsfeld und bei Rainer Eppelmann. Dort berichteten wir jeweils über das Gespräch mit Honecker und verabredeten uns zur Petitionsübergabe am 4.11. in Ost-Berlin. Zwei Tage nach dem Gespräch bei Honecker ruft mich frühmorgens Gert Bastian an: «Häber steht bei mir im Büro. Er fragt, ob ich Abstand nähme

3 Herbert Häber war zu dieser Zeit Leiter der Westabteilung des Zentralkomitees der SED.

von der Aktion, die in Ostberlin zu einer Unruhe führen würde. Das könnten sie nicht zulassen.» «Ich bin morgen um 14 Uhr an der Friedrichstraße in Ostberlin verabredet. Dabei bleibt es» sagte ich und flog direkt nach Berlin, um mich mit Jürgen Fuchs und Roland Jahn zu beraten. In einem Café Ecke Ku'damm/Uhlandstraße eröffnete ich ein kleines Büro, um erreichbar zu sein. Dort rief mich zuerst Manfred Stolpe an, damals Sekretär der Kirche. Er habe Gespräche geführt, auch mit dem ZK gesprochen. Ob ich um 15 Uhr einreisen könne, statt 14 Uhr? Ich lehnte ab und wurde um 14 Uhr am Grenzübergang abgewiesen. Abends konnte ich im SFB-Studio die Aufnahmen von der Friedrichstraße sehen: 250, 300 Menschen hatten sich versammelt, einige Gesichter erkannte ich. Die Kirche versuchte zu vermittelten. Dann wurde bekannt, dass im Vorfeld bereits einige Hundert Personen von der Polizei festgenommen worden waren, um ihre Teilnahme an der Petitionsübergabe zu verhindern. Zum Teil hatte man sie aus den Zügen herausgeholt von Leipzig und anderen Städten. Dirk Schneider und Antje Vollmer, beide Bundestagsabgeordnete, kritisierten mich scharf und forderten meine Ablösung als Bundesgeschäftsführer. Aus einigen Kreisverbänden kamen Ausschlussanträge aus der Partei. Der Vorwurf: Beckmann bringt Leute ins Gefängnis, er gefährdet sie und hat sich mit niemandem von uns abgesprochen. Mit wem hätte ich mich absprechen sollen? Wenn Telefone abgehört werden und in den eigenen Reihen genug falsche Freunde waren, die jede Aktion in Ostberlin zu verhindern versucht hätten? Ostdeutsche Bürgerrechtler/innen reagierten mit einem öffentlichen Brief an die Grüne Führung in Partei und Fraktion und schrieben sinngemäß: Wir sind sehr froh, dass unsere politische Situation endlich mal diese Öffentlichkeit erreicht, denn es macht für uns einen großen Unterschied, ob wir mit oder ohne Öffentlichkeit für unsere Freiheitsrechte kämpfen und im Gefängnis sitzen. Dieser Brief hat Wogen geglättet und verstärkte den Druck, sich innerhalb der Grünen inhaltlich und strategisch mit unserem Verhältnis zur DDR-Opposition zu beschäftigen. Wer sind unsere Verbündeten? Mit wem sind wir solidarisch, zu wem loyal? Das war ein langer Prozess. Ich denke, viele haben seinerzeit nicht verstanden, was mich und andere wie Petra Kelly, Milan Horáček, Wilhelm Knabe, Elisabeth Weber und zahlreiche andere antreibt in dieser Auseinandersetzung. Ich war ganz stark geprägt von meiner Arbeit bei Amnesty International, die ja zum Grundprinzip erhoben hatte: Wir betreuen nicht nur Gefangene in der Sowjetunion, so wie es die CDU gerne tat, nicht nur Gefangene in Südafrika und Nicaragua, so wie es die Linke gerne tat, sondern wir setzen uns ein für die Würde verfolgter Menschen, und unsere Solidarität mit ihnen darf nicht davon abhängig sein, in welchem System sie leben. Das war der Punkt.

Du hast zum Bundesvorstand kandidiert und Dich durchgesetzt, bist gewählt worden. Ist das richtig?

Lukas Beckmann: Eine Möglichkeit, diese politische Arbeit fortzusetzen. Bundesvorstandssprecher war eine ehrenamtliche Tätigkeit, die ich seinerzeit nur über Arbeitslosenhilfe finanzieren konnte. Der Bundestagswahlkampf 1983, für den ich als Bundesgeschäftsführer die federführende Verantwortung übernahm, hatte ja neben Ökologie und Frieden die Flick-Affäre als Thema. Damals war bekannt geworden, dass Flick die Parteien mit großen Barbeträgen bestochen hatte. Nach der Wahl beantragten wir deshalb einen Flick-Untersuchungsausschuss, dessen Arbeit von Otto Schily geprägt wurde. Dies hatte allerdings auch zur Folge, dass wir angefangen haben, Bereiche der nicht gesetzlich geregelten Politikfinanzierung, wie die Finanzierung von parteinahen, politischen Stiftungen, unter die Lupe zu nehmen und das Bundesverfassungsgericht damit zu befassen. Mit dem Einzug der Grünen in den Bundestag war auch ein erstes Anrecht auf eine uns nahestehende Stiftung entstanden. Wir wollten jedoch zunächst das Urteil aus Karlsruhe abwarten. Die Entscheidung fiel im Juli 1986. Es lag auf der Hand, dass die Adenauer-, Ebert-, Naumann- und Seidel-Stiftung nicht verboten werden, sondern dass wahrscheinlich die Grenzen zwischen Partei, Fraktion und Stiftungen noch einmal deutlicher gezogen werden und dass damit auch für uns der Weg sein frei wird, eine eigene Stiftung zu gründen. Mir lag sehr daran, dass wir keine parteipolitische, sondern eine kulturpolitische Stiftung als parteinahe Stiftung gründen. Ich hatte Heinrich Böll 1978 vor Gründung der Grünen kennengelernt; er gehörte zusammen mit seiner Frau Annemarie Böll zu den ersten Intellektuellen, die uns 1979 per Aufruf zur Europa-Wahl unterstützt haben. Wenige Wochen vor seinem Tod rief mich sein Sohn René an, sein Vater würde sich freuen, wenn ich ihn besuchen würde. Es entwickelte sich ein sehr langes, für mich sehr denkwürdiges Gespräch. Er schlug einen weiten Bogen über seine Erfahrungen mit Politik und Politikern, erzählte von Wehner, Brandt, Kohl, Adenauer, Schmidt u.a., wie er sie als Menschen erlebt hatte.

Wie kam es zur Gründung einer Initiative für eine Heinrich-Böll-Stiftung?

Lukas Beckmann: Im Sommer 1986 hatte das Verfassungsgericht in Karlsruhe über unsere Klage entschieden. Heinrich Böll war ein Jahr zuvor verstorben und ich verfolgte das Ziel, einer grünnahen Stiftung seinen Namen zu geben. Heinrich Böll war eine moralische und politische Instanz – selbst bei seinen Gegnern. Er war Literaturnobelpreisträger und hatte wesentlich dazu beigetragen, dass die deutsche Sprache nach 1945 auch im Ausland wieder sprechbar wurde und öffnete mit seinen Romanen und als Persönlichkeit Türen für erste Gespräche mit Moskau und anderen Ländern. Heinrich Böll hatte uns zusammen mit seiner Frau Annemarie bei der Europawahl 1979 unterstützt, ebenso bei der Bundestagswahl 1983. Seine Unterschrift unter einem Wahlaufruf war vertrauensbildend für viele weitere Persönlichkeiten aus den intellektuellen und künstlerischen Milieus der alten Bundesrepublik. Ich fuhr zu Annemarie Böll und sprach zunächst mit ihr und René Böll über die Idee einer grünnahen Heinrich-Böll-Stiftung. Einige Wochen später kam Renés Bruder Vincent hinzu, ebenso Lew Kopelew und einige weitere enge Freunde der Familie. Mein Vorschlag fand Unterstützung. Umso mehr sah ich mich in der Pflicht, offen über mögliche Probleme bei der innerparteilichen Durchsetzung zu sprechen. «Es gibt drei Punkte, die es nicht einfach machen», sagte ich: «Böll war ein Mann, Böll war Katholik und Böll war bürgerlich.» Annemarie Böll hat gelassen reagiert: «Es ist nicht unsere Initiative», sagte sie, «kein Vorschlag der Familie. Aber wenn Sie den Vorschlag machen, werden wir ihn unterstützen. Und machen Sie sich wegen öffentlicher Diskussionen keine Sorgen. Das kennen wir alles. Die Stadt Köln hat fünf Jahre gebraucht, um sich nach heftigen Diskussionen für eine Ehrenbürgerschaft meines Mannes zu entscheiden.» Ich habe diese Initiative zur Böll-Stiftung als Parteimitglied und Bürger angestoßen, nicht in meiner damaligen Funktion als einer der drei Vorstandssprecher der Partei. Nach außen nicht leicht zu trennen, aber mir war klar: Wenn ich mit diesem Vorschlag durch die Mühlen unserer Gremien muss, ist der Vorschlag tot, bevor er das Licht der Öffentlichkeit erreicht. Nach einer öffentlichen Einladung zur Gründung der Initiative über den Kölner Stadtanzeiger forderte mich der Bundesvorstand auf, die Initiative sofort zurückzuziehen. Fast alle Landesvorstände folgten dieser Aufforderung. Nur Baden-Württemberg schloss sich nicht an. Für mich war klar, dass ich den Gründungstermin der Initiative für eine Böll-Stiftung nicht absagen würde. Es folgte eine heftige öffentliche Auseinandersetzung. Und wie erwartet, schaltete sich die SPD ein. Willy Brandt, Johannes Rau und weitere führende Sozialdemokraten riefen bei Annemarie Böll an. Sie erinnerten daran, dass die Familie Böll doch eigentlich sozialdemokratisch sei und Heinrich Böll die Kanzlerkandidatur von Willy Brandt und ihn auch 1972 nachdrücklich unterstützt habe. Auch das Angebot, in der Friedrich-Ebert-Stiftung einen Kulturbereich mit Heinrich Böll als Namensgeber einzurichten, stand im Raum. Dann habe ich zu einer Bundespressekonferenz eingeladen, um mein Anliegen zu begründen und zu erläutern, warum ich für eine kulturpolitische Stiftung mit dem Namen Heinrich Böll als parteinahe grüne Stiftung eintrete. Und das ging gut! Die führenden Medien honorierten mehrheitlich das kulturpolitische Anliegen und begleiteten den öffentlichen Diskurs. Das erste Treffen der Initiative für eine Heinrich-Böll-Stiftung fand in Köln wie geplant statt. Es waren auch viele Grüne dabei und viele unterstützten das Projekt von Beginn an: Christa Nickels, Michael Vesper, Willi Hoss, Claudia Roth und viele andere. Tagsüber tippte ich auf meiner Schreibmaschine Vorlagen für die Initiativtreffen. Als arbeitsloser Parteivorsitzender konnte ich die Kopien nicht bezahlen. Deshalb bin ich nachts ins Hochhaus Tulpenfeld und hab die Vorlagen dort auf mehrere Etagen und Kopierer verteilt, die Treppen rauf und runter, bis ich die Sachen zusammen hatte. Beim Sonderparteitag der Grünen 1987 in Oldenburg erhielt das Angebot einer Böll-Stiftung keine Mehrheit. Ebenso nicht der Buntstift, die Frauenanstiftung und ein weiteres Dritte-Welt-Modell. Nach der Entscheidung ging René Böll ans Redepult: «Die Initiative zieht ihr Angebot an die Grünen zurück. Wir werden die Stiftung nun unabhängig von den Grünen gründen.» So hatten wir uns im Initiativkreis im Vorfeld verständigt. Im November 1987 folgte – unabhängig von den Grünen – die Gründung der Heinrich-Böll-Stiftung in der Kölner Flora. Über 500 Menschen nahmen teil, viele von ihnen auch Mandatsträgerinnen und Mandatsträger der Grünen. Vor allem auch viele bekannte Persönlichkeiten des öffentlichen Lebens, Intellektuelle, Schriftsteller, Künstler, Wissenschaftler.

Wie geht es dann weiter?

Lukas Beckmann: Die Grünen wollten ja eine Stiftung, gleichzeitig war bei der Böll-Stiftung ein Spektrum an Persönlichkeiten vertreten, deren politische Unterstützung von der Führung der Partei durchaus hoch geschätzt wurde. Nach Gründung der Initiative für die Heinrich-Böll-Stiftung hatten sich der Buntstift, ein Bündnis aus Landesstiftungen, und die Frauenanstiftung in Hamburg konstituiert. Ich fuhr mit einem gutachtenerfahrenen Verwaltungswissenschaftler zum zuständigen Referatsleiter ins Innenministerium, um informell anzufragen, ob grundsätzlich auch das Modell einer Holding mit drei Stiftungen denkbar sei. Da ging es um die Frage: Auf wie vielen Ebenen darf eine Stiftung Mittel an untere Gliederungen weiterleiten? Adenauer-, Ebert-, Naumann- und Seidel-Stiftung leiteten Teile der Finanzmittel aus dem Bundeshaushalt an ihre Landesbildungswerke weiter. Im Fall einer Holding mit drei Bundesstiftungen brauchten wir eine weitere Ebene, um einen Geldfluss an Länderstiftungen zu ermöglichen. «Ich kann Ihnen das nicht versprechen» sagte der Beamte, «aber wenn Ihre Fraktion den Antrag heute einbringen würde, hätte die angedachte Stiftungskonstruktion eine gute Chance, unsere Zustimmung für eine Empfehlung an den Haushaltsausschuss zu erhalten.» Das reichte fürs Erste.

Wie ist es zu dem gemeinsamen Vorgehen mit der Frauenanstiftung gekommen?

Lukas Beckmann: Irgendwann rief Adrienne Goehler mich an, eine der Initiatorinnen der Frauenanstiftung und ihre Wortführerin. Adrienne sagte: «Wir haben kein Interesse an einer Mehrheit auf dem nächsten Parteitag für das Modell der Länderbildungswerke. Das wird dann eine klassische Parteistiftung. Deshalb sollten wir gemeinsam zu einer anderen Lösung finden.» Ich sagte: «Adrienne, wir kommen aus ganz verschiedenen politischen Perspektiven. Du aus der Hamburger Szene des Kommunistischen Bundes, auch wenn Du dort nie Mitglied warst, so sind die Bindungen doch zu eng, als dass ich Vertrauen habe.» Aber Adrienne rief mich mehrmals wieder an. Dann folgten über mehrere Wochen stundenlange Telefonate in der Nacht, in denen wir uns darüber austauschten, was wir jenseits von parteipolitischen Gesichtspunkten mit einer Stiftung wirklich erreichen wollen. Dabei lernte ich Adrienne neu kennen, sie mich sicher auch. Wir kannten uns bis dahin nur aus innerparteilichen Gremiendiskussionen. Die nächtlichen, stundenlangen Telefonate haben eine neue Vertrauensbasis geschaffen. Am Ende haben wir zusammen einen Antrag formuliert für den nächsten Parteitag in Ludwigshafen '88. Wir sind zusammen ans Mikrofon, haben zur Überraschung vieler gemeinsam den Antrag und unsere Ziele und unser Selbstverständnis einer grünnahen Stiftung begründet und am Ende fand unser Antrag für eine Holding, den Stiftungsverband Regenbogen, darunter drei Stiftungen, eine klare Mehrheit. Und das hat dann funktioniert bis 1996. 1994 hat die Bundestagsfraktion eine Stiftungsreform angestoßen, um die Strukturen zu verschlanken.

Wie ging es dann weiter?

Lukas Beckmann: Ich war Geschäftsführer der Böll-Stiftung und Vorstand des Stiftungsverbandes Regenbogen. Hier waren alle drei Stiftungen vertreten. Im Sommer 1989 hatte der Regenbogen die ersten staatlichen Mittel erhalten. Anfang 1990 schrieb ich dem Vorstand der Heinrich-Böll-Stiftung einen Brief mit dem Hinweis, dass wir uns strukturell darauf vorbereiten sollten, dass die Grünen aus dem Bundestag fliegen. Für mich war das Ergebnis im Dezember 1990 keine Überraschung. Woher soll dann das Geld kommen für die grünennahe Stiftung? Ein Teil der Strategie war, möglichst viele Auslandsprojekte anzustoßen und nicht nur Barmittel, sondern vor allem auch Verpflichtungsermächtigungen für die Folgejahre zu akquirieren, damit im Fall der Fälle zumindest unsere Auslandsprojekte mit Mitteln aus dem Bundesministerium für Entwicklungszusammenarbeit (BMZ) weiter finanziert werden. Einige Wochen nach der Bundestagswahl 1990 kam Werner Schulz auf mich zu: «Jetzt haben wir die kleine ostdeutsche Fraktion mit acht Abgeordneten im Bundestag, wir kennen uns in den Bonner Gefilden jedoch kaum aus. Kannst du uns unterstützen?» Ich wusste nicht, wie das gehen soll. «Die Böll-Stiftung war neu, der Regenbogen war neu.» Auch stand ich in einer besonderen Verantwortung für die Böll-Stiftung und deren Ruf nach außen. Wir hatten gerade die ersten fünf Millionen an staatlichen Geldern bekommen. Eines der ersten Projekte waren die Mütter vom Plaza de Mayo in Argentinien. Das lief gut an.

Da gab es politische Verwicklungen.

Lukas Beckmann: Beim ersten Projekt hat sich der deutsche Botschafter in Argentinien an das Auswärtige Amt gewandt und wollte unsere Unterstützung verhindern mit dem Hinweis auf eine «Einmischung in die inneren Angelegenheiten eines anderen Landes», wovon er dringend abrate. Das BMZ lehnte unseren Antrag ab, die Böll-Stiftung reichte eine Verwaltungsklage ein, wir haben gewonnen, das Projekt wurde finanziert. Glück gehabt. Und vor allem gute Richter.

Und wie kamst Du dennoch zur Bundestagsgruppe?

Lukas Beckmann: Werner Schulz kam im Frühjahr 1991 erneut auf mich zu und bat mich um Unterstützung. Die nächste Wahl 1994 vor Augen, konnte ich nicht erneut nein sagen. Ich blieb noch eine Zeit bei der Böll-Stiftung und dem Regenbogen, arbeitete parallel als Geschäftsführer der Bundestagsgruppe, bis ich im Sommer ganz in den Bundestag wechselte. Die Haushaltsverhandlungen standen an und damit auch die Frage, wie geht es weiter mit der grünnahen Stiftung? Darüber habe ich ein Gespräch geführt mit Bernhard Vogel, dem Chef der Adenauer-Stiftung. Meine Frage und Bitte war, ob die Stiftung bis zur nächsten Wahl in der bisherigen Höhe weiter finanziert werden könne, damit kein Schaden entstünde und der Name Böll nicht beschädigt würde. Vogel hatte dafür

Verständnis und hat sich danach nachdrücklich für uns eingesetzt – im Gegensatz zu Holger Börner von der Ebert-Stiftung. Allerdings musste jemand im Haushaltsausschuss den Antrag stellen für die grünnahe Stiftung, aber unsere West-Fraktion war uns ja abhandengekommen. Damit bin ich dann zu Werner Schulz: Was machen wir jetzt, sagte Werner: «Bei uns gibt es eine Diskussion über die Gründung einer Robert-Havemann-Stiftung.» Mein Vorschlag: «Ich wechsele in die Bundestagsgruppe, unterstütze euch, ihr beantragt die Mittel für den Regenbogen. Und wir bilden in der Bundestagsgruppe eine Kerngruppe, die die Assoziation von Bündnis 90 und den Grünen vorbereitet, ohne die weder die Grünen, noch das Bündnis 90 bei der nächsten Bundestagswahl in drei Jahren eine Chance haben werden.» So sind wir dann verfahren – eine programmatisch und politisch sehr wichtige Entwicklungszeit für beide Seiten.

INTERVIEW MIT SIBYLLE PLOGSTEDT[1]

«Die Frauenpolitik bei den Grünen war nicht viel besser als bei der SPD»

Sibylle, man kennt Dich als Buchautorin, freie Filmemacherin und Journalistin, wenig bekannt ist aber Dein familiärer Hintergrund. Wo kommst Du eigentlich her?

Sibylle Plogstedt: Meinen Familienhintergrund habe ich erst nach und nach recherchiert. Meine Mutter führte nach dem Krieg einen Lesezirkel und brachte uns damit durch. Als ich sieben war, heiratete sie. Ihr Mann war zunächst bei ihr beschäftigt, danach wurde er Bausparkassenvertreter. In seinem Beruf brachte er es zu relativem Wohlstand. Aber eigentlich kommt meine Mutter aus wohlhabenden Verhältnissen. Ihre Familie stammte aus Ostpreußen, sie waren Industrielle, Großindustrielle sogar. Ich habe mir 2010 die Waggonfabrik angesehen, die einem Teil der Familie gehört hat. Andere Teile der Familie besaßen eine Gießerei, andere wiederum eine Garnfabrik oder einen Holzhandel. Die Gullideckel in Kaliningrad tragen immer noch den Namen der Familie Steinfurt oder den der Unions-Gießerei. Früher hatte ich immer gedacht, meine Mutter sei hochstaplerisch, wenn sie so bürgerlich daherkam. Ich sah ja nur den Lesezirkel. Dann war ich sehr verblüfft, wie großbürgerlich ihr Hintergrund tatsächlich war. Eine Verwandte fuhr mit mir durch Kaliningrad und zeigte mir all die Villen, die Familienmitglieder bewohnt hatten. In meiner unmittelbaren Herkunftsfamilie war der Urgroßvater Arzt, ein Großvater war Architekt. Mein Großvater kam in den 20er Jahren in die Weltwirtschaftskrise, so dass meine Mutter relativ arm aufwuchs. Auf Seiten der Großmutter besaß der Urgroßvater eine Stuhlfabrik in Bad Münder. Das Haus habe ich auch besucht. Und auch ein Stuhlmuseum. Das zählte zu meiner Spurensuche. In meinem eigenen Leben habe ich wenig von dem einstigen Großbürgertum gespürt.

Wo bist Du geboren?

1 Das Interview haben Christoph Becker-Schaum und Anne Vechtel am 7. November 2014 geführt. Der Text wurde von Tina Hüttl redaktionell bearbeitet.

Sibylle Plogstedt: Ich wuchs in Berlin auf, in Ruhleben. Dort ging ich zur Schule. Später wohnten wir in Zehlendorf. Nach dem Abitur studierte ich in Berlin. Meine Mutter wollte, dass ich studiere. Ihr war wohl immer klar, dass ich die intellektuelle Seite der Familie fortführen sollte. Mein Stiefvater hätte mich am liebsten zur Reisekauffrau gemacht.

Was hast Du studiert?

Sibylle Plogstedt: Soziologie. Ich war ein halbes Jahr im Argumentclub, bevor ich 1965 in den Sozialistischen Deutschen Studentenbund (SDS) eintrat, den ich für aktiver hielt. Dort habe ich mit Rudi Dutschke den Vietnam-Kongress vorbereitet, zusammen mit Gaston Salvadore und Bahman Nirumand. Ich habe mich auch bei der Kritischen Universität und beim Springer-Tribunal engagiert. Am meisten beschäftigte mich aber der Prager Frühling. Da ich eine Seminararbeit über die Industriesysteme in Ost und West schreiben sollte, entschied ich mich, nicht in der Bibliothek zu studieren, sondern Interviews vor Ort zu führen. So geriet ich im August 1968 mitten in den Einmarsch...

... und wurdest mehr und mehr in die Prager Geschichten verstrickt.

Sibylle Plogstedt: Ja, ich konnte das nicht einfach ruhen lassen und fuhr immer wieder hin. Für mich war die Zeit nach dem Prager Frühling die spannendste Bewegung überhaupt: der Widerstand gegen die Invasion. In Prag suchte ich Leute, die ähnlich dachten wie wir im SDS. Auch Rudi Dutschke hatte ja vorher schon Kontakte geknüpft. Es formierte sich in Prag gerade eine Widerstandsgruppe, mit der ich zusammenarbeitete. Das war die Bewegung der Revolutionären Jugend, die *Hnuti revoluční mládeže*. Wir haben Treffen organisiert, Flugblätter gedruckt und verteilt. Ende 1969 wurden wir alle verhaftet. Im Grunde waren wir damals eine Vororganisation der Charta 77. Später sind die meisten Mitglieder von uns in der Charta gelandet und waren Sprecher/innen der Charta. Nach der Samtenen Revolution sind fast alle Minister geworden oder haben andere hochrangige Positionen besetzt. Dafür saßen sie aber auch viele Jahre im Gefängnis. Mein damaliger Partner Petr Uhl saß sogar mehr als neun Jahre im Gefängnis.

Wie lange warst Du inhaftiert? Drei Jahre?

Sibylle Plogstedt: Nein, nein. Ich wurde zu zweieinhalb Jahren verurteilt, saß dann anderthalb Jahre und kam im Mai 1971 frei. Die anderthalb Jahre waren allerdings Untersuchungshaft. Das ist die härteste Zeit, weil es Verhöre gab, Spitzel in der Zelle waren und es keine Arbeit gab. Nach meiner Entlassung reiste ich herum und hielt Vorträge über Prag und die Opposition in der ČSSR: in den USA, in England, in Belgien und Frankreich, in Italien, aber auch in Frankfurt und in Berlin.

Ab Sommer 1971 ging es dann los mit den Berufsverboten in Deutschland. Bei Dir an der Freien Universität Berlin lehrte der marxistische Ökonom Ernest Mandel, der 1972 mit dem Berufsverbot belegt wurde. Du warst doch auch Mitglied in der Gruppe Internationale Marxisten (GIM), eine revolutionärtrotzkistische Organisation, die die deutsche Sektion der 4. Internationale war.

Sibylle Plogstedt: Ja, ich war zu dieser Zeit in der GIM, also bei den Trotzkisten, auch stellvertretend für Petr Uhl, weil der noch im Gefängnis saß. Meine Haft hat mich innerhalb der 4. Internationale hochkatapultiert, so dass es mir 1974 in Berlin das Berufsverbot einbrachte. Zudem war ich verdächtig, weil ich in der Roten Hilfe mitarbeitete, die auch inhaftierte RAF-Mitglieder im Gefängnis unterstützte. Der Verfassungsschutz misstraute ohnehin allen, die in Osteuropa gesessen hatten, weil sie nicht wussten, ob die von der Stasi umgedreht wurden. Für mich war das Berufsverbot so kurz nach der Haft ein regelrechter Schock.

Wie hast Du Dich gewehrt? Bist Du gegen das Berufsverbot vorgegangen?

Sibylle Plogstedt: Zuerst musste ich gegen den Senat kämpfen, beziehungsweise die Freie Universität gegen den Senat. Dann riss der Berliner Senat die Personalhoheit an sich, so dass ich gegen die Uni kämpfen musste, die das durchführen musste, was der Senat wollte. Das hat über zwei Jahre gedauert, bis 1976. Die Prozesse wurden nie zu Ende geführt. Am Schluss verlängerten sie einfach meinen Vertrag an der Uni nicht. Und versetzten eine Richterin, die möglicherweise für mich entschieden hätte.

Aber Du hast 1974 Dein Diplom gemacht?

Sibylle Plogstedt: Ja, ich habe das Studium abgeschlossen, anscheinend habe ich eine hohe Resilienzfähigkeit. Meine Diplomarbeit schrieb ich über Arbeitskämpfe und Betriebsräte in der ČSSR, weil ich Material von der Akademie der Wissenschaften anvertraut bekommen hatte. Sie selbst durften das ja schon lange nicht mehr.

Was waren das für Erhebungen und zu welchen Ergebnissen kamst Du?

Sibylle Plogstedt: Es ging um die Entstehung von Betriebsräten. Dabei zeigte sich, dass der Widerstand mobilisierend wirkte und der größte Teil der Betriebsräte erst nach der Invasion entstand. Und da ich schon beim Thema war, knüpfte ich mit einer Dissertation über die Arbeitskämpfe nach der Revolution in Russland an. Dazu musste ich erst einmal Russisch lernen. Ich konnte es zwar nie sprechen, aber mit etwas Training könnte ich es heute zumindest wieder lesen und verstehen.

Das klingt sehr aufwendig, wann hast Du die Promotion abgeschlossen?

Sibylle Plogstedt: Ich glaube 1978–79, während ich schon bei der Courage arbeitete.

Wie viel Zeit lag zwischen Deinem Engagement bei der GIM und der Gründung der Courage? War das ein fließender Übergang?

Sibylle Plogstedt: Mein Austritt aus der GIM erfolgte 1975. Die Berliner Gruppe fing an, mir Vorwürfe zu machen, ich sei nicht engagiert genug. Mich hat das empört, weil ich voll in der Kampagne gegen Berufsverbote arbeitete und mich ja auch selber verteidigen musste. Schließlich sollte ich nicht mehr fürs ZK kandidieren. Da bin ich ausgetreten. Erst danach begann ich mit Frauen im Frauenzentrum das Projekt einer Frauenzeitung zu diskutieren. Es gab zwei Gruppierungen. Wir wollten eine Zeitung machen, die auf den Markt kommt. Die andere Gruppe wollte ein internes Blatt gründen. Beide sind zustande gekommen. Das interne Blatt hieß *Birkenfall*.

Warum?

Sibylle Plogstedt: Es bedeutete Blätter, die fallen. Es existierte nur ein paar Ausgaben lang. Die Gruppe, der ich angehörte, gründete die *Courage*. Wir trafen uns im Wendland, als Redaktionsräume diente eine Ferienwohnung. Dort entwickelten wir ein Konzept und eine Null-Nummer, für die jede von uns einen Artikel schrieb. Wir organisierten ein Fest, um Geld für das erste Heft einzusammeln. Diese Art von Crowd-Funding war damals das Mittel der Wahl: Wer Geld brauchte, organisierte ein Frauenfest. Es fand im Juni 1976 in der Fasanenstraße im *Literarischen Colloquium* statt.

Wie viel habt Ihr eingesammelt?

Sibylle Plogstedt: Wir bekamen etwa 3.000 Mark zusammen und konnten davon den Druck für eine Nummer finanzieren und aus den Verkäufen wiederum den nächsten. Wir waren etwa acht bis zehn Frauen, die das stemmten.

Welche Hintergründe hatten die anderen Frauen, waren sie wie Du links oder spielte das keine Rolle?

Sibylle Plogstedt: Bis auf eine war keine von uns eine gelernte Journalistin. Unter uns waren vor allem Studentinnen oder relativ junge Wissenschaftlerinnen, die in der ersten Assistenzstelle waren. Wir kamen aus der Psychologie, Soziologie und Geschichte, doch am Ende blieben viele beim Journalismus. Wir alle waren eher links und wollten nicht mehr darauf warten, ob die Revolution irgendwann auch die Unterdrückung der Frauen beseitigt. Denn die Linken versprachen einem ja immer die Emanzipation der Frauen nach der Revolution. Wir wollten gleich damit anfangen.

Waren auch sozialdemokratische Frauen dabei?

Sibylle Plogstedt: Eine. Sophie von Behr hat kurz bei uns mitgearbeitet. Später kam eine FDP-Frau zu uns, die aber erst nach ihrer *Courage*-Zeit politisch Karriere machte.

War es eigentlich ein Ein-Generationen-Projekt, das heißt, wart Ihr alle ungefähr im gleichen Alter?

Sibylle Plogstedt: Die Gründerinnen in der Redaktion waren so 30 bis 35. Nur im Archiv gab es eine, die älter war. Es hat sich relativ schnell differenziert, es waren Hausfrauen und Rentnerinnen mit dabei, und es kamen mehr Jüngere dazu. Wir Gründerinnen hatten unser Studium abgeschlossen und waren gerade dabei, unseren Berufsweg zu finden. Dass wir eine Zeitung machten, die sich eine Weile am Markt behaupten würde, hätte keine von uns für möglich gehalten. Die studentischen Zeitungen hatten alle eine Auflage von 3.000 Exemplaren. Die *taz* gab es noch nicht. Wir erreichten in Berlin bald eine Auflage von 20.000, 30.000 und bundesweit bis zu 70.000 Heften. Das war vergleichbar mit der Auflage von *Konkret* – nur ohne DDR-Unterstützung.

Und Eure Leserinnen? Was wusstet Ihr über sie?

Sibylle Plogstedt: In einem Heft veröffentlichten wir durch Leserinnenumfragen erhobene Alters- und Verdienstangaben, ich weiß das Ergebnis nicht mehr genau. Wir waren Trend. In Filmen aus dieser Zeit lag immer eine Ausgabe *Courage* am Nachttisch, obwohl unsere Leserinnen uns eher konzentriert am Schreibtisch lasen, wie sie uns schrieben. Es war richtig Arbeit für sie, vor allem emotionaler Art. Wir prägten neue Inhalte, die man nicht einfach so konsumieren konnte, ohne sich ihnen auszusetzen, zum Beispiel beim Thema «Gewalt gegen Frauen».

Wie seid Ihr mit diesem sensiblen Thema umgegangen?

Sibylle Plogstedt: Wir fragten uns immer: Ist die Gewalt wirklich so verbreitet? Wenn man bisher keiner Frau begegnet ist, die geschlagen wurde, und es einem selbst nicht passiert ist, dann sollte man erst einmal darüber nachdenken, ob es so ist. Und hier war wichtig, dass wir eine gewisse Heterogenität in der Gruppe und somit im Erfahrungsspektrum hatten. Von uns leiteten einige etwa Volkshochschulkurse, wo sie auf Frauen trafen, die häuslicher Gewalt ausgesetzt waren. Insofern haben wir dann darüber berichtet.

Als Zeitungsmacherinnen habt Ihr sicherlich sehr genau überlegt, welche Themen Ihr setzt. Was waren weitere Themen, und gab es einen speziellen Fokus bei jeder Ausgabe?

Sibylle Plogstedt: Ja, wir entschieden uns aber erst nach drei, vier Zeitschriftennummern für ein Konzept mit Schwerpunkten. Anfangs brachten wir immer etwas aus den Bereichen Kultur, Arbeit und vor allem Gewerkschaft – uns gelang es sogar noch, Maria Weber in der *Courage* zu interviewen. Natürlich druckten wir auch Nachrichten aus der Frauenbewegung und aus dem Ausland. Und Leserinnenbriefe waren uns auch sehr wichtig. Erst nach und nach schälte sich dann ein Schwerpunktthema heraus, das wir in seinen verschiedenen Aspekten in drei, vier Artikeln beleuchteten.

Wie habt Ihr euch in der Redaktion organisiert?

Sibylle Plogstedt: Wir hatten um die sechs Frauen in der Redaktion, glaube ich, und dann noch drei, vier im Layout und noch ein bis zwei im Satz, im Archiv und im Büro. Das waren die unterschiedlichen Arbeitsbereiche. Damals galt es noch als Pflicht, dass jede alles machen können muss, bzw. wir haben das auf zwei Bereiche reduziert. Ich war keine Anhängerin der Rotation, weil das auch einen Qualitätsverlust bedeutet hätte, zum Beispiel gehen Kontakte verloren, die man sich gerade erarbeitet hat. Deswegen hat die Redaktion nicht rotiert, und im Grunde auch das Layout nicht, aber das blieb immer strittig. Diejenigen, die das Abo machten, wollten gern in die Redaktion; und diejenigen, die für das Layout verantwortlich waren, bekamen einen Berichtsteil, etwa die Nachrichten aus der Frauenbewegung oder die internationalen Nachrichten, die sie betreuten. Die Artikel blieben bei der Redaktion.

Die Gründerinnen kamen zwar alle aus einem linken Hintergrund, waren aber durch die unterschiedlichen linken Gruppen verschieden geprägt. Was waren Eure politischen Diskussionen in der Redaktion, gab es große Auseinandersetzungen?

Sibylle Plogstedt: Die größten Konflikte gingen immer um die Arbeitsteilung und die Rotation. Wie bei den Grünen.

Und wirklich nicht um Inhalte in der Courage?

Sibylle Plogstedt: Unser inhaltliches Prinzip war: Wenn wir uns streiten, dann ist das Thema offensichtlich wichtig und muss ins Blatt. Das war zwar anstrengend und nährte Konflikte, das Ergebnis war aber lohnend und gut.

Inwiefern reflektierte die Courage vor allem spezifisch Berliner Diskussionen? Oder wurde aus der ursprünglich Berliner Zeitung bald ein bundesdeutsches Projekt?

Sibylle Plogstedt: Wir nannten uns Berliner Frauenzeitung, waren aber zumindest in allen deutschen Großstädten an den Bahnhofsbuchhandlungen präsent.

Und auf dem Land waren wir eher durch Abos verbreitet. Im Wendland zum Beispiel erholen sie sich heute noch vom Schock wegen einer unserer Aktionen.

Von welcher sprichst Du?

Sibylle Plogstedt: Als Courage hatten wir 1979 oder 1980 im Wendland zu einem Kongress aufgerufen, bei dem es eigentlich um einen Gebärstreik ging. Ich glaube, es kamen um die tausend Frauen. Das Land war nicht darauf vorbereitet, auf so viele junge Lesben zu treffen. Als ich kürzlich ins Wendland zog und zum Gorleben-Archiv ging, kam diese Erinnerung wieder hoch. Es existieren Filmaufnahmen aus der Zeit. Ich sah mich, wie ich eine Rede zum Thema Gebärstreik hielt. Ich war sehr erstaunt, ich hatte das total vergessen. Es war unter uns auch immer strittig, wo wir als Courage nach außen eingreifen und wo wir uns engagieren als Gruppe.

Also, die Courage als Aktivistin der Frauenbewegung?

Sibylle Plogstedt: Ja, es gab mehrere Aktionen und Kongresse. Ich erinnere mich an den Kongress in Köln gegen Atom und Militär. Dann an ein Go-in bei der *taz*. Und als Alexander Haig, der damalige amerikanische Außenminister, kam, hatten einige von uns die Idee, in Berlin die Brunnen rot wie Blut zu färben. Wir engagierten uns auch bei den Grünen, also immer da, wo es Konflikte um die Frauen gab.

Das heißt, die Courage bildete nicht nur Konflikte ab, die sich aus den Veränderungen in der Republik mit all den Bewegungen ergaben, sondern sie war selber aktiver Teil. Ihr berichtetet nicht nur, sondern …

Sibylle Plogstedt: … wir machten auch mit. Richtig. Wir hielten auch öffentliche Redaktionssitzungen ab, zu denen *Courage*-Leserinnen kommen konnten. Wir prägten damals den Begriff der Expertise in eigener Sache – also etwas, was im Journalismus damals noch nicht üblich war, was es aber heute ist. Früher musste die Berichterstattung immer neutral sein und möglichst unemotional. Wir hielten es für richtig, die Betroffenen selbst schreiben zu lassen, etwa beim Thema Krebs. Redaktionell haben wir dann der Betroffenen jemanden zur Seite gestellt, die das begleitete und redigierte. Wir verstanden uns im Grunde mehr als Lektorinnen.

Wie viele Hefte erschienen insgesamt?

Sibylle Plogstedt: Ich habe es nie gezählt, aber es ist leicht zu rechnen: Wir erschienen zwölf Mal im Jahr. Im ersten Erscheinungsjahr 1976 gab es nur fünf Ausgaben, im letzen, 1984, waren es nur noch zwei, drei Monate, bis wir eingingen. Also knapp 70 Ausgaben – plus die Sonderhefte zum Thema Zweiter Weltkrieg oder zur Menstruation. Das war das bestverkaufte Heft je.

Ja? Ist das aus deiner Sicht das beste Heft, an das Du Dich am liebsten erinnerst?

Sibylle Plogstedt: Schwer zu sagen, es gab eine Menge an Themen, die man mochte oder eben nicht. Mir waren die Osteuropa-Themen sehr wichtig, die keineswegs immer ich schrieb. Aber ich denke schon, ohne mich hätte es nie so viel Berichterstattung aus Osteuropa gegeben. Das hat sich dann auf mehrere Schultern verteilt. Ich hätte ja nicht nach Ost-Berlin gekonnt. Wir hatten zum Beispiel ein Titelbild mit Bärbel Bohley oder Berichte über die Charta-77-Frauen und die Frauen in der Solidarność. Hier waren wir Vorreiterinnen, niemand sonst hatte das im Blatt. Über Frankreich bekamen wir Kontakt zu den russischen Frauen vom *Almanach Maria*.

Konntet Ihr Courage-Frauen zumindest teilweise oder anteilig davon leben?

Sibylle Plogstedt: Anfangs noch nicht, aber mit der Zeit erarbeiteten wir uns einen Einheitslohn, der sich aus etwa 800 Mark Grundlohn und dann noch den festen Ausgaben für Auto, Telefon und Miete zusammensetzte. Wir wollten nicht, dass die Einzelnen ihren Lebensstandard absenken müssten, aber auch nicht, dass sie ihn erhöhten. Später tauchte noch das Problem auf, wie wir mit denen verfahren, die Kinder hatten und ob wir etwas dafür drauflegen.

Welche Sicht hatte die Courage auf die Gründung der Grünen bzw. der Alternativen Liste 1978 in Berlin? Habt ihr gut geheißen, was sich da frauenpolitisch oder feministisch tat?

Sibylle Plogstedt: Anfangs gab es bei den Grünen ja eine seltsame Mischung von Rechten, konservativer Politik, Linken und Ökologen. Und bei der Frage des § 218 nahmen die Diskussionen zum Teil grauenhafte Züge an, im Sinne von «Abtreibung ist Mord».

Wart Ihr Euch in der Redaktion einig in Eurer Beurteilung der Grünen?

Sibylle Plogstedt: Es gab keinen Zwang, sich so oder so zu ihnen zu verhalten. Die Grünen bekamen den Rang, den vorher die SPD hatte, nämlich das kleinere Übel zu sein. Es war deutlich, dass die Frauenbewegung eigentlich nur eigene Strukturen akzeptieren konnte, ohne dass sie jetzt aber die Frauenpartei, die es auch gab, gut fand. Die war ihnen dann wieder zu unbedeutend. Von daher befand sich die feministische Bewegung in einem inneren Konflikt, wie sie sich zu den Grünen und zu anderen Parteien verhalten sollte. Bei manchen Themen arbeiteten wir mit grünen Frauen zusammen. Ein Teil der Feministinnen hat sich entschieden, bei den Grünen mitzumachen.

Mit wem habt Ihr damals zusammengearbeitet?

Sibylle Plogstedt: Delphine Brox und Christine Bernbacher zum Beispiel. Sie beschrieben in der *Courage*, wie sie selbst grüne und feministische Ansprüche in ihrem eigenen Alltag realisierten, und welch komfortable Position die Männer eigentlich noch immer hätten. Marianne Fritzen hat es sogar auf ein Titelbild der *Courage* geschafft.

Die Grünen waren also privilegiert, was den Courage-Blick auf Parteien anbelangt?

Sibylle Plogstedt: Ja, sie bekamen mehr Aufmerksamkeit als die anderen Parteien. Hätte es uns als *Courage* noch länger gegeben, hätten sicher auch die SPD oder die Gewerkschaften mit ihrer Forderung nach der Quote diese Aufmerksamkeit bekommen.

Die Grünen sind ja schnell stärker geworden. Gleichzeitig sind viele, die ganz am Anfang dabei waren, auch bald wieder rausgegangen.

Sibylle Plogstedt: Ich denke, dass Feministinnen zu denen gehörten, die gleich am Anfang die Grünen wieder verließen, und dann später immer neue Generationen von Feministinnen zu den Grünen stießen und mitmachten.

Welche Konflikte gab es zwischen der ersten Feministinnen-Generation und der AL bzw. den Grünen?

Sibylle Plogstedt: Ich denke, es war ein gegenseitiger Konflikt: Die Feministinnen misstrauten der immer noch dominanten linken Kultur. Umgekehrt misstrauten die Männer in der AL den Feministinnen. Das war aber nicht der einzige Punkt. Es gab zum Beispiel auch Dirk Schneider, der IM war, also Kundschafter und DDR-Spion, und der die Frauen in der Fraktion sehr aktiv gegen mich aufwiegelte, als ich in Bonn für die Grünen arbeitete und in ihrem Auftrag die erste Studie über sexuelle Belästigung am Arbeitsplatz schrieb. Ich war am Überlegen, ob ich bei den Grünen mitmachen sollte oder nicht. Ich hatte ein gutes Verhältnis zu Petra Kelly, und ich hatte auch ein Angebot von Otto Schily, der damals noch bei den Grünen war, mit ihm ein Tandem zu bilden. Es gab also verschiedene Angebote, doch da, wo ich mich am ehesten angedockt hätte, bei den Frauen, da wurde es durch Dirk Schneider, also durch die Stasi, konterkariert. Sie haben aber wohl weniger meine feministischen Ziele als meine Prager Verbindungen gefürchtet.

Verstehe ich das richtig? Du hättest dir eine Mitarbeit bei den Grünen gut vorstellen können? Denn interessanterweise waren ja gleichzeitig die grünen Frauen auf der Suche nach einem wichtigen feministischen Thema für die Grünen und angewiesen auf die Vorschläge der Feministinnen.

Sibylle Plogstedt: Ja. Ich habe zum Beispiel mit Klaus Bertelsmann[2] für den DGB Untersuchungen mit qualitativen und empirischen Studien zur sexuellen Belästigung von Frauen in Büros und Betrieben gemacht, woraus dann 1984 zusammen mit Kathleen Bode[3] das Buch «Übergriffe» entstand, was eine Dokumentation der grünen Frauen im Bundestag war. Als die Grünen die flächendeckende Kampagne mit den Übergriffen machten, hat das gut funktioniert. An dieser Stelle hätten sie weitermachen müssen. Stattdessen bin ich wieder nach Berlin zurückgegangen, um die *Courage* auf ein wöchentliches Blatt umzustellen, was dann leider den Untergang einleitete.

Welche Fehler unterliefen Euch?

Sibylle Plogstedt: Statt das Erscheinen der *Courage* auf eine Ausgabe alle zwei Monate zu reduzieren, machten wir genau den verkehrten Schritt. Leider hatten wir kein unabhängiges Gremium wie etwa die *taz*, um Krisensituationen und Konflikte zu lösen. Wir hätten entlassen müssen, um die Kosten zu senken. Aber niemand von uns hatte die Macht und den Mut dazu. Nach acht Jahren Feminismus war ich inhaltlich einmal mit den Themen durch. Das ist eine lange Zeit. Nach vier Jahren wiederholen sich in allen Medien die Themen.

Nach dem Ende der Courage 1984 gingst Du direkt weg aus Berlin?

Sibylle Plogstedt: Nein, nicht sofort. Es muss '85 gewesen sein, als ich gefragt wurde, ob ich für das Abgeordnetenhaus kandidiere, in Kreuzberg. Und in einem Schnellschuss – unerwartet und nicht abgesprochen – konkurrierte ich plötzlich um Platz 1. Ich hatte fast die Hälfte der Stimmen und wäre wohl ins Abgeordnetenhaus gekommen, doch statt weiter anzutreten, zog ich meine Kandidatur zurück. Ich musste mich offenbar erst einmal mit mir beschäftigen, ehe ich mir etwas Neues vornahm. Das Ende der *Courage* hatte mich ziemlich mitgenommen.

Was war das Neue, das dann kam?

Sibylle Plogstedt: Ich ging zum Vorwärts, von 1986 bis etwa 1990, danach arbeitete ich frei für den *WDR*, erst für den Funk, später für das Fernsehen. Und anschließend arbeitete ich freiberuflich.

Dein Wechsel nach Bonn: Ist das für Dich ein starker Bruch oder arbeitetest Du an Deinen Themen kontinuierlich weiter?

---

2 Sibylle Plogstedt, Klaus Bertelsmann: Sexuelle Belästigung am Arbeitsplatz. Frauen wehren sich, 2. Auflage 1988.

3 Sibylle Plogstedt, Kathleen Bode: Übergriffe. Sexuelle Belästigung in Büros und Betrieben, 1984.

Sibylle Plogstedt: Ich sehe den Wechsel nach Bonn als einen Eintritt in die Gesellschaft. Ich kam aus einer selbst organisierten radikalen Ecke und war nun Teil einer Institution. Für mich war das eine nachgeholte Professionalisierung, die wir in der *Courage* immer angestrebt hatten. Doch offensichtlich hatten uns dort die Instrumente gefehlt, uns gegenseitig zu kritisieren oder zu fördern, was wir ursprünglich an journalistischer Ausbildung nicht hatten.

Wie viel von den Inhalten und Themen der Courage hast du beim Vorwärts weiterverfolgt?

Sibylle Plogstedt: Ich schrieb zum Beispiel eine Titelgeschichte über Vergewaltigung in der Ehe, auch mit Hinweisen darauf, wann die SPD was in welcher Justizreform verhandelt hatte. Es gab damals noch den Kuppelei-Paragrafen, der völlig veraltet war. In einer Strafrechtsreform strich die SPD die Kuppelei, die Vergewaltigung in der Ehe blieb aber weiterhin straffrei. So etwas schrieb ich, das führte zu Konflikten. Ich hatte gleich zu Beginn einen Riesen-Konflikt mit dem Chefredakteur. Nicht nur ich, auch ein anderer, der wie ich aus der alternativen Szene kam, sollten noch in der Probezeit wieder entlassen werden. Eva Rühmkorf und Hans-Jochen Vogel setzten sich für uns ein. Wir konnten bleiben. Der Kollege ging später zum *Stern*, ich freiberuflich zum *WDR*.

Die späten 80er Jahre sind in einem gewissen Sinne die prototypischen rot-grünen Jahre – etwa mit der Koalition in Frankfurt 1989, wo das Rot-Grüne Projekt auch seinen Namen erhielt. Inwiefern habt ihr das im Vorwärts thematisiert?

Sibylle Plogstedt: Dass Rot-Grün für die SPD eigentlich auch die einzige Machtalternative zu Kohl war, weil die FDP wegfiel, wurde als strategische Option so nicht diskutiert. Es wurde höchstens berichtet. Ich beschäftigte mich zu dieser Zeit vor allem mit der Quote, der Quote innerhalb der SPD und der Quote in der Regierung, die dann unter Walter Momper in Berlin auch kam.

Verfolgtest Du auch dein Thema – Osteuropa – weiter?

Sibylle Plogstedt: Die Opposition in Osteuropa kam im *Vorwärts* nicht vor. Ich hätte damals gerne geschrieben, dass der Kanzlerkandidat der SPD und Ministerpräsident von NRW, Johannes Rau, kein Interesse hatte, die Oppositionellen zu besuchen. Aber ich durfte nie über Osteuropa schreiben …

… wohl deswegen. Änderte sich das nach '89 und der Wiedervereinigung? Warst du dann frei zu schreiben, was du wolltest?

Sibylle Plogstedt: Der *Vorwärts* wurde zu einem reinen Mitgliedermagazin umgemodelt, und 1989 wurden alle Redakteurinnen mit Abfindung entlassen. Danach wollte ich mich nicht mehr binden. In der Geschichts- bzw. in der Nachrichtenredaktion des *WDR* bot man mir eine halbe Stelle an, ich wollte aber lieber freiberuflich für den *WDR* arbeiten, parallel kam dann die Arbeit für die Hans-Böckler-Stiftung dazu.

Was uns noch interessiert: Wer vertrat und förderte den Feminismus, den du schon sehr früh lebtest, deiner Meinung nach mehr – die Gewerkschaften oder die Grünen?

Sibylle Plogstedt: Ich denke, die Feministinnen bei den Grünen waren die ersten. Sie haben, was etwa Fragen der Quote oder den Frauenvorstand betrifft, die Institution Grüne vorangebracht. Ich bin der Meinung, dass auch die Gewerkschafterinnen die Instrumente des Feminismus geschärft haben. Zwar ist die Quote nach der Einheit weiterentwickelt worden, aber die Quote allein ist noch kein Feminismus. Es braucht eine gesellschaftliche Perspektive dazu.

Die Konflikte, die bei den Grünen in Erinnerung bleiben, drehten sich einmal um die Mütterpolitik, die dann als Frage der Kindererziehung, Berufstätigkeit und Arbeitsteilung in der Fraktion diskutiert wurde. Innerhalb der Grünen gab es einen Gegensatz zwischen denjenigen, die einem realen Sozialismus eher positiv, und anderen, die ihm abgrundtief kritisch gegenüber standen. Und der schlug in das Feminismuskonzept rein. Das begann schon mit dem Müttermanifest.

Sibylle Plogstedt: Ja. Ich schrieb neulich auf Basis eines Vortrags, den ich in der *Guardini-Stiftung* in Berlin gehalten hatte, einen Artikel, für den ich mir alles, was die Courage über Mütter geschrieben hatte, noch mal ansah. Gisela Erler war bei dem Vortrag in der *Guardini-Stiftung* die Referentin nach mir. In dem Artikel stimmte ich Gisela Erler in ihrer Kritik zu, dass die Frauenpolitik bei den Grünen nicht viel besser war als bei der SPD. Gisela Erler wurde von beiden Seiten angegriffen, und zwar völlig parallel. Sie war die, die über das, was sich auf die reine Frauenpolitik bezog, hinausdachte. Ihr ging es nicht nur um Mütterzentren, das ist ja erst mal nicht mehr als ein Ort, wo Mütter sich treffen, sondern um Kindergärten – Betriebskindergärten, die sie an Betriebe knüpfte. Auch die Idee der Mehrgenerationenhäuser stammt mit von ihr. Jetzt ist Gisela Erler Staatsrätin in der baden-württembergischen Landesregierung. Ich finde sie genial in dem was sie macht – und das seit '68 in der Kontinuität und in völliger Unabhängigkeit. Und man kann noch weiter zurück, zu ihrem Vater, dem SPD-Politiker Fritz Erler – trotz dieser Herkunft ist sie in der SPD genauso aufgelaufen wie bei den Grünen.

Vielen Grünen war sie nicht radikal genug. Und die, die sie unterstützt haben – zum Beispiel in der Fraktion Christa Nickels – haben zu einem radikaleren Feminismusverständnis nichts beigetragen und das Müttermanifest,

das Gisela Erler 1987 mit einem Dutzend anderer Frauen veröffentlichte, untergraben.

Sibylle Plogstedt: Doch in den verschiedenen Müttermanifesten, egal, ob man Gunhild Feigenwinter in der Schweiz oder Gisela Erler ansieht, geht es um die soziale Frage schlechthin. Da gibt es noch viel aufzuarbeiten, ohne dass man dafür viel Geld aufwenden müsste – doch leider gibt es bei dem Thema Mütter viel Diskriminierung. Und das Gemeine war: Allein bei dem Wort «Mütter» kam gleich der Faschismusverdacht.

Nach wie vor ist das das einfachste Argument, um etwas zu bremsen.

Sibylle Plogstedt: Ja, beim Müttermanifest hat es funktioniert.

Es funktioniert immer. Gerne würden wir aber mit Dir noch über eine andere wichtige Grüne sprechen: Petra Kelly, du hast sie gekannt. War sie in Deinen Augen eigentlich eine Feministin?

Sibylle Plogstedt: Petra war keine Feministin, aber frauenpolitisch orientiert. Im Grunde war sie eine radikale Sozialdemokratin mit ökologischem Background. Was ich bei den Grünen nie verstand, war der Umgang mit dem Tod von Petra Kelly am 1. Oktober 1992. Diese Geschichte ist nie richtig aufgeklärt worden, ich finde das erschreckend. Ich erinnere mich noch gut an diese Beerdigung, die beide gleich behandelte, als ob es von Gert Bastian keinen Mord an ihr gegeben hätte. Alle gingen davon aus …

… sie hätten sich gemeinsam für den Tod entschieden. Und nur er, Gert Bastian, führte das aus …

Sibylle Plogstedt: Ja. Und das halte ich für eine Selbstlüge der Grünen.

Heute behaupten die Grünen das im Gegensatz zu damals nicht mehr. Wir haben öfter Anfragen zu diesem schwierigen Thema. Was war denn der Grund aus Parteiperspektive? So etwas kann es bei uns in einer pazifistischen Partei nicht geben? Und deswegen behandeln wir das so verquer? Wie erklärst du dir das?

Sibylle Plogstedt: Ich denke, die Geschichte von Bastian ist nicht genügend aufgearbeitet. Wenn er wirklich im Auftrag der DDR gehandelt hat, dann ist die Konstellation eigentlich relativ klar, wer wen bespitzelt hat.

Gut. Aber warum erschießt er sich dann? In dem Buch «Petra Kelly. Eine Erinnerung» gibt es einen Artikel von Udo Baron, in dem gemutmaßt wird, dass er unter Druck geraten ist, weil amerikanische Stellen im Begriff waren,

Stasi-Unterlagen oder Geheimdienstunterlagen freizugeben, die ihn enttarnt hätten.

Sibylle Plogstedt: Diese These halte ich für richtig. Aber warum gab das Aktenmaterial das nicht her? Ist das nicht überprüft worden?

Mit den Unterlagen, die tatsächlich übergeben worden sind, ist nichts bekannt geworden, das darauf hindeutete. Es waren die «Rosenholz-Dateien», sicherlich haben sehr viele Leute diese Akten studiert.

Sibylle Plogstedt: Sie sind durchgesehen worden, die Frage ist nur, ob dabei alles mit rechten Dingen zuging. Was jedenfalls hanebüchen ist, ist die These eines gemeinsamen Selbstmords, in den Petra eingewilligt hätte. Petra hatte noch so viele Verabredungen, Pläne und Projekte.

Hattest Du Kontakt mit ihr?

Sibylle Plogstedt: Nicht intensiv. Ich traf sie in Bonn nachts oft am Kopierer. Und da unterhielten wir uns natürlich auch.

Auch die Staatsanwaltschaft kam zum Ergebnis, dass es keinerlei Hinweise auf eine Selbstmordabsicht von Petra gab und dass von einer Ermordung auszugehen ist. Das heißt also: Aus einer Selbstmordakte wird eine Mordakte. Das ist inzwischen auch offiziell für die Grünen.

Sibylle Plogstedt: Ich denke, dass an dieser Frage im Grunde die Frauenpolitik der Grünen obsolet wurde, weil sie weder die Politik, die dahinter steckte, noch die Gewalt dahinter begriffen. Petra Kelly hatte zum Zeitpunkt ihrer Ermordung kein politisches Amt mehr, das sie schützte.

Stimmt. 1990 kandidierte sie für den Bundestag, 1991 zum Bundesvorstand. Beide Versuche endeten kläglich.

Sibylle Plogstedt: Ja, es gibt die These: Wenn man nicht mehr in Funktion ist, gerät man in Gefahr, weil ein Amt eine Schutzfunktion hat, weil der Aufschrei viel größer ist, wenn jemand in einer Funktion umgebracht wird und weil die Aufklärungsbereitschaft der Polizei höher ist.

Zwischen der Anerkennung von Petra Kelly, die sie in der Öffentlichkeit für die Grünen genoss, und ihrer parteiinternen Wahrnehmung klafft eine große Diskrepanz.

Sibylle Plogstedt: Ja, das gibt es oft. Die Grünen waren nicht bereit, ihr den Kredit zu geben, obwohl sie von ihr von Anfang an profitiert hatten. Ihre internationale Popularität wurde ihr eher geneidet.

Nochmal zurück zu dem Mord. Über den Umgang der Grünen sagtest Du, sie hätten damit auch den Frauen keinen Dienst erwiesen. Im Gegenteil. Das ist eine interessante Interpretation, die ich in dieser Verdichtung noch nicht gehört habe.

Sibylle Plogstedt: Die Grünen konnten sich von ihrer Führungsfigur Bastian nicht trennen. Sie wollten und konnten die Erkenntnisse der Frauenbewegung über Gewalt in Beziehungen nicht anwenden, geschweige denn, es noch mit dem Thema Stasi zusammenbringen. Bastian war ein Ex-Militär, der zu den Grünen ging, mit einer sanften Ausstrahlung. Dabei hatte Bastian aber dieses Typische von Militärs, die sich anpassen können und nur in der Hierarchie gemeinsam aggressiv agieren. Daher ist die Frage: Innerhalb welcher Hierarchie hat er Petra gegenüber aggressiv reagiert? Warum hat Petra seiner sanften Ausstrahlung geglaubt? Auf Fotos sieht man die beiden immer gemeinsam abgebildet, sie sitzen zusammen im Parlament, auf Reisen stehen sie nebeneinander. Eine größere Eins-zu-Eins-Bewachung kann man sich nicht vorstellen. Sie hat dem Märchen, dass man einen General pazifizieren kann, wohl geglaubt. Das ist das Drama dabei – von ihr aus gesehen.

Als Filmemacherin hast Du es bestimmt mitbekommen. Die ARD sendet am 11.11.2014 einen Film mit dem Titel «Mordakte Kelly/Bastian». Die Reaktionen, die bisher von den Grünen zu hören waren, bezogen sich vor allem auf den Titel. Ein historischer Film über Petra mit dem Titel «Mordakte» erschreckt sie.

Sibylle Plogstedt: Aufarbeitung ist bei dem Thema wichtig. Ich fände gut, wenn alles noch einmal auf den Tisch käme, auch wenn es ein bisschen spät dafür ist. Es ist in jedem Fall eine Mordakte. Erst neulich ist es mir wieder passiert. Ich war auf einer Veranstaltung der Böll-Stiftung, wo ehemalige Bürgerrechtler mit leuchtenden Augen erzählten, dass Gert Bastian – obwohl ein General – auch in der Küche aktiv war und kochte. Da musste ich unterbrechen und sagen: Ja, nur leider hat er sie umgebracht. Ich erntete betretenes Schweigen.

Lass uns zum Schluss noch beim Fernsehen bleiben und Deiner weiteren Karriere nach der Courage und dem Vorwärts. Als Journalistin gingst du zum WDR, was wurden Deine wichtigsten Themen bei dem Sender?

Sibylle Plogstedt: Zuerst arbeitete ich fürs Radio. Beim *WDR* habe ich den «Abwasch» mit entworfen, das war ein feministisches Hörfunk-Magazin. Nach und nach machte ich aber mehr Fernsehfilme und veränderte meinen Themenschwerpunkt in Richtung Familie und ihre sozialen Aspekte. Zum Beispiel drehte ich drei Filme über eine Familie mit 16 Kindern, die sozial vernachlässigt wurden. Ich hätte die Reihe problemlos fortsetzen können, in dieser Familie passierte immer etwas, mal kam das Jugendamt und holte ein Kind aus der Familie, mal war etwas Anderes. Ich verfilmte auch meine eigene Geschichte, die Zeit in Prag und die psychische Folter in der Zelle. Darüber schrieb ich auch ein Buch[4].

Die langen Dokumentationen zum Thema Kindesverwahrlosung, Deine Filme zum Thema Frauenhandel, Kinderpornografie, Kindesentführung, Dein autobiografischer Film über die Haft in Prag – hast Du das alles innerhalb von einigen wenigen Jahren gemacht, bis Du dann zur Hans-Böckler-Stiftung gegangen bist?

Sibylle Plogstedt: Nein, die Böckler-Stiftung kam so langsam dazu, ich arbeitete für beide parallel. Nur wurden die Projekte immer größer, so dass ich am Schluss nicht mehr so viele Filme machte, sondern eher mit dicken Büchern unterwegs war. Erst mit der «Knastmauke»[5], in dem ich das Schicksal von politischen Häftlingen der DDR nach der deutschen Wiedervereinigung beschreibe. Das Buch ist im September 2010 erschienen. Dann kam die Geschichte der DGB-Frauen[6]. Allein das sind zwei Bände. Davor schrieb ich aber auch andere Bücher, etwa 2004/5 eins über Frauenprojekte[7] und wie sie intern funktioniert hatten, und zwar mit den Frauen, die aus der Gründungszeit immer noch dabei waren.

Das heißt, das Buch ist ein Rückblick über zwanzig Jahre?

Sibylle Plogstedt: Ja, genau. Und ich schrieb über Erben, Erbinnen und den Streit in Familienbetrieben.[8] Es musste immer ein Betriebsthema sein, sonst hätte ich es nicht bei der Böckler-Stiftung unterbringen können. Es ist aber ein spannendes Thema, und derzeit sitze ich an zwei DGB-Büchern, für die ich von 1990 bis 2010 Daten ausgewertet habe. Jetzt arbeite ich gerade die Vorschläge der Lektoren ein und muss Mitte des Monats abgeben.

4 Sibylle Plogstedt: Im Netz der Gedichte. Gefangen in Prag nach 1968, 2001.

5 Sibylle Plogstedt: Knastmauke. Das Schicksal von politischen Häftlingen der DDR nach der deutschen Wiedervereinigung, 2010.

6 Sibylle Plogstedt: Wir haben Geschichte geschrieben. Zur Arbeit der DGB-Frauen (1945–1990), 2013; Sibylle Plogstedt: Mit vereinten Kräften. Die Gleichstellungsarbeit der DGB-Frauen in Ost und West (1990–2010), 2015.

7 Sibylle Plogstedt: Frauenbetriebe. Vom Kollektiv zur Einzelunternehmerin, 2006.

8 Sibylle Plogstedt: Abenteuer Erben. 25 Familienkonflikte, 2012.

Das klingt nach ziemlich viel, was Du machst…

Sibylle Plogstedt: Ja. Ich bin offenbar belastbar. Das ist wohl die Resilienz, von der ich vorhin sprach.

INTERVIEW MIT FRANZISKA EICHSTÄDT-BOHLIG[1]

«Politik muss man wie das Bauen im Maßstab 1:1 machen»

Wo kommst Du her, was ist Dein familiärer Hintergrund?

Franziska Eichstädt-Bohlig: Geboren bin ich in Dresden. Ich bin ein klassisches Kriegskind. Ich bin 1945 als kleines Kind eine Woche vor dem Luftangriff auf Dresden mit meiner Mutter und meiner Schwester mit einem Schlesien-Treck nach Bayern gebracht worden. Ich habe dann die ersten bewussten Jahre in Niederbayern verbracht, bis meine Mutter gestorben ist. Da war ich 11 Jahre alt. Dann ist mein Vater mit uns nach Westfalen gezogen. Im Studium war ich erst vier Semester in Hannover und danach in Berlin, natürlich wegen der Mauer und der Spannungen des Eisernen Vorhangs. Ich gehöre zu denen, deren Eltern damals gesagt haben: «Um Himmels Willen, in Berlin wird man doch eingesperrt, das ist gefährlich». Aber als Studentin wollte ich hierher. Zu Schüler- und Studentenzeiten war ich in einem bildungspolitischen Kreis, der sehr viel Ost-West-Austausch und viele kulturelle und politische Veranstaltungen organisierte, z.B. mit Ernst Bloch, Stephan Hermlin, Hermann Kant. Das ist die politische Sozialisation, die ich Ende der 50er Jahre und in den 60er Jahren genossen habe. Das mündete in die Auseinandersetzungen um die Notstandsgesetze und den Vietnamkrieg, die sich zur Studentenrevolte 1967/68 ausweiteten. Ich gehörte zu einem kleinen Kreis von Studenten, die hier in Berlin an der TU den Protest im Sommer 1967 organisiert haben. Das erste Ziel war die Ablösung des RCDS-AStA durch einen linken AStA. Beteiligt waren die evangelische Studentengemeinde, die gewerkschaftliche Studentengemeinschaft, ein paar Architekten, ein paar Wirtschaftsingenieure. Das Besondere an der TU war, dass die Initiative nicht vom SDS, sondern von christlich und gewerkschaftlich organisierten Studenten ausging. Wir haben den ersten Protest-AStA und die Studentenrevolte an der TU Berlin initiiert. Das war bedeutsam, weil der Senat, die öffentliche Meinung und die Bürgergesellschaft in Westberlin damals der Meinung waren, die Studentenrevolte wäre ein reines FU-Phänomen, alle anderen Studenten würden ruhig und vernünftig ihrem Studium nachgehen. Als wir an der TU diesen ersten

1 Das Interview mit Franziska Eichstädt-Bohlig haben Christoph Becker-Schaum und Claudia Dreier am 1.7.2011 geführt. Bearbeitet wurde es von Christoph Becker-Schaum und Anne Vechtel.

linken AStA gebildet hatten, brach für das bürgerliche Berlin eine Welt zusammen. Als Che Guevara gestorben war, haben wir als AStA ein Beileidstelegramm an die Witwe geschickt. Das war schockierend: «Die spinnen auch an der Technischen Universität».

Das war '67?

Franziska Eichstädt-Bohlig: Das war 1967. Ich habe später immer gesagt: Ich bin mehr eine 67erin als eine 68erin. 1969/70 musste ich dann endlich mein Diplom machen. Das war das erste Alternativdiplom für Berliner Architekturstudenten. Normalerweise macht man einen Entwurf, zeichnet was Anständiges. Ich habe auch so angefangen. Damals waren bauliche Großstrukturen der große Trend – Yona Friedman, Archigram und ähnliches. Deswegen hieß die Aufgabe, eine Megastruktur 50 bis 60 m hoch übers Gleisdreieck zu bauen mitsamt der Autobahnplanung, die es für Berlin damals noch gab. Dazu habe ich Entwürfe gezeichnet. Dann hat mich diese absurde Aufgabe aber so geärgert, dass ich mitten im Diplom in ein anderes Seminar gewechselt bin und meinen Studienabschluss mit einer schriftlichen Abhandlung über den Begriff der Arbeit gemacht habe. Dafür habe ich damals das Architekten- und Stadtplanerdiplom bekommen. Es war aber auch meine erste Auseinandersetzung mit den sozialwissenschaftlichen Themen der Stadt.

Was waren Deine Eltern von Beruf?

Franziska Eichstädt-Bohlig: Mein Vater und mein Großvater waren Architekten. Mein Beruf kommt von der väterlichen Seite. Auch mein Mann und mein ältester Sohn sind Architekten.

Aus der Dresdner Tradition?

Franziska Eichstädt-Bohlig: Das ist Familientradition, ja. Meine leibliche Mutter stammte aus Berlin. Sie war Ausdruckstänzerin bei Mary Wigman und hat viel in Berlin, Dresden und Leipzig getanzt.

Du warst 1967 im AStA der TU. Wann bist Du nach Berlin gewechselt?

Franziska Eichstädt-Bohlig: 1963 nach vier Semestern in Hannover. Das war damals das klassische Vorexamen nach dem Grundstudium. Danach bin ich nach Berlin gegangen. Nach dem Studium war ich 1970 mit meinem Mann ein Jahr in Aachen. Das war auch ein Stück Polit-Revolte. Die Aachener wollten gerne aktive Berliner haben, um dort das Architekten- und Planerstudium aufzumischen. Beruflich habe ich nicht viel Architektur gemacht, sondern überwiegend Stadtplanung, Stadtentwicklung und Projektsteuerung. Stadtplanung zwingt zum integrierten Denken. Man kann nicht über Stadtentwicklung arbeiten, wenn man nicht über Bevölkerungsentwicklung, über Wirtschaft, über Bildung etc. nachdenkt. Es gibt keinen kommunalpolitischen Bereich, mit dem man sich nicht befassen muss. Ich glaube, dass mich das politisch sehr geprägt hat. Mir geht es einerseits immer ums Praktische – ich meine, Politik muss man wie das Bauen im Maßstab 1 : 1 machen. Deswegen ist aus mir auch nie eine richtige Ideologin geworden und nie eine richtige grüne Linke. Das andere ist dieses integrierte Denken, also nicht die Dinge gegeneinander ausspielen, sondern Zielkonflikte austarieren und miteinander in Beziehung setzen. Erst dann wird vernünftige Politik daraus. Und diese Schulung hat mich sehr geprägt. Das geht mit dem ersten Entwurf los. Wenn du eine Schule entwirfst, befasst du dich mit Bildung, wenn du ein Wohnhaus entwirfst, befasst du dich mit Wohnen – usw.

Das war dann Arch+?

Franziska Eichstädt-Bohlig: Die Zeitschrift Arch+ ist aus dem Freundeskreis unserer politischen Architekten entstanden, aus der Aachener und Stuttgarter Szene.

Das seltene Beispiel einer Architekturzeitschrift aus einer Uni, die auch andere gelesen haben.

Franziska Eichstädt-Bohlig: Und die sich bis heute gehalten hat und bis heute diesen Anspruch pflegt, nicht nur schönes Design, sondern gesellschaftliche und politische Themen mit dem Bauen zu verknüpfen. Dann kam in Berlin die Auseinandersetzung um den Erhalt des Bethanienkrankenhauses in Kreuzberg. Das war der Übergang in die 70er Jahre. Zuerst sollte ich aber noch von den berühmten K-Gruppen erzählen. Da habe ich Marxismusschulungen gemacht. Dann war ich schwanger, und einer unserer politischen Hardliner piekste mir mit dem Finger auf den Bauch und fragte: «Womit begründest du das?» Und da sagte ich: «Das begründe ich nicht». Das war das Ende meiner K-Gruppenaktivität. Eine wichtige politische Erfahrung aus dieser Zeit war die gewerkschaftliche Arbeit, auch persönlich. Mein Mann und ich haben bis heute einen sehr engen Freundeskreis aus dieser gewerkschaftlich aktiven Zeit, vor allem aus der IG Metall. Der Arbeitsschwerpunkt war die Aufzugfirma Flohr-Otis in Reinickendorf. Wir haben über Jahre einen gewerkschaftlichen Arbeitskreis gehabt mit etwa acht Kollegen und einer Kollegin, die dort gearbeitet haben, und wir als betriebsferne Außenseiter. Es ging um die Betriebsratsarbeit in dem Unternehmen mit seinem wirtschaftlichen Auf und Ab, wo der Leistungsdruck immer mehr intensiviert wurde. Die Frage war, wie damit gewerkschaftlich umzugehen sei. Dieser Kreis hat sich seit der 68er-Zeit über die 70er Jahre bis in die 80er Jahre regelmäßig getroffen. Der Freundeskreis besteht noch heute. So gibt es noch Fäden aus dieser radikalen Zeit, die in Freundschaften und in die Alltagsarbeit außerhalb des Beruflichen übergegangen sind.

Ihr wart ursprünglich von außen?

Franziska Eichstädt-Bohlig: Wir beide, mein Mann und ich, betrachteten die Arbeit von außen. Die Treffen waren bei uns in der Wohnung, einmal im Monat. Es wurde aber nicht über irgendeine Marxismusschulung oder allgemeine Weltverbesserung gesprochen, sondern immer ganz konkret: Was läuft im Unternehmen? Wie muss die Arbeitnehmerseite darauf reagieren? Was steht auf der nächsten Betriebsversammlung an etc.? Das gab es aber auch anderswo. Cornelius van Geisten, der vor drei Jahren gestorben ist und der die IBA wesentlich mitgeprägt hat mit meinem Mann, pflegte ähnliche Zirkel für andere Unternehmen, auch in der IG Metall und war lange Jahre in der Jugendarbeit der IG Metall aktiv. IBA, das war die Berliner Internationale Bauausstellung der 80er Jahre. Der Schwerpunkt war die Altbau-IBA, die *behutsame Stadterneuerung* in Kreuzberg SO36, die als Reaktion auf die Abrisswut und die Bauskandale der 70er Jahre entstanden war. Die Berliner Wohnungs- und Baupolitik war damals arg verfilzt und wurde von Bonn aus zu hoch subventioniert. Das war für mich und einige Bürgerinitiativen ein zentraler Streitpunkt. Es galt die Stadtteilarbeit von unten zu unterstützen gegen die zerstörerische Stadtpolitik von oben. Daraus entstanden Forderungen nach Selbsthilfe, nach Mietermodernisierung und vor allem nach erhaltender Stadterneuerung. Die kritische Reformdiskussion über die Berliner Stadtpolitik begann in den Berliner Architektenkreisen 1968 mit einer wichtigen kleinen Ausstellung von Assistenten und Studenten an der Architekturfakultät der TU. Die hieß Diagnose. Sie lebte wesentlich vom Protest gegen den Bau des Märkischen Viertels, gegen große anonyme Hochhaussiedlungen: *Wir wollen diesen überzogenen massenhaften Großsiedlungsbau nicht.* Auch die Westberliner Innenstadt sollte nach dem Willen des Senats vor allem in Kreuzberg und im Wedding durch den Abriss der Arbeiterquartiere der Gründerzeit so umgestaltet werden. Im Wedding ist sehr viel abgerissen und neu bebaut worden. In Kreuzberg begann es mit dem Wassertor und dem Neuen Kreuzberger Zentrum (NKZ). Da haben wir den Protest dagegen organisiert. Es sollten keine Wohnungen abgerissen werden, wir stritten für den Erhalt der Gründerzeithäuser. Daraufhin ließ der Senat mit Blick auf das Denkmalschutzjahr 1975 die alten Fassaden erhalten, beispielsweise am Mariannenplatz. Aber dahinter wurde abgerissen und neu gebaut. Zwischen den Häusern wurden Flächen für Parkdecks frei gemacht für autogerechtes Wohnen. Mit Altbaufassaden als Kulissen gaben sich die Bürgerinitiativen aber keineswegs zufrieden, zumal die baulichen Zerstörungen die soziale Zerstörung der Nachbarschaften bedeutete. So ist Schritt für Schritt im Laufe der 70er Jahre das erstritten worden, was dann in den 80er Jahren die behutsame Stadterneuerung wurde. Dafür war Gustav Hämer, damals Professor an der UdK (HdK), die zentrale Figur, der die erhaltende Altbausanierung an einem Häuserblock (Block 118) in Charlottenburg modellhaft ausprobiert hatte. Heute erscheint das selbstverständlich. Vor vierzig Jahren waren die sozialen und baulichen Vorurteile gegen die Berliner Mietskaserne noch riesengroß, insbesondere gegen die alten Arbeiterquartiere. Aber nun wurde gezeigt, wie man Altbauten mit ihren Hinterhäusern erhalten und erneuern kann. Die Handwerker lernten, faule Holzbalken zu sanieren und Hausschwamm zu beseitigen. Die Podestklos wurden durch kleine Bäder in der Wohnung ersetzt. Die Häuser wurden bescheiden erneuert und die Leute konnten zu passablen Mieten wohnen bleiben oder wieder einziehen. Ich war damals Assistentin an der TU und habe das von dort aus unterstützt. Die 70er Jahre waren in Westberlin stark geprägt von Bürgerinitiativen gegen die Flächensanierung und die Abrisswut des Senats und gegen den Berliner Baufilz. Doch der Durchbruch hin zu einer behutsamen Stadterneuerung wurde erst mit der Instandbesetzerbewegung Anfang der 80er Jahre erstritten. Ich wurde Patin für die Besetzer, engagierte mich für die Sicherung der Häuser und habe 1983 die Geschäftsführung für den alternativen Sanierungsträger *Stattbau* übernommen, den wir zur Legalisierung von besetzten Häusern gegründet hatten.

Von wann bis wann warst Du Assistentin?

Franziska Eichstädt-Bohlig: Ich war von 1977 bis Ende 1981 Assistentin an der TU Berlin. Aus der Zeit muss ich noch zwei Sachen erzählen. Ich war aktiv daran beteiligt, dass der Berliner Mieterverein, der bis dahin fest in sehr konservativer SPD-Hand war, erstmals politisch unabhängig wurde und es bis heute geblieben ist. Das war ein Stück Revolte gegen die geplante Einführung des *Weißen Kreises* in Westberlin. In Westberlin sollte 1980 die Mietbindung aufgehoben werden, in Westdeutschland war sie schon aufgehoben. Wir haben mit diesem neu ausgerichteten Mieterverein mit Veranstaltungen und Kampagnen dafür gestritten, dass die Einführung des Weißen Kreises abgeschwächt und verzögert wurde. Ich habe im Wesentlichen die wohnungspolitischen Argumente zu dieser Kampagne beigetragen.

Kannst Du was zu diesem Weißen Kreis sagen?

Franziska Eichstädt-Bohlig: In der Bundesrepublik wurde nach dem Krieg eine Mietbindung mit kommunaler Wohnungszuteilung eingeführt, weil durch die großen Kriegszerstörungen Wohnraum sehr knapp war. Diese Mietbindung wurde in den westdeutschen Ländern in den 70er Jahren Schritt für Schritt aufgehoben. Und der Begriff Weißer Kreis meinte, dass in einer Stadt oder einem Landkreis Marktmieten nach dem Miethöhegesetz mit dem Mietspiegelsystem eingeführt wurden. Es gab regional unterschiedliche Übergangsphasen, längere vor allem für die großen Städte. Westberlin war das letzte Land, wo dieser Weiße Kreis eingeführt werden sollte. Die Mieterproteste hatten den Effekt, dass der Übergang in den Weißen Kreis bis 1988 verzögert wurde. Für die Westberliner Mieter war das eine sehr wichtige politische Kampagne. Fairerweise muss man aber sagen, dass das deutsche Mietrecht besser ist als in manchen anderen europäischen Ländern. Die Mieten sind Marktmieten, aber der Vermieter kann sie nicht beliebig erhöhen. Die zweite Politikgeschichte handelt vom Sozialen Wohnungsbau. In Westberlin wurden in den 60er und 70er Jahren sehr viele

Sozialwohnungen gebaut und gefördert, bis hin zur Wohnungsbauförderung für Führungskräfte. Der geförderte Wohnungsbau und speziell der Bau der Großsiedlungen am Stadtrand entstand als Antwort auf den Bau der Mauer durch die DDR. Denn nun fehlten plötzlich tausende Arbeitskräfte aus dem Osten der Stadt und dem Umland. Die Insel Westberlin musste alles tun, um Arbeitskräfte zu halten und aus Westdeutschland herzulocken. Westberlin bekam dafür viel Fördergeld aus Bonn, zumal der Wohnungsbau auch ein wichtiges wirtschaftspolitisches Instrument war. Gleichzeitig ging es darum, die Facharbeiter aus den minderwertigen Gründerzeitbauten in gute Neubauten umzusetzen. Das, was der Osten in Marzahn, Hellersdorf, Hohenschönhausen und Lichtenberg gemacht hat, das waren im Westen Märkisches Viertel, Falkenhagener Feld und Gropiusstadt. Und es war zunächst auch das Ziel für die Erneuerung der Arbeiterquartiere: *Die Großsiedlung als Leitbild für die Stadterneuerung*. Für die Wohnungsbauförderung hatten sich Berlin und zeitweise auch andere Bundesländer ein absurdes neues Fördersystem ausgedacht. Das muss ich erklären, weil es bis heute in Berlin eine Rolle spielt. Jahrzehntelang war der Wohnungsbau schlicht mit Zuschüssen und zinsgünstigen Baudarlehen gefördert worden. Das ist die klassische Förderung, mit der eine Wohnung preisgünstiger gebaut werden kann als rein privat. Doch um 1970 herum wurde die sogenannte Aufwandsförderung erfunden: Der Eigentümer baut die Wohnung zu marktüblichen Bedingungen. Dann ergibt sich eine Kostenmiete, in die die volle Verzinsung der Baukosten eingeht. Diese Kostenmiete wird Monat für Monat runter subventioniert auf die Sozialmiete, die man für den Mieter für verträglich hält. Die anderen Bundesländer haben sehr schnell gemerkt, dass diese Förderung ein Fass ohne Boden ist. Aber das subventionsverwöhnte Berlin hat diese Förderung bis 1997 beibehalten. Die Kostenmieten stiegen in den 80er Jahren auf schwindelerregende 30 bis 40 DM pro Quadratmeter und Monat. Das bedeutete, dass die öffentliche Hand für jeden Quadratmeter jeden Monat 25 bis 35 DM zuschießen musste, um eine Sozialmiete von 5DM/qm für den Mieter zu erreichen! Bereits in den 70er Jahren haben wir an der Uni gesagt: Dieses System ist absurd. Jede Wohnung braucht Förderung für 30 Jahre, und zwar viel, viel mehr als die alte Bauförderung gekostet hätte. Der Berliner Haushalt wird spätestens in den 90er Jahren unter dieser Förderung zusammenbrechen. Und so ist es auch gekommen. Hinzu kam, dass die Investoren in diese Kostenmieten rein rechneten, was man nur in eine Leberwurst reinstopfen kann: Vorfinanzierung, Höchstzinsen, Beratungskosten etc., da haben viele dran verdient. Obendrein gab es in den 70er und 80er Jahren das Berlin-Fördergesetz, das sehr hohe Steuerabschreibungen für alles und nichts erlaubte. Es herrschte Goldgräberstimmung auf dem Rücken der Steuerzahler. Da habe ich 1979 an der TU eine Konferenz organisiert: *Aspekte der Berliner Wohnungspolitik*. Zum Auftakt hatten wir an dem Tag die erste Hausbesetzertruppe in ein Gebäude in der Cuvrystraße geschickt. Das hatten wir mit engagierten Studenten abgesprochen. Dann hatten wir die Stuttgarter Betriebswirtin Ruth Becker eingeladen, die einen brillanten Vortrag über die Fehler dieser Aufwandsförderung des Sozialen Wohnungsbaus hielt. Sie wies das fachlich detailliert nach und belegte den enormen öffentlichen Aufwand mit Zahlen. An dieser Veranstaltung nahm neben anderen damals wichtigen Baupolitikern ein junger CDU-Politiker namens Landowsky teil. Aber keiner der Teilnehmer wollte die Warnungen wirklich ernst nehmen. Heute muss ich oft daran denken, wie sehr sich diese Prognosen bewahrheitet haben. Mit diesem Fördersystem ist viel Schindluder getrieben worden. Aber alle, die es kritisiert haben, sind damals mundtot gemacht worden. Architekten kriegten plötzlich keine Aufträge mehr, wenn sie ein kritisches Wort gesagt hatten. Bis heute ist diese falsche Förderung eine Riesenbelastung für Berlin. Jährlich fließen immer noch viele Steuergelder in diese Wohnungen. Trotzdem sind die meisten Wohnungen für die Mieter heute teurer als die Mietspiegelmieten. Ich habe daraus gelernt, dass politische Fehler sich immer rächen – und sei es Jahrzehnte später.

Und trotzdem sind dann die großen Gesellschaften wie die Neue Heimat pleite gegangen.

Franziska Eichstädt-Bohlig: Die Neue Heimat ist an persönlicher Bereicherung und Überschuldung pleite gegangen, nicht am Fördersystem. Sie hatte sich vor allem am spekulativen Erwerb von Immobilien übernommen. So, wie es nach der Wende viele Investoren und Banken gemacht haben. Auch die Berliner Bankenkrise war Ergebnis von umfangreichen Fehlspekulationen. Die Finanzmarktkrise 2008 in den USA, die Krisen in Irland und Spanien sind im Kern Spekulationskrisen. Man umschreibt dies heute vornehm mit dem Wort Immobilienblase. Aber gerade auch im ehemals gemeinnützigen Wohnungssektor gab es vor der Wende viel Misswirtschaft und parteipolitische Vetternwirtschaft. Der häufige Filz in öffentlichen und gemeinnützigen Unternehmen war mit ein Grund dafür, dass es kaum Proteste gegen die Aufhebung der Wohnungsgemeinnützigkeit 1989 gab. Auch die Privatisierungs- und Deregulierungswelle nach der Vereinigung muss man vor diesem Hintergrund sehen.

Und dann bist Du Geschäftsführerin geworden?

Franziska Eichstädt-Bohlig: Eigentlich wollte ich über die Berliner Wohnungspolitik eine Doktorarbeit schreiben. Aber dann habe ich die Arbeit beiseite gelegt und bin 1983 Geschäftsführerin des alternativen Sanierungsträgers *Stattbau* geworden, den es ja heute noch als Stadtentwicklungsgesellschaft gibt. Dieser Träger war 1982 gemeinsam mit Instandbesetzern gegründet worden, um besetzte Häuser zu übernehmen. Nach langen schwierigen Verhandlungen, die mehrfach wegen der polizeilichen Räumung von Häusern abgebrochen wurden, haben wir mit dem Senat einen Sanierungsvertrag vereinbart und am Heinrichplatz den Block 103 mit zwölf Häusern – das Erbe von gescheiterten Spekulanten – übernommen und im Verlauf der 80er Jahre mit den Bewohnern saniert. Das war eine lehrreiche Phase. Einige Häuser waren Punk-Häuser, wo die Punks gelebt haben mit Alkohol, Drogen, vielen Polizeiproblemen und vor allem mit jeder Menge Hunden, die vom Dachboden bis zum Keller alles vollgesch… haben. In anderen Häusern forderten Studenten innovativste ökologische und energetische Experimente. In einigen Häusern lebten auch noch türkische Mieter. Und es gab die mächtigen Kneipenwirte vom Heinrichplatz! Der stabilste Teil der Besetzer waren die westdeutschen Bundeswehrflüchtlinge. Da waren handwerklich sehr fitte Leute dabei. Wir hatten eine Schwaben-Fraktion und eine Westerwald-Fraktion. Die haben perfekt an ihren Häusern gebaut und gründeten erfolgreiche Firmen für Tischlerarbeiten und für Holz- und Bautenschutz. Insgesamt aber war der Anteil an arbeitslosen und berufslosen jungen Menschen unter den Besetzern sehr groß. Unter den Studentinnen und Studenten waren auch Architektinnen und Landschaftsplanerinnen, gerade auch sehr resolute und engagierte Frauen, die darauf bestanden, die Planung für die Sanierung ihrer Häuser selbst zu machen. Teilweise mussten wir warten, bis sie ihr Diplom und ihre Vorlageberechtigung hatten, damit sie einen Bauplan mit Stempel bei der Bauaufsicht einreichen konnten. Das Sanieren der sehr ruinösen Häuser zusammen mit den nun legalisierten Besetzern war ein sehr mühseliger und konfliktreicher Prozess. Doch kürzlich war ich zum 30-jährigen Jubiläum der Instandbesetzung bei der Hausgemeinschaft in der Manteuffelstraße 40/41 eingeladen, wo die Kinder inzwischen längst groß und selbstständig sind. Da war der emotionale Zusammenhalt der jungen Jahre lebendig wie eh und je. In diesem Doppelhaus wird bis heute der riesengroße Gemeinschaftsraum mit der Gemeinschaftsküche genutzt. Seinerzeit hatte ich gefordert, dass sie ein paar Bäder mehr einbauen sollten, um abschließbare Wohnungen zu bekommen. Ich war immer die Altmodische, die gesagt hat: «Leute, denkt dran, Bäder baut man nur einmal, jetzt habt ihr die Gelegenheit». Das kommt ihnen heute zugute. Denn natürlich leben sie heute mehr in einzelnen Wohnungen und Wohngruppen als damals im Überschwang der Besetzerzeit. Doch der Kern der Bewohner sind die Besetzer von damals geblieben. Es wachsen neue Bewohner nach, aber die Hausgemeinschaft ist nach wie vor wie eine Großfamilie. Sie halten zusammen, helfen sich gegenseitig, die Kinder sind gemeinsam groß geworden. Es ist sehr sympathisch, wie eine solche Gruppe über all die Jahre zusammen lebt. In meinem Job als Sanierungsträgerin musste ich auch schnell lernen, mit öffentlichem Geld umzugehen. Da gab und gibt es das Geld für Ordnungsmaßnahmen, mit dem z.B. Abrisse finanziert werden, eine baufällige Remise, eine Hofentkellerung und solche Sachen. Die erste Forderung nach einer Ordnungsmaßnahme dieser Besetzergruppe war: «Wir sind 40 Leute und brauchen einen Restaurant-Kochherd, sonst können wir unser Gemeinschaftsleben nicht organisieren». Das sollte 2.000 DM kosten. Aus Steuergeldern. Aber dafür gab es keine Regel. Durfte ich das jetzt finanzieren? Wir haben den Herd finanziert und noch einige andere Dinge jenseits der Regularien. Die sehr pingelige Wirtschaftsprüfung trug das mit. Auf dem Herd wird bis heute gekocht, und ich habe die Entscheidung nie bereut. Auch wenn die Bewohner mir inzwischen erzählt haben, dass sie mir natürlich die teuerste Variante untergejubelt haben, die es damals gab. Das sind Geschichten aus der Westberliner Instandbesetzerzeit.

Auch die von den Besetzern aus den besonders schwierigen Punk-Häusern, die schlicht sagten: «Bei uns kommen keine Bauarbeiter rein, ihr müsst dafür sorgen, dass wir die Arbeit kriegen.» Leute, die mit Alkohol, Drogen und dem senkrechten Gang echt ihre Schwierigkeiten hatten. So haben wir gemeinsam mit anderen Jugendprojekten die ersten Beschäftigungsmaßnahmen und sogenannten BSHG- und ABM-Stellen in Berlin organisiert. Das gab es schon in NRW und Hessen, aber in Berlin war das neu. Das unterstützte schließlich der CDU-Sozialsenator Fink, nachdem wir ein Jahr lang anti-chambriert hatten. Die Häuser waren anfangs sehr kaputt, teilweise fast ruinös. Darin zu überwintern war ein Heidenstress. Der Regen und der Frost liefen von der Dachrinne runter, soweit es überhaupt noch Dachrinnen gab. Wasser zum Kochen und Duschen gab es teilweise nur per Gartenschlauch. Nach 1 ½ Jahren hatten wir es endlich geschafft und die ersten drei Beschäftigungsteams mit Anleitern in den Häusern aufgebaut. Als später nach der Wende die ABM-Beschäftigung ganz selbstverständlich wurde, habe ich manchmal gedacht: Wie gut, dass wir das damals in Berlin erstritten haben, sonst hätte es nach dem abrupten Abschalten der ostdeutschen Wirtschaft nicht so schnell so viele Beschäftigungsprojekte gegeben. Die Baugruppen in den sozial schwierigen Häusern haben mehr oder weniger effizient gearbeitet, aber immerhin, sie haben ihre Küchen und Bäder gefliest und in den Räumen, wo sie selbst wohnen wollten, so akkurat und liebevoll wie möglich gewerkelt. Wichtig war, dass wir sie integriert haben. In einigen Häusern lebten noch türkische Mieter. Da kam ein türkischer Geschäftsmann, zog ein riesiges Bündel Geld aus der Brusttasche: «Ich will mein Haus kaufen». Das war aber nicht das Ziel. Die Häuser sollten gerade nicht wieder vermarktet werden. Schließlich haben wir die zwölf Häuser in die von den Bewohnern gegründete Genossenschaft Luisenstadt e.G. überführt. Dabei haben wir für die sozialhilfeabhängigen Bewohner mit dem Sozialamt vereinbart, dass die Mieten direkt an die Genossenschaft gezahlt werden. Die wäre in ein paar Monaten in Konkurs gegangen, wenn wir das nicht organisiert hätten. Die Genossenschaft hat die Häuser im Erbbaurecht übernommen, aber die Hausgemeinschaften haben sich selbst verwaltet. In den Gewerberäumen wurden eigene Läden eingerichtet. So verkaufen einige Alt-Punker heute grelle T-Shirts und andere Verrücktheiten an die vielen Kreuzberg-Touristen. Der Heinrichplatz ist ja in, Kneipen, alternative Klamotten, Bioläden, weiß der Teufel was. Die Bedeutung der Gewerbe- und Ladenräume für die soziale Stabilisierung der Bewohnerschaft kann man nicht hoch genug einschätzen. Neben allen sozialen und baulichen Schwierigkeiten haben wir im Block 103 auch noch das größte Öko-Projekt der IBA geschultert. Das war natürlich eine Initiative der Intellektuellen. Es war ein Wahnsinns-Kraftakt. Wir haben die ersten Dachbegrünungen im Altbau gemacht, haben sämtliche Foliensorten zur Abdeckung der Holzdecken ausprobiert, Pflanzdächer angelegt. Wir haben Wasserexperimente gemacht, in einem Haus eine Grauwasserreinigung für Toilettenspülung und Grünbewässerung. Vor allem haben wir – das kann man von der Hochbahn aus sehen – auf vier Dächern der Oranienstraße Photovoltaik installiert und mit Blockheizkraft den ersten Energieverbund organisiert, den man nach dem damaligen

Energiewirtschaftsrecht noch gar nicht machen durfte. Nur als Selbstversorger wie ein Industriebetrieb durfte man eigenen Strom produzieren. Da haben wir kurzentschlossen die Genossenschaft zu einem Selbstversorger erklärt. Unter großen Anstrengungen haben wir so auch das Öko-Modell umgesetzt und mit gesunden Baumaterialien, Farben, Dämmstoffen experimentiert. Das war mein Grundkurs in ökologischem Bauen. Im Ergebnis wurde der Block 103 ein wichtiges Vorzeigeprojekt der Internationalen Bauausstellung 1987 mit Gemeinschaftshäusern und Kita, mit Solardächern, Blockheizkraft und Wärmerückgewinnung. Und mit genossenschaftlicher Selbstverwaltung. Ein Großteil der Baukosten war im Rahmen der IBA subventioniert worden. Das war das Projekt Instandbesetzer und *Stattbau* der 80er Jahre – und die härtesten Gegner waren die Kreuzberger Autonomen.

Und wie kamst Du zu den Grünen?

Franziska Eichstädt-Bohlig: Ich bin erst 1993 Parteimitglied geworden. Aber ich habe schon vorher viel zu den wohnungs- und stadtentwicklungspolitischen Themen mit der grünen Abgeordnetenhausfraktion und der Berliner Alternativen Liste zusammengearbeitet. Zum Beispiel mit Michaele Schreyer gegen die Gründung der Bankgesellschaft Berlin, denn da wurde auch die öffentliche Investitionsbank Berlin, die im Zentrum der wohnungspolitischen Fehlentwicklungen stand, einfach mit privatrechtlichen Banken zusammengepackt. 1989/90 war ich als Parteilose Baudezernentin für die Kreuzberger Alternative Liste. Aber Parteipolitik interessierte mich nicht, dazu hing ich zu sehr an meinen inhaltlichen Fachthemen. Die Kreuzberger AL suchte Anfang 1989 eine Fachfrau als Baustadträtin. Für diese Stadtratsposition habe ich mich mehr breitschlagen lassen. Ich war noch nicht Parteimitglied und unsicher, ob ich überhaupt Politikerin werden wollte. Da war ich sehr mit mir im Unreinen. Die Grünen bzw. die AL in Kreuzberg war auch recht schwierig, die SPD war sehr feindselig. Sie hat mir alle Knüppel in den Weg gelegt, die sie überhaupt nur finden konnte. Dann war plötzlich die Mauer offen. Da hat mich am meisten geärgert, dass in Kreuzberg weder die Alternative Liste noch die SPD irgendein Verständnis dafür hatten, dass man nun eigentlich ein bisschen sparsamer sein müsste, weil mehr Geld für den Osten gebraucht würde. Kreuzberg war Patenbezirk für den Prenzlauer Berg und dort fehlte es an allem. Die Vereinigung hatte plötzlich alles verändert, deshalb habe ich parallel zum Ende der rot-grünen Koalition auf Landesebene in Kreuzberg meine Stadtratsposition aufgegeben. Der Fall der Mauer begeisterte und elektrisierte mich sehr. Ich komme aus einer Ost-West-gemischten Familie, und Besuche in der DDR und in Ostberlin waren mir von Kindesbeinen an vertraut. Etwas Sinnvolles für das Zusammenwachsen der Menschen in den beiden Berlins und dem neu gewonnenen Umland zu tun, wurde mir von nun an besonders wichtig. So habe ich mich gerade in dieser Startphase viel für praktische Schritte zur Vereinigung engagiert. Es gab viele aus der Bürgerbewegung Ost, die dort auch gegen die Stadtzerstörung gestritten hatten. Wir wurden sehr schnell Verbündete. Wir haben noch vor Weihnachten 1989 in Potsdam leerstehende Barockhäuser winterfest gemacht. Wir haben das Stadtforum am Schlesischen Tor initiiert. Wir haben mit der damaligen grünen Stadtentwicklungssenatorin Michaele Schreyer und dem SPD Bausenator Wolfgang Nagel eine Berliner Stadtkonferenz durchgeführt, zu der wir alle wichtigen Leute aus Ost und West zusammentrommelten. Ich habe bei der regionalen Kooperation Berlin-Brandenburg mitgemacht, aus der die gemeinsame Landesplanung für die Hauptstadtregion entstanden ist. Nach der Maueröffnung passierte in ganz kurzer Zeit unheimlich viel. Aber die von Bonn vorgegebenen Strukturen erschwerten eine bürgerbezogene Arbeit sehr. Bonn setzte sehr einseitig auf kapitalstarke Westinvestoren. Der Aufbau Ost wurde mit Geld gemacht, nicht mit den Menschen. Die Euphorie der Vereinigung wich darum in Ostdeutschland sehr bald einer großen Resignation. Dies lag vor allem an der rücksichtslosen Abwicklung und Privatisierung der ostdeutschen Wirtschaft und an dem neuen Eigentumsrecht. Das Vermögensrecht mit dem Investitionsvorrang und dem Fördergebietsgesetz war voll auf westdeutsche Akteure ausgerichtet. Das Fördergebietsgesetz war im Endeffekt die Neuauflage der falschen Berlin-Förderung. Es bot stark überzogene Steuervorteile, die vor allem schlitzohrige Investoren anzogen. Damit wurde nun der Osten beglückt. Das passte gar nicht zu der behutsamen Stadterneuerung, die wir aus der Bürgerbewegung West gemeinsam mit den Freunden der Bürgerbewegung Ost wollten. Damals bin ich grünes Parteimitglied geworden, um mich in einer Programmkommission auf Berliner Ebene für eine sinnvolle Vereinigungspolitik zu engagieren. Wir haben das erste Berliner Programm nach der Vereinigung geschrieben. In einer Mischung aus Wiedergutmachung, dass ich den Baustadtratsposten nach der Wende aufgegeben hatte, und dem Gefühl, dass die in Bonn falsche Weichen für die Vereinigung stellten, entstand meine Kandidatur für den Bundestag 1994.

Warum hast Du für den Bundestag kandidiert? Das hörte sich bislang noch nicht als Prolog dafür an.

Franziska Eichstädt-Bohlig: Doch, psychologisch war es eine Wiedergutmachung dafür, dass ich diesen Stadtratsposten geschmissen hatte. Die politische Erklärung war, da läuft so viel falsch in der Bonner Vereinigungspolitik, da muss man ran. Das bezog sich nicht auf die Grünen, sondern war fachbezogen. Ich hatte das Gefühl: Du weißt so viel über die Sachverhalte des Aufbau Ost, jetzt musst Du Dich irgendwie einmischen. Eigentlich war es eine Schnapsidee. Dazu eine Anekdote: Ich war überhaupt noch nicht entschieden: Soll ich da kandidieren? Ich hatte mit meinem Mann noch keinen Satz gesprochen. Da hieß es, wenn du kandidieren willst, musst du übermorgen auf die nächste Frauenversammlung gehen, es war Januar oder Februar 1994. Ich ging zu dieser Versammlung und machte eine Vorstellung im Wesentlichen zum Thema Bürgerbeteiligung und Stadtentwicklung, also ganz normal meine Sachen. Und ich wurde von dieser Frauenversammlung auf den ersten Platz gehievt, der eigentlich für Andrea Fischer bestimmt war, was ich aber gar nicht wusste. Ich kannte Andrea Fischer kaum, noch kannte ich die Pläne der Landesgeschäftsführung. Dann knuffte mich Anja Kofbinger, die neben mir saß, in die Seite und sagte: Jetzt kannst du nicht mehr zurück. Ich merkte, ja, sie hat recht. Ich kam nach Hause und sagte, jetzt habe ich etwas Komisches gemacht. Da sagte auch mein Mann, ja, da kannst du jetzt nicht mehr zurück.

Aber in Wirklichkeit kannst Du natürlich trotzdem zurück, das stimmt ja gar nicht.

Franziska Eichstädt-Bohlig: Ja. Aber ich kann es nicht besser begründen. So bin ich im Herbst 1994 als grüne Bundestagsabgeordnete in Bonn gelandet. Ich war Quereinsteigerin. Und das Witzige war, dass ich als Baufrau aus dem Stand sehr viel zu tun bekam. Als erstes kriegte ich die grüne Zuständigkeit für die Bauplanung und die Vorbereitungen für den Hauptstadtumzug angedient. Ich war zeitweise in drei oder vier Kommissionen und wurde für die anderen Parteien zum Enfant Terrible, weil ich immer forderte: «Das kann man doch etwas sparsamer machen. Wir brauchen eine strikte Kostenkontrolle. Auf den Tunnel kann man verzichten usw.» Damit wurde ich auch öffentlich sichtbar, weil das Hauptstadtthema in den Medien chic war. Berlin wurde damals schwarz-rot unter Eberhard Diepgen regiert. Aber die Berliner Politiker hatten gar keine Übung, vernünftige Lobby-Politik für Berlin zu machen, während die Abgeordneten aus Nordrhein-Westfalen, Bayern, Hessen usw. sich alle fraktionsübergreifend als Landesgruppen trafen und oft gemeinsam die Interessen ihrer Länder vertraten. Ein Beispiel: Der Architekt des Reichstags bestand darauf, dass für die Fußböden französischer Kalksandstein verwendet werden sollte. Da haben die bayrischen Abgeordneten gemeinsam protestiert: «Der Fußboden im Reichstag muss fränkischer Jura aus Bayern sein». Da kümmerte sich der grüne Ali Schmidt genauso darum wie jeder CSU-Politiker. Nach einem Vierteljahr bekam eine bayerische Firma den Auftrag, auch wenn die Steine aus Spanien, Portugal und sonst woher kamen. Solche Lobbyarbeit für das eigene Land fällt den Berlinern und auch den Ostdeutschen schwer. Ich wurde zur Lobbyistin für Berlin, als ich mich für einen zügigen Hauptstadtumzug eingesetzt habe gegen starke Interessen, ihn auf die Zeit nach 2000 zu verschieben. Geholfen hat mir dabei vor allem ein konservativer Journalist der *Frankfurter Allgemeinen Zeitung*, den ich immer anrief, wenn der Ältestenrat wieder keinen Termin für den Hauptstadtumzug beschlossen hatte.

Mit wem?

Franziska Eichstädt-Bohlig: Karl Feldmeyer von der FAZ. Er war kein Freund der Grünen, aber er war aus politischer Überzeugung ein entschiedener Berlin-Befürworter. Ich hatte eine große Anfrage zum Hauptstadtumzug gemacht, die ihm gefallen hatte. Und jedesmal, wenn der Ältestenrat die längst überfällige Entscheidung zum Umzugstermin wieder vertagt hatte, stand auf der ersten Seite der FAZ ein kleiner Artikel: «Der Ältestenrat hat wieder nichts beschlossen. » Ein paar Wochen später: Der Ältestenrat hat wieder nichts beschlossen… Die Berliner Presse schrieb das natürlich auch, aber das imponierte den Bonnern weniger. Bis dann endlich der Umzugstermin für den Sommer 1999 festgelegt wurde, ein Termin, der für Berlin sehr wichtig war. Denn die Stadt war inzwischen wirtschaftlich sehr schwach.

Welchen Status hatte die Berlin-Frage in der Fraktion?

Franziska Eichstädt-Bohlig: Eigentlich gar keinen. Es interessierte nur, dass der Umzug irgendwann passieren würde. Ich gab dem Fraktionsvorstand die wichtigsten Informationen. Vor allem die Pläne für den Turm in der Süd-West-Ecke des Reichstags, der der Fraktionssaal werden sollte. Die Ecktürme des Reichstags sind Räume wie in einer Burg. Ich bat Joschka Fischer, sich das mal anzuschauen und ein Vorstandsvotum abzugeben, ob die Fraktion so einen Eckturm als Fraktionsraum akzeptieren würde. Ich bekam keine Antwort. Noch während der Bauzeit wurde ich in diesen Turmraum geführt. Ich sollte entscheiden, ob die rohen, weiß geschlämmten Ziegel, die diesen Raum prägen, sichtbar bleiben sollten oder ob alles mit Rigips verkleidet werden sollte. Ich stand da und dachte: Na, meine Fraktionäre werden mich steinigen wegen dieses komischen Burgzimmer. Doch dann habe ich gesagt: Wenn schon Ritterburg, dann richtig, und habe beschlossen, dass der Raum so roh bleiben sollte. Als die Fraktion 1999 einzog, hatte ich ziemliches Herzklopfen, aber siehe da, alle waren begeistert und haben diesen Fraktionssaal als ihre Ritterburg sofort angenommen. Politisch sehr viel wichtiger waren aber andere Entscheidungen wie die Sichtbarkeit der russischen Graffitis im Reichstag oder der Beschluss für das Kunstprojekt «Der Bevölkerung» von Hans Haacke. Mit seinen modernen Kunstprojekten wurde der Reichstag zu einer viel beachteten Brücke zwischen Politik und zeitgenössischer Kunst. Eine große Koalition hatte ich bei dem geplanten Solarpaneel gegen mich. Der Architekt Norman Foster wollte für den Sonnenschutz in der Kuppel von außen ein Solar-Paneel anbringen, das mit dem Sonnenstand wanderte. Das wäre ein großartiges Zukunftssymbol geworden: Der deutsche Bundestag will ins Solarzeitalter. Da habe ich sehr für gekämpft, aber alle anderen Fraktionen waren dagegen, weil es ein grünes Symbol geworden wäre. Durchgesetzt habe ich vor allem das Nah-Wärme-Konzept mit Blockheizkraft auf Pflanzenölbasis und mit Erdspeichern für Wärme und Kälte. Auf einigen Dächern wurden großzügige Solarflächen angelegt. Der Bundestag hat ein interessantes Energiekonzept bekommen und im Ergebnis war die Planung der Bundestagsbauten in Berlin durchaus grün erfolgreich.

Ging es damals neben dem Reichstag nicht auch um das Stadtschloss?

Franziska Eichstädt-Bohlig: Die Berliner Schlossdebatte und den Streit um Erhalt oder Abriss des Palasts der Republik gab es seit Anfang der 90er Jahre. Der Bundestag verhielt sich aber erst ab 2000 dazu, nachdem das Bauministerium längere Zeit vergeblich Privatinvestoren für den Schlossbau gesucht hatte. Bei Rot-Grün gab es sehr unterschiedliche Positionen, auch innerhalb der Grünen. Es bildete sich aber eine starke fraktionsübergreifende Initiative für die Rekonstruktion der Schlüterschen Schlossfassaden, getragen von Wolfgang Thierse, Antje Vollmer, Günter Nooke und weiteren Vertretern der Bürgerrechtsbewegung. Im Jahr 2001 wurde die *Expertenkommission Historische Mitte Berlin* gemeinsam von Bund und Land Berlin eingesetzt. In dieser Kommission habe ich mitgearbeitet. Das Erstaunliche war, dass sich die Mehrheit der Kommission nach und nach zu einer Pro-Schloss-Gruppierung zusammenfand. Als einzige echte Opposition gab es nur den ostdeutschen Architekturkritiker Bruno Flierl und den SPD-Abgeordneten Peter Conradi. Die beiden wollten den Palast der Republik in eine Art *Centre Pompidou* umgestalten. Ich saß zwischen den Stühlen, weil ich mich aus städtebaulichen Gründen für die Kubatur des Schlosses aussprach. Meine Kernforderungen waren: Erstens: integriert den Palast in den Ostteil des künftigen Neubaus, ihr müsst ihn nicht vollständig abreißen. Er ist Teil der Geschichte dieses Ortes. Und zweitens: entscheidet erst in einem Wettbewerb, ob die Fassaden modern oder historisierend gestaltet werden sollen. Damit hatte ich eine Alternative formuliert, die mehrheitlich abgelehnt wurde, als im Bundestag der Beschluss zur Rekonstruktion von drei Schlossfassaden gefällt wurde. Ich habe mich nie gegen Gestaltungselemente zur Erinnerung an das Schloss gesträubt, von mir aus auch mit Teilrekonstruktionen. Aber ich habe immer gefordert, dass dies architektonisch als klar erkennbares Spannungsfeld zwischen Neu und Alt gestaltet werden muss. Mein Hauptproblem mit der aktuellen Planung ist, dass Alt und Neu untrennbar miteinander verkleistert werden. Wenn es 2020 fertig sein wird, wird man völlig desorientiert sein, was für ein Gebäude man eigentlich betritt. Hinter der rekonstruierten Schlossfassade stößt man auf Rolltreppen in einer Halle, wie sie derzeit in großen Hotels und Kaufhäusern gebaut werden. Ein wirklich moderner und zukunftsorientierter Gestus kann sich in diesem Gebäude nicht entfalten und ein altes Schloss wird es auch nicht mehr. Ich glaube nicht, dass die Menschen mit diesem Zwitterwesen glücklich werden. Aber in dieser Expertenkommission Historische Mitte wurde damals das Humboldt-Forum geboren. Als inhaltliches Konzept würde ich das nach wie vor für gut halten. Es wird aber leider kein integriertes Modell für einen modernen Weltkulturdialog werden, sondern schlicht eine Kombination von Veranstaltungsräumen im Erdgeschoss mit musealen Etagen in den Obergeschossen. Und die rekonstruierten Schlossfassaden werden zum Symbol dafür werden, dass wir Deutschen auch im 21. Jahrhundert eurozentristisch auf die Kulturen der Welt blicken. Das sind einige Projekte, mit denen ich zu tun hatte. Dabei ist es immer wieder erstaunlich, welch hohe symbolische Bedeutung bauliche und künstlerische Zeichen für eine Gesellschaft haben. Darum wird offenbar die politische Auseinandersetzung gerade hierbei immer besonders leidenschaftlich und kontrovers. Nur um das auf der Schlossfreiheit geplante Einheits- und Freiheitsdenkmal wird zu wenig gestritten. Im Jahr 2004 habe ich mich an einer parteiübergreifenden Initiative für ein Einheitsdenkmal am Brandenburger Tor beteiligt, die leider mit dem plötzlichen Ende von Rot-Grün unterging. Wir wollten kein Einheitsdenkmal auf der Schlossfreiheit, direkt gegenüber der geplanten Schlossrekonstruktion, weil dieser Ort mit der Bürgerbewegung und mit dem Fall der Mauer absolut nichts zu tun hat. Wir setzten uns dagegen für ein Zeichen am Brandenburger Tor ein. Das wollten die Berliner aber nicht einmal diskutieren, weil das Brandenburger Tor doch selbst das Einheitssymbol sei. Ich meine, dass das Brandenburger Tor im 20. Jahrhundert für lange Jahre das Symbol des Eisernen Vorhangs war, das dann zum Symbol der glücklichen Vereinigung wurde. Aber das Tor steht natürlich jeweils mit seiner Zeit auch für andere geschichtliche Entwicklungen. Zur Erinnerung an den Fall der Mauer wünsche ich mir einen Obelisk oder eine bescheidene Stele auf dem Pariser Platz und zwar genau an der Stelle, wo jetzt immer die NVA-Pantomimen und die Berliner Bären für das Erinnerungsfoto stehen. Dort etwas Bescheidenes und Würdiges hinzustellen mit einer Inschrift, die auf die deutsche und europäische Teilung verweist und an die Ereignisse vom 13. August 1961 und vom 9. November 1989 erinnert, das halte ich nach wie vor für wichtig. Nicht mehr und nicht weniger.

Du bist 1998 wiedergewählt worden.

Franziska Eichstädt-Bohlig: 1998 war ich in der grünen Bundestagsfraktion Koordinatorin des Arbeitskreises Umwelt und habe viel Management für die Fraktion gemacht, angefangen mit den Koalitionsverhandlungen. Die wichtigsten Projekte waren der Atomausstieg, das Erneuerbare-Energien-Gesetz und die Förderung der energetischen Gebäudesanierung – Themen, die das Land nach wie vor sehr bewegen. Wir Grünen waren ein stark handlungsorientierter Koalitionspartner. Ich meine, dass die Ergebnisse der rot-grünen Koalition in den letzten Jahren zu einseitig und zu negativ auf die Hartz-IV-Regelungen verkürzt wurden. Die positiven Leistungen unserer grünen Regierungsbeteiligung werden zu gering bewertet, auch von uns Grünen selbst. Auf der baupolitischen Fachebene bin ich sehr zufrieden mit dieser rot-grünen Zeit, vor allem mit der ersten Legislaturperiode 1998 bis 2002. Der wohnungspolitische Sprecher der SPD, Achim Großmann war parlamentarischer Staatssekretär geworden. Mit ihm habe ich sehr gut zusammen gearbeitet, egal, wie oft über uns die Minister wechselten. Wir haben als erstes das Programm *Soziale Stadt* initiiert, dann das Programm *Stadtumbau Ost*, um den großen Wohnungsleerstand in Ostdeutschland abzubauen. Später kam noch der *Stadtumbau West* hinzu. Auch auf Länderebene spielte die rot-grüne Zusammenarbeit in der Bau- und Wohnungspolitik damals eine wichtige Rolle, weil wir Grünen zwei Landesbauministerien leiteten, Michael Vesper in NRW und Angelika Birk in Schleswig-Holstein. Besonders engagiert habe ich mich für die ostdeutschen Städte. Ihre

Strukturschwäche und die Abwanderung der Arbeitskräfte und der Jungen nahm von Jahr zu Jahr zu. Der große Wohnungsleerstand in Innenstädten und Großsiedlungen war zum sozialen und wohnungswirtschaftlichen Problem geworden. In den Westberliner Zeiten hatte ich mich gegen jeden Wohnungsabriss gestellt. In Ostdeutschland aber gab es keine Alternative, es mussten möglichst am Stadtrand Wohnungen abgerissen werden, um die Kernstädte zu stabilisieren. Oft wurde ich von bündnisgrün Aktiven in ihre Städte zu Besichtigungen und Veranstaltungen eingeladen. Aber viele ostdeutsche Politiker verschlossen lange Zeit die Augen vor den Leerstandsproblemen. 2002, kurz vor der nächsten Bundestagswahl, war es endlich soweit, dass Gerhard Schröder dem Programm *Stadtumbau Ost* zustimmte. Mein zweiter Fachschwerpunkt waren das CO_2-Gebäudesanierungsprogramm und die Energieeinsparverordnung. Meine Mitarbeiterin Felicitas Kraus pflegte das Netz der Spezialisten für energetische Gebäudesanierung sehr gut. Sie wusste, wie weit man bei der Energiesparverordnung gehen konnte. Ich selbst hätte das nicht im Detail beurteilen können. Ich habe mir mehrfach von der SPD und von unserem Umweltministerium das Okay geholt, um noch ein bisschen weiter an der Energiesparschraube zu drehen. So wurde die Energiesparverordnung 2001 so streng wie damals überhaupt denkbar. Besonders spannend war für mich der Kampf um die Verwendung der berühmten UMTS-Milliarden. Im Sommer 2001 wurden mehrere Lizenzen für eine Satellitennutzung für über 90 Milliarden D-Mark versteigert. Es war rot-grün vereinbart worden, dass der Erlös zur Haushaltskonsolidierung genutzt werden sollte. Aber die damit verbundenen Zinsersparnisse durften für ökologische Investitionen vergeben werden. Das war meine Chance für ein CO_2-Gebäudesanierungsprogramm. Doch nach den Verhandlungen sollte dieser Bereich plötzlich nur 300 Millionen DM bekommen, in drei Jahren nur je 100 Millionen D-Mark. Ich war entsetzt und habe protestiert: Nein, das ist viel zu wenig, das bleibt wirkungslos. Ich habe 24 Stunden lang Terz gemacht. Schließlich ist Jürgen Trittin für mich zu Finanzminister Hans Eichel gegangen. Und siehe da: Ich bekam für die energetische Gebäudesanierung statt drei Mal 100 Millionen DM für fünf Jahre je 400 Millionen DM, insgesamt zwei Milliarden D-Mark. Das konnte sich sehen lassen, und endlich hatten wir ein gewichtiges Programm zu CO_2-Minderung. Durch die Verteilung auf fünf Jahre reichte es bis in die neue schwarz-rote Regierungszeit. Das hat sich dann Angela Merkel unter dem Druck der Öffentlichkeit zu eigen gemacht. Das Programm wurde mehrfach verlängert, mal ausgeweitet, mal wieder gekürzt. Auch für die kommenden Jahre wird es das entscheidende Instrument zur Förderung der energetischen Gebäudesanierung bleiben. Das Erneuerbare-Energien-Gesetz ist parlamentarisch unter Federführung der grünen Abgeordneten Michaele Hustedt gegen den Wirtschaftsminister Werner Müller durchgesetzt worden. Der hielt das als ehemaliger RWE- und VEBA-Manager natürlich für Teufelszeug, nicht nur wegen der Technologien, sondern vor allem wegen der Dezentralisierung der Wirtschaftsakteure. Die Umweltpolitiker von SPD und

Grünen haben fachlich sehr gut zusammengearbeitet und über Bande gespielt und dadurch sehr viel erreicht.

Jetzt machen wir mal den großen Schritt von Berlin nach Berlin. Warum Abgeordnetenhaus?

Franziska Eichstädt-Bohlig: Für mich muss Politik immer praktisch umsetzbar sein. Von daher habe ich die kommunale Ebene und die Landesebene nie für weniger wichtig gehalten als die Bundesebene. Nach drei Legislaturperioden habe ich 2005 nicht mehr für den Bundestag kandidiert, schließlich hatte es einmal eine grüne Rotationsregel gegeben! Dann fragten die Grünen auf Landesebene an, und so habe ich 2006 die grüne Spitzenkandidatur für die Wahl zum Berliner Abgeordnetenhaus übernommen. Natürlich hätten wir gerne eine rot-grüne Senatskoalition gebildet. Aber für den Regierenden Bürgermeister Klaus Wowereit war die Wiederauflage einer Koalition mit der Linkspartei bequemer. Ich selbst war dem Regierenden Bürgermeister viel zu handlungsorientiert. Es wurde dann eine zweite recht lustlose rot-rote Regierungsperiode, ohne größere inhaltliche Ansprüche. Das Thema Haushaltskonsolidierung, das die erste rot-rote Landesregierung von 2001 bis 2006 positiv geprägt hatte, wurde durch die Parole «Arm, aber sexy» ersetzt. Für mich war es ein ziemlicher Schock, wie ziellos und unambitioniert der rot-rote Senat die Stadt verwaltete und wie willfährig die Parlamentsmehrheit das über sich ergehen ließ. Die Selbstachtung des Berliner Abgeordnetenhauses war sehr gering. Die Abgeordneten der Regierungskoalition nickten die Senatsvorlagen meist brav ab und mischten sich sehr wenig aktiv ein. Die Linkspartei muckte manchmal auf, wurde im entscheidenden Moment aber immer auf Linie gebracht. Ich habe gelernt, dass der Respekt vor dem Parlament insgesamt sinkt, wenn die die Regierung tragende Parlamentsmehrheit keinen eigenen Gestaltungswillen hat. Besonders schlimm fand ich, dass bei SPD und CDU Abgeordnete in den Ausschüssen saßen, die über die ganze Legislaturperiode nicht einen einzigen eigenen Beitrag geleistet haben. Sie haben Sitzung für Sitzung geschwiegen und nur die Hand zur Abstimmung gehoben. Das war wie ein Alptraum, ich würde davonlaufen, wenn ich so arbeiten sollte. Das Berliner Abgeordnetenhaus hat es dringend nötig, die eigene Rolle zu überdenken – und ich fürchte, dass es viele Parlamente gibt, die nicht besser arbeiten. Als die Aktivsten habe ich unsere Grünen und die Linkspartei erlebt. Gute Parlamentsarbeit erfordert viel Handlungswillen, Sachkenntnis und Fleiß.

Das liegt an den Fraktionsvorstandsstrukturen.

Franziska Eichstädt-Bohlig: Ja, auch. Als klar war, dass es keine rot-grüne Koalition geben würde, habe ich mich als Fraktionsvorsitzende sehr darum gekümmert, dass unsere neuen Abgeordneten und vor allem unsere jungen Neulinge ihren Platz in der grünen Fraktion finden konnten. Bei den Grünen ist es wichtig, dass jede und jeder Abgeordnete die Verantwortung für ein gewichtiges Aufgabenfeld übernimmt. Gerade die Jungen, die neu im Parlament sind, müssen sich schrittweise entfalten können. Sie sollen aber auch Zeit finden, ihr Diplom und ihre Berufsabschlüsse zu machen. Diese Entwicklung muss man ein bisschen mit berücksichtigen. Das ist in den großen Fraktionen nicht so. Da heißt es: Sieh zu, wo du bleibst.

Inwiefern haben die Fraktionsvorstandsstrukturen Einfluss darauf?

Franziska Eichstädt-Bohlig: Die Fraktion beschließt, wer für welches Thema zuständig ist. Die Startphase besteht für den Vorstand darin, mit allen Abgeordneten Gespräche zu führen, für welche Positionen sie sich interessieren, wo es Konflikte und Überschneidungen gibt. Die Zuständigkeiten, die Sprecherposten und Ausschussvorsitze müssen geklärt werden. Das muss so sinnvoll und konfliktfrei wie irgend möglich vorbereitet werden. Denn natürlich gibt es in jeder Fraktion Konkurrenzen. Das ist das Personelle, dann geht es um das Inhaltliche. Zum Beispiel habe ich mich als Fraktionsvorsitzende sehr für einen Antrag eingesetzt, mit dem wir den Senat aufforderten, die Abschaffung der Hauptschule und die Einführung der Sekundarschule voranzutreiben. In mehreren Veranstaltungen haben wir dazu Experten angehört. Unsere Grünen selbst waren gespalten, weil viele lieber die volle Einführung von Gemeinschaftsschulen wollten. Mir war der Spatz in der Hand wichtiger als die Taube auf dem Dach. Schließlich war es soweit, obwohl der damalige Bildungssenator Zöllner die Hauptschulen zunächst gar nicht abschaffen wollte. Im letzten Jahr der Legislaturperiode hat er die Reißleine gezogen. Die Einführung der Sekundarschule erfolgte dann arg überstürzt und die Schulen haben heute großen Bedarf, nach den sehr kurzfristigen Umstellungen endlich zur Ruhe zu kommen. Aber die Abschaffung der Hauptschule ist ein großer und wichtiger Schritt für Berlin. Für mich war es die wirksamste Leistung des letzten Wowereit-Senats. Zwei weitere Projekte dieser Legislaturperiode sind mir sehr wichtig: Auf Initiative unserer kulturpolitischen Sprecherin Alice Ströver haben wir eine Veranstaltungsreihe «Schön war die Zeit… ? – Alltag und Unrecht in der DDR» organisiert. Wir konnten wichtige und prominente Teilnehmer für unsere Gesprächsrunden gewinnen. Und oftmals brannte die Luft vor Spannung zwischen denen, die das SED-Regime verteidigten, und den Opfern und Gegnern des Systems. Intensiv waren auf der stadtpolitischen Ebene auch die beiden «Neukölln-Konferenzen», die ich 2009 und 2010 zusammen mit dem grünen Neuköllner Kreisverband organisierte. Hier ging es um die Stärkung von Nordneukölln in Arbeit, Bildung und Integration und um die Bedeutung der Öffnung des Tempelhofer Feldes für den Stadtteil. Strategisch haben wir in der ersten Halbzeit der Legislaturperiode sehr bewusste Oppositionsarbeit gemeinsam mit der CDU unter ihrem Fraktionsvorsitzenden Friedbert Pflüger und mit der FDP unter Martin Lindner gemacht. Wir haben als Opposition gemeinsam eine Berlin-Konferenz organisiert und eine schwarz-grüne Konferenz zu Handwerk und Klimaschutz. Unter dem damaligen Fraktionsvorsitzenden Friedbert Pflüger hatte die Berliner CDU durchaus Interesse, grüne Themen voranzutreiben. Natürlich machte sie das mit dem Hintergedanken, schwarz-grünes Regierungshandeln zu ermöglichen. Dazu gehörte auch die Zusammenarbeit zur Durchsetzung der Berliner Ehrenbürgerschaft für Wolf Biermann 2007. Diese Initiative war vom Parlamentsvizepräsidenten der CDU, Uwe Lehmann-Brauns, ausgegangen. Ich habe über Marianne Birthler den Kontakt zu Wolf Biermanns Frau Pamela hergestellt. So haben wir die Biermann-Ehrung vorangebracht, gegen die sich der Regierende Bürgermeister Wowereit und vor allem die mitregierende Linkspartei mehrere Wochen lang sträubte. Schließlich musste die SPD klein beigeben, und die Ehrung wurde ohne die Linke beschlossen und gefeiert. Mir war es auch wichtig, Klaus Wowereits Kuschen vor der europafeindlichen Haltung der Linkspartei anzuprangern, ebenso wie das nachlassende Interesse an der Haushaltskonsolidierung und den arroganten Umgang mit der Föderalismuskommission II. Leider war die Mehrheit der Berliner Medien immer sehr unkritisch und SPD-hörig.

Du warst doch mit Volker Ratzmann im Fraktionsvorstand?

Franziska Eichstädt-Bohlig: Ja, mit Volker Ratzmann zusammen war ich insgesamt drei Jahre im Fraktionsvorstand. Insbesondere die fraktionsübergreifende Oppositionsarbeit war unser gemeinsames Projekt. Ich hatte aber bereits bei meiner Kandidatur erklärt, dass ich nicht für eine weitere Wahlperiode kandidieren würde und den Fraktionsvorsitz nach der Halbzeit abgeben wollte, um jüngeren Abgeordneten Raum und Zeit zu geben, sich für die folgende Legislatur aufzubauen. So ist im Herbst 2009 Ramona Pop als Fraktionsvorsitzende nachgerückt. Sie ist auch heute grüne Fraktionsvorsitzende. Die Fraktion hatte das Problem, dass etwa ein Drittel der Abgeordneten sich zur grünen Linken zählte, während die Mehrheit zwischen Mitte und Reformerpositionen stand. Daraus ergaben sich viele Konflikte, wobei es selten um inhaltlichen Streit ging. Im Vordergrund standen personelle Positionskämpfe und die Frage, ob es erlaubt ist, mit der CDU gemeinsam Oppositionsarbeit zu machen. Anfangs haben die grünen Linken in der Zeitung TAZ einen Artikel «Franziska allein zu Haus» lanciert, um mich öffentlich zu demontieren. Das trug aber nicht sonderlich weit, weil aus einem Artikel alleine keine Politik wird, sondern nur aus dem täglichen Handeln. Das haben sie dann auch kapiert. Es hat aber immer wieder Auseinandersetzungen in der Fraktion gegeben, ob diese schwarz-grün-gelbe Oppositionspolitik richtig war. Aber Volker Ratzmann und ich waren der Ansicht, dass wir so sehr viel besser politisch erkennbar waren, als wenn wir gegenüber Rot-Rot anschmiegsam gewesen wären und eine Art Opposition gegen CDU und FDP gemacht hätten – was natürlich in vielen alltäglichen Fachfragen durchaus der Fall war. Wir wollten nicht auf eine schwarz-grüne Option hin arbeiten. Aber wir wollten uns auch nicht zum Anhängsel der SPD machen. Gut erkennbare Eigenständigkeit und Offenheit in beide Richtungen war unser Ziel.

Aufgelöst hat sich die schwarz-grün-gelbe Oppositionsarbeit 2009 durch die faktische Entwicklung. Bei der Berliner CDU führten innere Streitereien dazu, dass der an grünen Themen interessierte Friedbert Pflüger eines Tages weg vom Fenster war und durch Frank Henkel ersetzt wurde. Gleichzeitig wechselte der Fraktionsvorsitzende der FDP Martin Lindner in den Bundestag. In der neuen personellen Konstellation waren gemeinsame Oppositionsstrategien nicht mehr angesagt. Das damit verbundene grün-grüne Flügelschlagen war eigentlich unnötig, denn es ging nicht um eine schwarz-grüne Koalitionsaussage. Ich hatte großes Interesse daran, unsere berühmten Flügel immer wieder zusammen zu binden und Brücken zu bauen. Das hatte natürlich mit meiner Rolle als Fraktionsmutter zu tun, aber auch mit meinem Naturell. Mir ist sowohl bei Menschen als auch bei Inhalten das Überbrücken von Zielkonflikten wichtig. Nur so kommt man in einer parlamentarischen Demokratie voran. In der jetzigen Legislaturperiode hat sich der grüne Flügelstreit leider sehr verstärkt, was ich von außen mit großer Sorge sehe.

Die Grünen haben in letzter Zeit erstaunliche Zahlen. Kriegst du mit, woran das liegt?

Franziska Eichstädt-Bohlig: Noch zu meiner Zeit als Fraktionsvorsitzende im Sommer 2009 lagen wir zum ersten Mal bei dem verführerischen Wert von 20 Prozent bei den Berliner Umfragen. Zu Zeiten der Fukushima-Katastrophe stiegen wir in Berlin über 25 Prozent. Das ist in dem stark ostdeutsch geprägten Berlin sehr viel. Die hohen Umfragewerte haben uns verleitet, mit Renate Künast erstmals in einem Wahlkampf auf Sieg zu setzen und uns in Konkurrenz zur SPD zu begeben. Generell vertrete ich die These, dass die grünen Themen von Jahr zu Jahr mehr in der Gesellschaft ankommen. Das Industriezeitalter, aus dem die anderen Parteien mit Ausnahme der Piraten nach wie vor ihre Identität ziehen, ist zu Ende. Die Altparteien definieren sich im Kern immer noch nach den Konfliktlinien der alten Industrie- und Klassengesellschaft: Staat gegen Markt und Wirtschaft gegen Soziales. CDU und FDP sind die wirtschaftsfreundlichen Parteien, die SPD und die Linkspartei sind die gewerkschafts- und staatsfreundlichen Parteien. Diese Leitbilder haben die letzten 150 Jahre bestimmt, von Karl Marx bis ins Jahr 1989. Inzwischen haben wir längst eine pluralistische und bunte Gesellschaft, die sich den grünen Themen Umwelt, Klimaschutz, Green Economy, Vielfalt und Integration, Bürgerrechte und Bürgerbeteiligung stellen muss. Auch wenn diese Themen inzwischen bei den anderen Parteien angekommen sind, erhöht das die Nachfrage nach Grün. Unser grünes Problem sehe ich vor allem darin, dass wir unsererseits zu stark in das veraltete Rechts-Links-Schema zurückgefallen sind und uns selbst zu wenig weiter entwickeln. Meines Erachtens lassen sich die heutigen Aufgaben nicht mehr nach dem simplen Schema Staat versus Markt oder Soziales versus Wirtschaft verhandeln. Da waren wir Grünen schon mal moderner. Heute hinken wir unserem alten Motto «Nicht links, nicht rechts, sondern vorn» arg hinterher. Wir sind auf dem

Wege, eine Altpartei zu werden, weil wir uns zu wenig darum bemühen, uns den Fragen der Gegenwart neu zu stellen.

Und Du? Was sind Deine Ziele?

Franziska Eichstädt-Bohlig: Ich muss ehrlich sagen, dass ich das noch nicht weiß. Erst mal genieße ich die Muße, neu nachzudenken. Im Parlamentsbetrieb ebenso wie in der Parteiarbeit habe ich immer stark unter Zeitdruck gearbeitet. Da lebt man von der Substanz und hat zu wenig Zeit, sich selbst neu zu verorten und neue Entwicklungen auch neu zu reflektieren. Ich habe gedacht, wenn ich erst aus dem Vorstand raus bin, dann habe ich nicht mehr viel zu tun. Dann habe ich gemerkt, diese ganze Stadtentwicklung, da ist ja so viel Arbeit, die ich noch nicht gemacht habe. Nun habe ich ungefähr 1 ½ Jahre sehr viel für die Stadtentwicklung gearbeitet, Positionspapiere geschrieben. Jetzt ist Wahlkampf. Ich bin permanent auf Veranstaltungen, obwohl ich gar nicht kandidiere. Gestern hatte ich die letzte, jedenfalls im Juni. Dann Wahlprüfsteine, dann Artikel, Antworten usw., insofern mache ich momentan voll Wahlkampf. Jetzt warte ich erst bis September, und dann schaue ich mir die Zukunft an. Ich denke, es wird sich ein Aktionsfeld ergeben, das zu mir passt. Das Einzige, was wir politisch vereinbart haben, ist, dass ich – wenn es zu Koalitionsverhandlungen kommt – beim Stadtentwicklungsteil inhaltlich mitmischen will. Das bereite ich jetzt im Sommerloch ein bisschen vor. Es macht ja Spaß, das mitzumachen.

INTERVIEW MIT MECHTILD M. JANSEN[1]

«Das war mir immer wichtig, die unterschiedlichen Realitäten in meiner Bildungsarbeit zusammenzukriegen»

Mechtild, lass uns am Anfang beginnen. Was ist Dein familiärer Hintergrund?

Mechtild M. Jansen: Ich komme aus Köln, aus einer Lehrerfamilie. Ich habe zwei ältere Brüder und bin ordentlich links-katholisch erzogen worden.

Wann hast Du Heinrich Böll das erste Mal gelesen?

Mechtild M. Jansen: Natürlich in der Schule. Er wurde damals sogar schon in der Unterstufe gelesen. Heinrich Böll - den kannte man.

Dann hast Du irgendwann Abitur gemacht?

Mechtild M. Jansen: Ich habe in Köln viele Schulwechsel hinter mich gebracht. Ich bin von der Obersekunda auf eine Frauenfachschule und danach auf die Höhere Fachschule für Sozialpädagogik. Da habe ich meine erste Ausbildung gemacht.

Höhere Fachschule - ist das fachbezogenes Abitur?

Mechtild M. Jansen: Nein, das ist eine richtige Berufsausbildung. Danach durfte man, wenn man besonders gut war, an die Uni. Dann habe ich noch ein Jahr an einer Sonderschule in Köln gearbeitet, um das Anerkennungsjahr zu machen. Und dann bin ich nach Frankfurt zum Studium von Pädagogik, Soziologie und Psychologie. Als ich auf der Uni war, habe ich noch die Allgemeine Hochschulreife erworben. Da studierte ich aber längst schon.

1 Das Interview haben Christoph Becker-Schaum und Anne Vechtel am 20.10.2015 geführt. Der Text wurde von Petra Kirberger redaktionell bearbeitet.

Das ging mit dem Abschluss, den Du hattest?

Mechtild M. Jansen: Ich bin mit einer Sonderprüfung reingekommen. Bei der Prüfung kam noch extra ein Uni-Mensch und begutachtete, ob man in der Lage wäre, wissenschaftlich weiter zu studieren. Die Allgemeine Hochschulreife habe ich mehr der Vollständigkeit halber beantragt. Man weiß ja nie, wofür man die Zettel noch mal brauchen kann. Falls die Frage war, ob ich als Frau um Studium oder Abitur hätte kämpfen müssen – nein. Als ich noch nicht in der Schule war, wusste ich schon, dass ich Abitur zu machen hätte und studieren sollte.

Es stand nicht in Frage?

Mechtild M. Jansen: Nein, überhaupt nicht. Meistens kommen ja bei Frauen die Geschichten, wie sie darum gekämpft haben; dass die Brüder studieren durften. Diese Schiene fiel komplett flach, weil meine Eltern immer der Meinung waren, eine Frau braucht einen Beruf, von dem sie sich ernähren kann.

War deine Mutter berufstätig?

Mechtild M. Jansen: Sie war Hausfrau. Meine Mutter war das jüngste von acht Kindern, und als ihre Mutter gestorben war, wollte der Vater seine Kleinste zu Hause halten. Als sie geheiratet hat und nach Köln gezogen ist, hätte sie gerne noch mal was gemacht. Das hätte mein Vater auch gut gefunden. Aber dann hätte sie beim BDM eintreten müssen, und damit hatten sie es nicht so. Nach dem Krieg hatte sie drei Kinder, dann war es auch nicht mehr so akut. Aber eigentlich war das schon so, dass sie – 1911 geboren – eigentlich Abitur machen sollte. In ihrer Familie waren vorwiegend die Mädchen auserwählt, weiter zu machen, während die Jungen teilweise in einen Handwerksberuf oder kaufmännischen Beruf gesteckt wurden. Das fand ich immer interessant, weil es gegen das Vorurteil ist.

Du hast dann Diplom-Pädagogik studiert?

Mechtild M. Jansen: Ja. Und danach noch – just for fun – weiter Sonderpädagogik. Aber da habe ich dann beschlossen: Das beende ich nicht. Ich hatte einen Job, wo ich nebenbei auch studieren durfte.

Was war das?

Mechtild M. Jansen: Ich habe als Bildungsreferentin bei der Katholischen Hochschulgemeinde in Frankfurt gearbeitet. Zusammen mit der Evangelischen Studentengemeinde hatten wir ein Modell entwickelt, in den Fachbereichen tätig zu sein. Dazu gehörte auch, dass ich in meiner Arbeitszeit mehrere Seminare besuchen durfte. Optimale Bedingungen!

Bist Du direkt aus den studentischen Zusammenhängen in den Job gewandert oder gab es eine Ausschreibung?

Mechtild M. Jansen: Ich bin schon während des Studiums in den Job. Ich habe nebenbei als Sozialpädagogin gearbeitet, erst eine Viertelstelle, dann eine halbe. Nach dem Studium haben sie mich gefragt, ob ich bleiben wollte. Der Studentenpfarrer wollte unbedingt, dass ich mich bewerbe. Dabei hatte ich mit dem öfter Meinungsverschiedenheiten. Dieser Pfarrer war eigentlich Jude. Um rauszukommen nach England, hatten die Eltern ihn taufen lassen. Er ist aus Dankbarkeit, weil er überlebt hat, Augustinermönch geworden und '68 wieder nach Deutschland zurückgekommen. Der war natürlich anders. Er hat mich so lange bequatscht, bis ich gesagt habe: Gut, ich bewerb' mich mal. So bin ich da gelandet und war dann sicher zwölf Jahre lang Bildungsreferentin.

Wann startete das? Ende der 70er Jahre schon?

Mechtild M. Jansen: Nein. '74 hatte ich Examen gemacht. Also habe ich bei der KSG, der Katholischen Studentengemeinde, '73 angefangen, erst als Assistentin und '74 als Bildungsreferentin, was insofern spannend war, weil ich damals viel gemeinsam mit der Evangelischen Studentengemeinde gemacht habe. Da gab es eigentlich keine Trennung. Beide Studentengemeinden hatten in Frankfurt viel mit der Studentenbewegung zu tun. Die waren sehr offen. Ich habe ganz früh mit den Frauensachen angefangen, noch 74 oder 75, dann auch kritische Theorie. Pädagogik und andere Themen – da konnte man relativ viel machen. Das erkennt man erst hinterher, wie privilegiert man hat arbeiten können, ohne dass einer groß reingeredet hat. An der Uni fing das mit der Frauenforschung erst so langsam an.

Was hast Du genau gemacht?

Mechtild M. Jansen: Ich habe vorwiegend Seminare und Arbeitskreise organisiert, auch mit der Uni viel kooperiert. Zum Beispiel haben wir mit den Erziehungswissenschaftlerinnen eine Riesenfrauenwoche gemacht. Zwei Wochen nur feministische Themen – und alle haben mitgemacht, '81 war das oder '82.

Wie seid Ihr zu den Themen gekommen?

Mechtild M. Jansen: Die lagen auf der Straße oder flogen an der Uni herum: Psychoanalyse und Weiblichkeit, Frauen und Faschismus, Frauen in den Zwanzigerjahren, Frauen und Geschichte. Dann: Kritische Theorie für Frauen. Marx-Lesen für Frauen. Ich habe mir mal von einer Mitarbeiterin alles aus den Programmen kopieren lassen, wofür ich meinen Kopf hingehalten habe. Da bin ich selber erstaunt, wie kritisch und ganz nah an der Zeit das gewesen ist. Das war auch der Vorteil in Frankfurt, dass du ganz nah an der Uni warst mit linken oder kritischen Dozenten und gleichzeitig die Frauenszene und Frauenbewegung an der Uni war. Damals kämpften wir auch um den Frauenlehrstuhl. Wie beschäftigt man Frauen, dass sie still sind? Man lässt sie um einen Lehrstuhl kämpfen. Jeden Montag überlegten wir im Frauenplenum: Was für Aktionen machen wir? Das ging bis ins Ministerium oder in den Landtag. Flugblätter von der Zuschauertribüne runter schmeißen und dafür eine Strafe kassieren.

War das auch ein Bündnis mit Frauengruppen aus der Stadt?

Mechtild M. Jansen: Nein, das war vorwiegend Universität. Aber wir haben natürlich immer geguckt, wie wir Journalistinnen einbeziehen konnten, Politikerinnen oder andere wichtige Frauen. Das war eine unendliche Geschichte, aber es hat Spaß gemacht: zum Beispiel einen Sandsack auf die Präsidentenetage zu schütten, damit sie den Frauen immer wieder Sand in die Augen streuen konnten. Oder die Uni umzubenennen in Cornelia-Goethe-Uni. Was keiner mehr weiß. Das Cornelia-Goethe-Zentrum meint, sie wären die ersten, die auf die Idee gekommen sind, sich so zu nennen. Das fand ich immer interessant, was Frauengeschichte betrifft. Jeder Kaninchenzüchterverein ist da besser dokumentiert. Du machst das alles. Du machst die Aktion. Dann bist du durch. Dann hast du ein anderes Thema – und keiner weiß mehr was davon.

Das ist Überlieferungsbildung. Damit beschäftigen wir uns im Archiv Grünes Gedächtnis.

Mechtild M. Jansen: Aus der Zeit ist ganz viel, auch was die Frauen betrifft, weg gewesen. Bei der Hochschulgemeinde habe ich mal eine Broschüre gelesen. Da wurde das Alfred-Delp-Haus der Katholischen Studentengemeinde 40 oder 50. Die ganze Frauenarbeit – komplett gestrichen. Was ganz spannend war bei der Arbeit bei der Hochschulgemeinde: Da kamen auch viele Leute, die früher gesagt hatten: Nie wieder setze ich einen Fuß in so eine Institution, schon gar nicht in eine katholische. Das Publikum kam auch aus dem weiteren Umfeld, Frauen aus der Stadt, die schon lange arbeiteten. Wir haben unser Angebot im «Uni-Report» und dann auch über Zeitungen bekannt gemacht. Und hatten nachher einen Stamm, der aufmerksam geworden war und kam. Das Publikum war gemischt, auch Ältere und Frauen aus anderen Milieus. Natürlich nicht aus dem Arbeitermilieu, aber auch kein rein studentisches Milieu. Es kamen durchaus auch Hausfrauen, die Kinder hatten und nicht gearbeitet haben.

Das heiße Thema um 1980: die Startbahn. Wie weit war das präsent?

Mechtild M. Jansen: Die aktuellen politischen Themen waren immer präsent. Du konntest das überhaupt nicht trennen, die Hochschulgemeinde war ja kein luftleerer Raum. Das Umfeld hat die Themen ganz stark geprägt. 1978 oder 1977 haben wir die Kapelle in der Jügelstraße umgewidmet und da eine interkulturelle Krabbelstube eröffnet, zusammen mit der Evangelischen Studentengemeinde. Den Altar haben wir auf den Sperrmüll bringen lassen. Das kam nicht so gut. Wir hatten überhaupt kein Problem damit, [lacht] es war auch kein schöner Altar. Vor allen Dingen fand ich es viel gescheiter, Kapellen und Kirchen für solche Zwecke umzuwidmen. Das war nach der Kinderladenbewegung. Eine Krabbelstube war angesagt, und interkulturell fanden wir natürlich besonders schick.

Das war auch nötig.

Mechtild M. Jansen: Natürlich! Es gab keine Krabbelstuben. Ich fand den Job bei der KSG immer spannend, die Themen wechselten. Wenn ich heute die Programme der Gemeinde ansehe, erfasst mich das Grausen. Das ist mir zu from oder es ist nur technisch: Self-Management. Damals war das viel gesellschaftskritischer. Aber es war auch eine bestimmte Zeit, die Leute waren politisch anders motiviert. Später bin ich dann «strafversetzt» worden.

Was war der Grund für die Zwangsversetzung?

Mechtild M. Jansen: Offiziell wollten sie eine Stelle einsparen. Inoffiziell hatte es mit dem Inhaltlichen zu tun: Das war zu feministisch, zu links, das war völlig klar. 1985 bin ich nach Dillenburg versetzt worden, um ein katholisches Erwachsenenbildungswerk zu leiten. Die wollten mich eigentlich auch nicht, weil sie gedacht haben: Da kommt so eine Feministin von der Uni, was sollen wir damit? Ich fand es total spannend dort. Du machst ganz andere Erfahrungen. Wenn du von der Uni kommst und den feministischen und linken Kram gemacht hast, und dann kommst du in die krude Wirklichkeit des Hinterlandes. Die Katholiken, die da waren, waren alle Flüchtlinge.

Flüchtlinge?

Mechtild M. Jansen: Zweiter Weltkrieg, Vertriebene. Das ist schon eine eigene Erfahrung. Du machst auf einmal Altenfreizeiten mit, natürlich nur Frauen. Das hat meinen Horizont erweitert, wenn die Frauen erzählt haben von ihrer Flucht. Da hast du ja viel Oral History, wenn du Seniorenfreizeiten gemacht und es geschafft hast, sie ans Erzählen zu kriegen. Mit Frauenarbeit konnte schon einiges auf dem Land bewirkt werden, aber man musste völlig anders als in Frankfurt arbeiten. Ich hab' mit Alleinerziehenden-Arbeit angefangen. 1985 habe ich ein Wochenende für Alleinerziehende angeboten, das war der Renner. Nachher hatten wir so einen Treff einmal im Monat. Das Interessante war: Die AWO hat auch so was gemacht, da kam aber keiner hin. Zu mir kamen sie, weil das katholisch war. Wenn das Kind schon geschieden ist [lacht], dann lassen wir es lieber zu den Katholiken. Nach anderthalb Jahren bin ich dann – dank der Grünen – an die Landeszentrale für politische Bildung nach Wiesbaden berufen worden.

«Berufen»?

Mechtild M. Jansen: Nicht berufen, ich bin gefragt worden. Die hatten in Wiesbaden unter der rot-grünen Koalition durchgesetzt – ich glaube, das war Priska Hinz und noch irgendeine Frauengruppe –, dass in der Landeszentrale eine Stelle für Frauen eingerichtet wurde. Die wurde besetzt mit Uta Enders-Dragässer, war aber nach einem halben Jahr wieder frei. Und dann haben die Grünen mich angesprochen nach dem Motto: Die hat zwölf Jahre bei der katholischen Kirche durchgehalten, ist bei ihren Themen geblieben – die fragen wir mal. Ich fand das natürlich toll. Ich dachte: weg vom Lande! Die Vorstellung, immer auf dem Land bleiben zu müssen, war so: Kaufe ich mir einen Revolver oder nicht? Die kannten mich aus Frankfurt und von der Uni, von den Frauen- und anderen grünen oder linken Zusammenhängen.

Gab es eine gute Zusammenarbeit mit der Fraktion und den Frauen?

Mechtild M. Jansen: Das hat erst mal gedauert, weil mit allen Tricks versucht wurde, mich bei der Landeszentrale zu verhindern. Das Übliche. Nach vier oder sechs Wochen krachte die Regierung. Die SPD hat gesagt: Die Jansen ist in der Probezeit, die kann weg. Und das war, glaube ich, mein Glück, dass ich bei der Kirche gearbeitet hatte. Wie auch immer, ich bin geblieben. Und nun zur Zusammenarbeit mit der Fraktion? Die haben sich eigentlich nicht gekümmert. Sie haben erreicht, dass es eine Stelle gab. Und dann haben sie sich nicht mehr dafür interessiert. Ich musste immer den Kontakt suchen. Ich fand das nicht immer gut, denn sie haben mich auch mit vielen Dingen alleine gelassen. Der Vorteil war: Du bist ihnen auch nicht verpflichtet gewesen. Wenn, hatte ich immer erst mit den Frauenpolitikerinnen in der Fraktion zu tun.

Wann bist du Parteimitglied geworden? Was war da deine Überlegung?

Mechtild M. Jansen: Am liebsten wär' ich nie in eine Partei gegangen. Irgendwann habe ich gedacht: Wenn ich schon auf diesem Ticket sitze – ich werde sowieso immer als Grüne verhaftet –, dann kann ich auch eintreten.

Was hast du inhaltlich gemacht?

Mechtild M. Jansen: Eigentlich bin ich für Frauenpolitik eingestellt worden. Dann haben sie schnell einer von der SPD das Ressort gegeben. Ich habe gesagt: «Ich mache alles, aber auch Frauen!» Zuerst haben sie mir kein Geld gegeben, um mich so kaltzustellen. Dann hat Gertrud Schilling von der grünen Landtagsfraktion gesehen, dass im Haushalt Mittel für Friedensprojekte waren. Ich hab' gesagt: Ja, das nehme ich. Ich dachte: Dann hast du wenigstens schon mal Geld. Ich war am Anfang das Schutt- und Müll-Referat: Bundeswehr, ein bisschen Frauen, Umwelt, ausländische Mitbürger – also eigentlich alles, was keiner wollte. Spätaussiedler, Sinti und Roma.

Wie viele wart Ihr?

Mechtild M. Jansen: Sieben Referenten oder Referatsleiter, sieben, acht. Also, insgesamt 25 Leute mit Bibliothek und Sachbearbeiter und so.

Aber da sind viele spannende Sachen drin.

Mechtild M. Jansen: Ja, natürlich. Das fand ich auch spannend, Seminare mit Sinti und Roma zum Beispiel zu machen. Ich fand auch die Arbeit mit den Aussiedlern nicht unspannend. Ich hatte damit überhaupt keine Erfahrung, aber auch keine Ressentiments. Als dann die Russlanddeutschen und die Rumäniendeutschen kamen, haben wir mehrere größere Projekte dazu gemacht. Ich war ein Jahr oder ein halbes da, als die CDU sagte – das war noch vor der Maueröffnung –, man müsste sich doch mehr mit den Aussiedlern beschäftigen.

Aussiedler aus Russland bereits?

Mechtild M. Jansen: Russland- und Rumäniendeutsche. Und ein bisschen Polen. Behalten habe ich dann auf Dauer eigentlich Migration, wie das dann hieß, geschlechtsspezifische Jugendarbeit, Gender und Frauen. Damals habe ich gesagt: «Ich hatte immer schon ein großes ethnologisches Interesse, ich geh da erst mal so dran, auch an die Aussiedler. Kannst immer noch was lernen.» Ich habe am Anfang viel mit der AGAH zusammengearbeitet, der Arbeitsgemeinschaft der Ausländerbeiräte in Hessen. Ich habe angefangen, zum Teil auch mit anderen Trägern – Paritätischer Wohlfahrtsverband, Caritas und anderen –, Fachtagungen zu machen und nur mit Multiplikatoren zu arbeiten. Frauen auf der Flucht war ein Thema, das haben wir Anfang der 90er Jahre aufgenommen. Oder immer wieder die Integrationsfrage. Mir war es wichtig, immer wieder die positiven Aspekte hervorzuheben. Einmal haben wir eine Broschüre rausgebracht, bei der es um gelungene Migrationsgeschichten ging.

Also positive Beispiele?

Mechtild M. Jansen: Ja. In diesem Rahmen bin ich bei allen Themen irgendwie mal durch, bis zum Kopftuchstreit. Wir haben immer geguckt, dass es über die AGAH lief, dass Leute mit einem echten Migrationshintergrund dahin kamen, damit das auch in die Community gelangte. Es nutzte ja nichts, wenn du selber dir schlaue Gedanken gemacht hättest, wie die Welt aussehen sollte, es aber nicht da hinkommt, wo es hingehört. Na ja, und ich konnte ja auch nicht nur in Frankfurt arbeiten, die Landeszentrale hat ja auch das Land zu bedienen. Ende der 80er Jahre und Anfang der 90er hatte ich ein absurdes Projekt, das war gar nicht so absurd: Umweltsprechstunden, ursprünglich mit dem Hausfrauenverband. Erst in Darmstadt, dann in Fulda, Korbach, Kassel, Bensheim. Ein Projekt mit niederschwelligem Angebot. Mit Ständen in der Fußgängerzone haben die Leute versucht, für Umweltschutz im Haushalt zu agitieren. Das war irgendwie witzig. In den ländlichen Bereichen kriegtest du wenigstens noch mal Presse. Der beste Effekt war, dass wir den Hausfrauenverband oder die, die mitgemacht haben, gestützt haben. Dadurch hatten die größere Aufmerksamkeit. Du kannst ja gar nicht so viel machen, und wenn du noch ein Land bedienen sollst, wenn du keinen wirklichen Ansprechpartner in Korbach oder Kassel oder Hofgeismar oder wo auch immer hast. Ich habe mir immer einen Kooperationspartner gesucht, der vor Ort verwurzelt ist. Du kommst ja gar nicht an die Adressen und weiß nicht, wie du ein Thema lancieren kannst.

Du hast erzählt, dass bei der Hochschulgemeinde die Themen in der Luft lagen. Wie war das bei der Landeszentrale? Du bist mehr oder weniger auf grünem Ticket reingekommen, hattest aber gar nicht so viel Kontakt.

Mechtild M. Jansen: Ich war unter den feministischen Wissenschaftlerinnen und in Frankfurt mit vielen vernetzt, da waren natürlich immer grüne und autonome Frauen dabei. In der LAG Frauen der Grünen war ich immer drin. Ich war in diesen ganzen Diskussionen damals einfach drin. Ich war in so vielen Diskussionszirkeln sowohl zu dem Migrationsthema als auch zu dem Frauenthema und hatte natürlich viel mit Wissenschaftlern, hessischen Frauenwissenschaftlerinnen zu tun und habe auch mit anderen Unis Projekte oder Kongresse gemacht. Also Themenfindung? Es war eher: Du kannst nicht alles machen. Wir haben '92 einen Riesenkongress gemacht im Römer in Frankfurt: «Fremdenangst und Fremdenfeindlichkeit».[2] Die Themen waren einfach da. Auch wenn du dich mit kritischer Theorie oder Antisemitismus befasst hast – du brauchtest nur die Presse aufzuschlagen.

Der kommunale Wahlkampf '89 war mit einer ausländerfeindlichen Unternote bei der CDU. Das Amt für multikulturelle Angelegenheiten, das AmkA, war im Prinzip die Reaktion darauf. Die ganzen 90er Jahre ist dieses Thema ein ungebrochener Mobilisierungsfaktor.

Mechtild M. Jansen: Dieses Thema Fremdenfeindlichkeit hat sich in Hessen durchgezogen. Dem konnte man sich nicht entziehen. Ich weiß, die Bundeszentrale hat sich lange geziert, dazu, auch zu Migration und Ausländern, etwas zu machen. Die hatten noch lange in ihrer Satzung stehen: Die Bundeszentrale ist zuständig für Angehörige des deutschen Volkes. In Hessen stand da nichts drin.

2 Mechtild M. Jansen; Ulrike Prokop (Hrsg.): Fremdenangst und Fremdenfeindlichkeit, 1993.

Das liegt an der Geschichte.

Mechtild M. Jansen: Das ist ja klar! Aber auch wenn das in der Satzung steht, man kann auch Satzungen erweitern. Die Bundeszentrale hat das erstaunlicherweise – ich fand das schon blöd – noch ziemlich lang drin gehabt. Als ich gegangen bin, habe ich mir auch von der Landeszentrale alles, was ich gemacht hatte, angeguckt. Das ist noch mal spannend zu lesen, welche Themen früh da waren, wieder weg waren, wieder auftauchten, die Linien. Da kannst du auch so ein bisschen Bildungs- und Ideengeschichte sehen: Was wurde zu welchem Zeitpunkt wie diskutiert?

Die Frage jüdischer Mitbürger, Vertreibung, Holocaust hast Du auch immer wieder behandelt.

Mechtild M. Jansen: Ja. Ich habe ganz früh mit der Jüdischen Gemeinde angefangen, zum Frauenthema zu arbeiten. Ich kannte Trude Simonsohn[3] und wollte gern mit ihr ein Seminar machen zu jüdischen Frauen. Das hat mich sehr berührt, als die Gemeinde gesagt hat: Das ist das erste Mal, dass eine Landeszentrale mit uns etwas machen will. 1988! Da haben wir dann auch noch das Frauenreferat und das AmkA mit rein genommen. Da gibt's auch ein Buch drüber: «Lektüre und Brüche.»[4] Über ein Jahr in der jüdischen Gemeinde zur jüdischen Frau; berühmte jüdische Frauen von Glückel von Hameln bis Anna Freud. Nachher gab's in der Landeszentrale ein eigenes Referat, Aufarbeitung Holocaust, jüdische Geschichte. Wir hatten noch mal «Jüdische Mystikerinnen» oder «Hannah Arendt» oder das Thema noch mal anders wieder verpackt. Wir haben gesagt: Welche berühmten Frauen gibt es? Was hatten sie für eine Bedeutung? Wenn du wissen willst, was du verloren hast, musst du erst wissen, was es überhaupt war und wer. Dass ich mit den Flüchtlingsfrauen aus Dillenburg, also in der Zeit, als ich bei der katholischen Erwachsenenbildung gearbeitet habe, keine Interviews gemacht habe, hat mir nachher leidgetan.

Eine von Deinen Publikationen handelt von Backlash[5]. Da gibt es eine klare Orientierung auf ein akademisches Publikum. Warst du immer zweigleisig?

Mechtild M. Jansen: Ja, immer. Ich hatte das akademische Publikum, dann aber auch die Mütterkongresse. Ich habe immer mit Frauen aus sozialen Brennpunkten gearbeitet und dort mit «Endverbraucherinnen» zu tun gehabt. Das war mir immer wichtig, die unterschiedlichen Realitäten zusammenzukriegen: was die

---

3 Trude Simonsohn, geb. 1921, Überlebende von Theresienstadt und Auschwitz, ist Ehrenbürgerin der Stadt Frankfurt/Main.

4 Mechtild M. Jansen; Ingeborg Nordmann (Hrsg.): Lektüre und Brüche, 2000.

5 Mechtild M. Jansen; Sigrid Baringhorst; Martina Ritter (Hrsg.): Frauen in der Defensive? Zur Backlash-Debatte in Deutschland, 1995.

einen über den Backlash sagen und dann bei Seminaren in den Brennpunkten zu hören, was deren Realität ist. Da hast du ja manchmal das Gefühl, das hat nichts miteinander zu tun. Da musst du dann gucken: Wie stellst du für dich innerlich das her, was da wo miteinander zu tun hat.

Bleiben wir beim akademischen Publikum. Diese Backlash-Debatte ist offensichtlich ganz breit, mit ganz unterschiedlichen Erfahrungen. Aber wie geht es da weiter?

Mechtild M. Jansen: Das ist eine gute Frage. Die Debatte ist ja ausdifferenziert. '95 ist das Heft rausgekommen. Das heißt, '92 oder '93 war die Veranstaltung dazu. Die Backlash-Debatte – das kannst du sagen – taucht alle zehn Jahre wieder auf. Ich habe damals gesagt: Ich glaube das nicht so mit dem Backlash, denn es gibt keinen gradlinigen Aufstieg. Du hast es ja auch immer mit einer neuen Generation von Frauen zu tun. Jede erlebt es wieder neu und besonders schlimm oder besonders toll. Ich denke, man wird sich damit abfinden müssen: Es gibt nicht *einen* Feminismus, und du musst lernen, dass mehrere Sachen nebeneinander stehen. Und ich denke, das ist auch immer ein Generationenkonflikt, ein ausgesprochener oder nicht ausgesprochener. Die können sich wahrscheinlich eher wieder auf die Großmütter beziehen. Bei manchem Inhaltlichen habe ich gedacht: nicht schon wieder.

Einiges wiederholt sich.

Mechtild M. Jansen: Viermal oder dreimal schon gehört. Klar, für die, die jetzt Mitte 20 sind, für die ist es eine ganz neue und ganz wesentliche Sache. Sie denken, sie sind mehr oder weniger die ersten, die so denken. Nun, wenn sie mehr Selbstbewusstsein haben und mehr können und mehr dürfen, dann kannst du nur sagen: «Dafür hat es sich doch gelohnt, dass du gekämpft hast und auf die Gass' gegangen bist.» Du darfst nicht außer Acht lassen, dass wir inzwischen eine ziemlich entsolidarisierte Gesellschaft haben. Ich kriege das bei jüngeren Frauen mit. Was die sich selber alles antun, statt sich mal zusammentun. Denen fehlt ein Bezugspunkt, dass es auch gesellschaftliche und sonst wie Bedingungen ...

... für die eigenen Probleme gibt.

Mechtild M. Jansen: Und das ist, glaube ich, ein Riesenproblem, diese bekloppte Individualisierungsdebatte, die in den 90er Jahren losging, halte ich für fatal. Die betreiben Vereinzelung!

Bei den heute 35-jährigen Frauen kriegt man ab und zu mit, dass sie eigentlich ununterbrochen in Kontroversen sind: Fraktionierungen zu Positionierungen, aber auch Auseinandersetzungen darüber, welch unmöglicher Stil in der Debatte gepflegt wird.

Mechtild M. Jansen: Ruppig und rau war es immer. Aber heute bist du viel mehr auf kleine, enge Pfade eingeschworen. Man redet ja seit Jahren: Alle vernetzen sich mit allen. Aber, ob es wirklich eine interdisziplinäre Arbeit oder interdisziplinäre Wissenschaft gibt, auch zu den ganzen feministischen Sachen, da bin ich sehr skeptisch. Als Ehrenmitglied des Cornelia-Goethe-Zentrums habe ich auch mit dem Freundeskreis zu tun. Unser Bestreben war es immer, unterschiedliche Disziplinen miteinander zu verquicken. Ein großer Anspruch. Die Frauenbewegung in dem Sinne gibt es ja schon lange nicht mehr. Es gibt noch Zirkel, die sich sehr stark spezialisiert haben. Was die Erziehungswissenschaftlerinnen beschäftigt, weiß ich schon gar nicht mehr. Die Soziologinnen öffnen sich Richtung Management: Wie komme ich in Führungspositionen? Als symbolische Kiste ist das wichtig, aber davon ändert sich die Welt nicht.

Oder sie ändert sich eben doch dadurch?

Mechtild M. Jansen: Ich bin in einer Gruppe in Frankfurt, eine Führungsakademie für Frauen, da heißt es jetzt «Mixed Leadership». «Frauen» will keiner mehr im Titel. Eine Debatte ähnlich wie bei der Böll-Stiftung mit der «Geschlechterdemokratie». Wir machen jetzt «demokratische Vielfalt». Ich dachte immer: Demokratie hätte was mit Vielfalt zu tun. Aber ich hab' wahrscheinlich im falschen Lexikon nachgeguckt. Geschlechterdemokratie – dass ausgerechnet die Böll-Stiftung so ein Alleinstellungsmerkmal aufgibt! Da kann ich nur sagen: «Willkommen im Mainstream!» Aber ganz oben. Warum sind die so anders geworden oder nicht mehr so solidarisch? Ich denke, es ist eine andere Zeit. Das fand ich interessant, dass die jüngeren Frauen auf der Konferenz[6] gesagt haben: Eigentlich darfst du dich nicht als Feministin bezeichnen. Mir ist das so was von egal. Ich sage: Ich bin Feministin oder nicht Feministin. Hat mich noch nie gejuckt. Ich glaube, die konnotieren das selber negativ.

Wie hast Du den Mütter-Konflikt bei den Grünen erlebt?

Mechtild M. Jansen: Ich fand das Papier von Gisela Erler sehr provokant. Aber um etwas bewirken zu können, musst du Dinge sehr deutlich machen. Und ich fand schon, dass in der Frauenbewegung sehr oft die Mütterfrage und auch die Mütter an den Rand gedrückt wurden. Es war kein Thema. Für mich war das nicht so fremd. Das hing aber sicher auch damit zusammen, dass ich Erziehungswissenschaftlerin bin und als Sozialpädagogin gearbeitet habe und dadurch einen ganz anderen Blick auf gesellschaftliche Realität hatte. Ich fand die Diskriminierung von Müttern immer blöde. Dass es auch viele beknackte Mütter gab, ist ja genauso richtig. Aber du kannst nicht sagen: Das eigentlich tolle Bild einer Frau ist, möglichst keine Kinder zu haben und Karriere zu machen.

6 Kongress der Heinrich-Böll-Stiftung, Gunda-Werner-Institut: «Dare the im_possible/Wage das Un_mögliche. Das 21. Jahrhundert feministisch gestalten», Berlin, 15.–18. Oktober 2015.

Oder das andere Bild: volle Erwerbstätigkeit, vollen Haushalt und noch drei Kinder. Das kannst du doch keinem antun. Als Erziehungswissenschaftlerin habe ich bezweifelt, ob es wirklich für ein Kind immer so gut ist, wenn beide Eltern zehn Stunden weg sind. Insofern fand ich, dass Gisela Erler zwar überzogen hat, es war aber gut, das zu thematisieren. Nicht umsonst waren ja auch die Kinderläden erst mal eine Initiative von Frauen, die gesagt haben: Mit den herkömmlichen Kindergärten nicht, irgendwie wollen wir das anders machen. Das war ja auch ein Aufbruch in Richtung einer emanzipatorischen Erziehung. Diese Bewegung, die vom Deutschen Jugendinstitut, von Gisela Erler und anderen mit unterstützt wurde, fand ich prima. Dann habe ich mit dem Mütterzentrum in Langen Kontakt aufgenommen – und habe erst mal einen voll drüber gebraten gekriegt. Jetzt würde sich schon wieder eine staatliche Institution, die Landeszentrale, ihrer bemächtigen wollen. Ich habe gesagt, da ich ja gut im Aushalten war: «Lass sie toben, wir kommen schon zusammen.» Schließlich haben wir in Hessen mehrere große Mütterkongresse gemacht. Da bin ich dann von der anderen Seite ganz schön dafür angemacht worden, wie man so was als Feministin machen kann. Wir haben Mütterkongresse gemacht mit ziemlich frechen Themen, die waren auch immer gut voll. Wir hatten sogar einmal Frau Süssmuth da oder Dieter Schnack mit seinen «Kleinen Helden in Not». Du kannst die Kinderfrage und die Mütterfrage nicht nur so diskutieren: Wie organisiere ich maximal das Kind weg? Anstatt zu sagen: Vielleicht könnte die Arbeit auch um die Kinder herum organisiert werden und beide arbeiten vielleicht mal weniger? Was jetzt passiert in der ganzen Debatte um Erwerbstätigkeit: Alles richtet sich nach den Betrieben und nicht nach den Bedürfnissen der Kinder und Eltern, das finde ich nach wie vor nicht witzig.

Die Zentren hatten eigentlich eine doppelte Geschichte: Wenn man nicht die realen Bedürfnisse klärt und die Mütter nicht anspricht, dann werden wir niemals vorankommen, sie politisch zu vertreten und eine politische Macht daraus zu gewinnen.

Mechtild M. Jansen: Die Mütterzentren sind oft getragen worden von gut qualifizierten Frauen, die aber aus irgendeinem Grund nicht arbeiten konnten oder wollten. Die haben sich ein Forum geschaffen: einerseits um die Kinder ein Stück loszuwerden oder eine kollektivere Betreuung zu haben, aber auch um zu gucken: Wie können wir politisch was durchsetzen? Insofern war das auch für eine ganze Reihe Leute ein Motor zur Politisierung.

Die beiden Konfliktparteien, die Du beschreibst, sind genauso bei den grünen Frauen zu finden.

Mechtild M. Jansen: Ja! Bei den Grünen hat es auch heftig geknallt. Man würde das Papier heute sicher anders schreiben. Ich war vor drei, vier Jahren bei den Grünen im Landtag als Referentin zu einer Veranstaltung zum 8. März: «Brauchen wir eine Mütterquote?» Die Veranstaltung hatte ziemlichen Zulauf, viele grüne Frauen, die gesagt haben, wie sie als Mütter auf dem Arbeitsmarkt noch mal diskriminiert werden. Ich würde ja nicht überall eine Quote einführen - jetzt noch eine Mütterquote -, aber als Provokation finde ich das durchaus richtig.

Der Streit bei den Grünen um das Müttermanifest wird ja als absolut unsäglich beschrieben. Das klingt bei Dir jetzt anders.

Mechtild M. Jansen: Ich habe das so hart nicht erlebt. Oder ich hatte mit den Hardcore-Leuten nicht so viel zu tun. Oder die haben sich mir gegenüber eher zurückgehalten. Bei diesen Streits ist es auch oft so: Sie werden heftig geführt, dann verändert sich bei manchen Leuten etwas biografisch. Auf einmal kriegen sie doch ein Kind oder die Schwester kriegt ein Kind oder der Mann bringt eins mit oder die Freundin - wie auch immer. Also ich habe da schon die absurdesten Sachen gesehen, wo Leute erst so heftig dagegen waren, kaum haben sie mal selbst Kindkontakt, wird dann alles so überhöht, wie schlimm das alles ist.

Man muss bei den Grünen mitdenken, dass es nicht nur ein Streit unter Frauenpolitikerinnen und Feministinnen war um Radikalität...

Mechtild M. Jansen: ... sondern Flügelstreit. Der Subtext bei der Kinderfrage war ja bei einem Teil der Leute: Frauen, wie könnt ihr nur so dumm sein und weniger arbeiten wegen Kindern. Dabei macht sich keiner klar, was das eigentlich für Auswirkungen haben wird. Wenn du Kinder zehn Stunden oder länger weggibst, wirst du irgendwann andere Sozialisationsmodelle kriegen, wie du sie ja auch aus der DDR gekannt hast. Anstatt zu sagen: Eigentlich wollen wir 30 Stunden für alle. Das war mir immer wichtig - ob bei der Landeszentrale oder den Müttersachen: «Kinder haben beide.» Dafür musst du Modelle schaffen. Und es ist ja auch nur eine bestimmte Phase, wo Kinder viel Aufmerksamkeit und Zuwendung brauchen, das ändert sich ja. Auch die Alleinerziehendenfrage stellt sich leider immer wieder. Ein bisschen anders jetzt, aber die Probleme sind nicht gelöst. Du müsstest es gesellschaftlich anders diskutieren.

Man muss das auch als soziale Frage diskutieren.

Mechtild M. Jansen: Und das ist nicht eine Frage der Rentenbeteiligung, das könntest du ja noch irgendwie abfedern. Immer mehr Betriebe sagen heute: Wenn einer zwei oder drei Jahre raus ist, kommt er nicht wieder rein. Die Arbeitswelt verändert sich so schnell, dass du nach drei Jahren völlig Analphabet bist. Das ist ja auch viel Ideologie, glaube ich. Aber du wolltest anfangs auch noch was wissen mit der Migrationssache.

Ja. 1974 ging es um das revolutionäre Subjekt und um die Kämpfe in den südeuropäischen Diktaturen. Dann kam die deutsche Einheit mit Mölln und

Lichtenhagen und so weiter. Wir haben die Ausländerbeiräte angesprochen, dass die Etablierung gesellschaftlicher Organisationen ein wichtiges Vehikel für die Integration ist. Die Debatte darüber hat sich in den letzten 40 Jahren siebenmal gedreht.

Mechtild M. Jansen: Mindestens! Die Akteure haben sich auch verändert. Ich glaube, da ist auch von Fachkräfte-Seite eine Reihe gelaufen, auch von Betroffenen selber. Und je mehr Leute mit migrantischer Geschichte dann wieder in das Feld gehen, diskutieren die auch noch mal anders. Und wenn du guckst, wie wenig Frauen in den Ausländerbeiräten hochkommen. Und untereinander, da haben sie sich auch ganz schön - heute würde man sagen: rassistisch - verhalten. Da hat es geknallt. Da war es nicht schlecht, wenn ich Gender-Themen mit aufnehmen konnte. Was ich zum Beispiel wichtig fand: Frauen und Flucht, Frauenerwerbsarbeit. Dann 2002: Religion und Migration. Ich habe gesagt: Das Thema liegt auf der Straße, das können wir persönlich finden, wie wir wollen. Das wird uns auf die Füße fallen, wenn wir da nichts machen.

Es ging um die Migranten, aber auch um die Frage: Wie gehen die Behörden mit den Problemen um? Wie schulen wir die?

Mechtild M. Jansen: Wir haben Tagungen dazu gemacht, bei denen Kontakt zu den unterschiedlichen Moscheen, zu buddhistischen oder anderen Vereinen hergestellt wurde. Später habe ich auch mit dem AmkA zusammengearbeitet. Da habe ich als Feministin - gar nicht laut sagen - versucht, Imamen die Frauenrechte nahezubringen. Was ist das Grundgesetz? Wie lebt man in Frankfurt? Das hatte ich mir auch nicht träumen lassen, dass ich mal in einem Projekt mitarbeiten würde: Imame für Frankfurt.

Hattest Du persönlich mit denen zu tun?

Mechtild M. Jansen: Ja, natürlich. Mit einer Praktikantin zusammen, die Pakistani war, habe ich ihnen die Frauenrechte nahegebracht. Ganz zum Schluss - ist ja lustig, wie man sich so weiterentwickelt - habe ich noch ein Pilotprojekt mit der hessischen Polizei gemacht. Wie schulen wir Prävention in migrantischen Vereinen und Moscheengemeinden so, dass eine Sensibilität gegenseitig gefördert wird? Ich hatte zuvor schon mal ein Projekt mit der Polizei gemacht, mit der Bundeszentrale und der Uni Marburg zusammen, über Fremdenfeindlichkeit und Fremdenangst, kurz nach der Wende. Das war schon ganz interessant, wie du auf einmal mit deinem Gegner versuchst zusammenzuarbeiten. Das wäre mir viele Jahre vorher nicht vorstellbar gewesen.

Sag mal: Du bist seit 20 Jahren bei der Heinrich-Böll-Stiftung Hessen im Beirat, von Anfang an.

Mechtild M. Jansen: Ja, ich war von Anfang an im Beirat. Inzwischen bin ich Vorstand, ich hab' die Seite gewechselt.

Wie kannst Du deine frühere Arbeit in den heutigen Landesstiftungsalltag einbringen?

Mechtild M. Jansen: Die Anforderungen an die Stiftungsarbeit sind heute natürlich ganz anders als früher. Aber ich profitiere natürlich von meinen Erfahrungen.

Europa ist als Thema ein ganz durchgängiges. Was ist Europa? Wie ist es mit den Völkern usw.? Die Fragen haben wir immer gestellt.

Mechtild M. Jansen: Die stellen wir auch weiterhin. Das sind Traditionslinien, die sind geblieben. Wir haben ja viel Aktuelles, sei es Ukraine oder jetzt Türkei, also die Felder, wo es politisch brennt. Dazu musst du dich natürlich verhalten. Was manchmal ein bisschen zu kurz kommt, ist das Thema Umwelt. Wir machen auch noch ein bisschen Wirtschaft und die Rechtsfrage, also Rechtspopulismus, Rechtsradikalismus. Die Frauenfrage ist ein bisschen unterbelichtet. Du musst ja auch in Frankfurt gucken: Wer bietet noch was an? Du kannst einen Ladies' Lunch machen, auch mal hin und wieder eine Tagung dazu. Wir kriegen von jungen Frauen immer wieder zu hören: Macht doch mal was zu Alleinerziehenden.

Also noch nie gehört?

Mechtild M. Jansen: Ich versuche mich immer zu erinnern, wie ich denn war, als ich jung war, und was ich von den blöden Alten da oben gedacht habe, die überhaupt das Leben nicht mitbekommen haben. Dann sollen die jungen Frauen es mal angehen. Vielleicht kann man sie unterstützen dabei. Wir machen Seminare für Frauen, die sich mehr politisch betätigen wollen. Zunächst geht's theoretisch: Was wollen sie? Dass sie sich einmischen, nicht jammern, sondern selber machen. Insofern kommt auch alles wieder zusammen, schließlich hatte ich um die Jahrtausendwende einen Schwerpunkt: Frauen fit für die Politik. Aber dann irgendwann hatte ich das Gefühl: Nach fünf Jahren bist du durch. Dann musst du erst wieder warten. Denn die, die interessiert sind, müssen nachwachsen. Das hört nie auf. Es geht immer weiter.